beyond 2020
LEGACY
レガシー

歴史を受け継ぎ、新しい未来へ

総監修 隈 研吾 建築家

監修 柏木 孝夫 東京工業大学特命教授・名誉教授
監修 坂村 健 INIAD東洋大学学部長

時評社
JIHYO BOOKS

目　次

第1章　伝統を受け継ぎ新たな歴史を ……7

■ **インタビュー**

◇建築家　隈　研吾 氏 ……………………………………… 8
　日本の伝統を受け継ぎ未来へつなげるレガシーを、建築で体現

○新国立競技場
　株式会社梓設計……………………………………………………20
　豊富な知見をもとに、新たな競技場のモデルを設計
　　　取締役副社長　　安野　芳彦 氏
　大成建設株式会社…………………………………………………28
　文化や歴史が融合した、日本を象徴するスポーツの聖地として
　　　エグゼクティブ・フェロー　設計本部副本部長　細澤　治 氏
　　　設計本部特定プロジェクト部長　　川野　久雄 氏

○GINZA　KABUKIZA
　松竹株式会社………………………………………………………36
　"百年劇場"の構想をもとに、新しいスタンダードを実現
　　　専務取締役　事業本部長　事業部門・不動産部門担当　　武中　雅人 氏
　株式会社三菱地所設計……………………………………………44
　建築は建て替え、歴史と精神は継承、その実現に向けて
　　　執行役員　建築設計三部長　　野村　和宣 氏
　清水建設株式会社…………………………………………………52
　幾多の困難を乗り越え、後世に残る建築の新しいモデルを構築
　　　元・歌舞伎座計画建設所　建設所長　水田　保雄 氏

○三越日本橋本店──────────
　株式会社三越伊勢丹……………………………………………………60
　本館の重文指定やリモデルを期に百貨店の新しい時代を目指す
　　　執行役員 百貨店事業本部三越日本橋本店長　浅賀　誠 氏

○東京大学大学院情報学環　ダイワユビキタス学術研究館──────
　大和ハウス工業株式会社………………………………………………68
　最先端の建築に挑み、世界的視野で業界をリード
　　　代表取締役専務執行役員 技術本部長　生産購買本部長　海外事業技術管掌
　　　環境担当　土田　和人 氏

○京王高尾山口駅──────────
　京王電鉄株式会社………………………………………………………76
　都市近郊の豊かな自然を生かし歴史と文化を受け継ぐ地域密着型の
　観光・交流拠点に
　　　専務取締役・鉄道事業本部長　高橋　泰三 氏

○御園座タワー──────────
　積水ハウス株式会社……………………………………………………84
　歴史と文化を継承してまちのにぎわいを創出する劇場・店舗・分譲
　マンションの複合開発
　　　名古屋マンション事業部長　八木　哲朗 氏

○新風館再開発計画──────────
　ＮＴＴ都市開発株式会社／株式会社大林組……………………………92
　"伝統と革新の融合"が個性豊かなホテルとして結実
　　　ＮＴＴ都市開発株式会社　代表取締役副社長　チーフデザインオフィサー（CDO）
　　　楠本　正幸 氏
　　　株式会社大林組　新風館再開発烏丸工事事務所　所長　八田　幸保 氏

○ホテルロイヤルクラシック　大阪難波
　株式会社ベルコ…………………………………………………… 100
　「ミナミの顔」を受け継ぐ、最高峰のブライダル・ホテル
　　　相談役　齋藤　齋 氏
　鹿島建設株式会社………………………………………………… 108
　至高のデザインを支えるものづくりの「心」と先端技術
　　　関西支店 建築設計部建築設計グループ担当部長　小松　啓一 氏

第2章　次代への贈り物 …… 117

■ **インタビュー**
　◇東京工業大学　特命教授・名誉教授　先進エネルギー国際研究センター長
　　　柏木　孝夫 氏………………………………… 118
　　　豊かな暮らしの未来像となるスマートコミュニティの実現へ
　◇ＩＮＩＡＤ東洋大学学部長（工学博士）　坂村　健 氏………… 128
　　　オープンデータの広がりによる、新しい概念がレガシーに

○かをり商事株式会社……………………………………………… 138
　女性の力で、手作り菓子を愛情込めて作り上げる
　　　代表取締役社長　板倉　敬子 氏
○東京電力ホールディングス株式会社 …………………………… 146
　環境変化と電気事業の変容～未来における新たなライフラインの姿～
　　　技術・環境戦略ユニット 技術統括室長 兼 経営企画ユニット企画室（技術担当）兼 経営企画ユニット総務・法務室　東京五輪・パラリンピックプロジェクト準備室長　北島　尚史 氏

○東京地下鉄株式会社……………………………………………… 154
　首都の地下空間で進むオリパラ後も見据えた大改造
　　　取締役　経営企画本部経営管理部長　株式上場準備室長　企業価値創造部長
　　　　小坂　彰洋 氏
○東邦ガス株式会社………………………………………………… 162
　人と環境と地域のつながりを育む「みなとアクルス」
　　　用地開発推進部長　神谷　泰範 氏
　　　用地開発推進部港明開発グループマネジャー　今枝　薫 氏
○ＪＸＴＧエネルギー株式会社…………………………………… 170
　水素エネルギーとＦＣＶの普及で低炭素社会の早期実現へ
　　　取締役常務執行役員　新エネルギーカンパニー・プレジデント
　　　　桑原　豊 氏
○凸版印刷株式会社………………………………………………… 178
　ポスト２０２０は人間がインターネットを介してテクノロジーと融合する「ＩｏＡ」で社会課題を解決
　　　情報コミュニケーション事業本部ソーシャルイノベーションセンター社会基盤構築推進本部デジタル事業企画部長　山浦　秀忠 氏
　　　情報コミュニケーション事業本部ソーシャルイノベーションセンター社会基盤構築推進本部デジタル事業企画部課長　名塚　一郎 氏
○富士通株式会社…………………………………………………… 186
　世界に誇れる、後世に残せる文化を、ソフト面でも普及啓発
　　　執行役員常務　東京オリンピック・パラリンピック推進本部長
　　　　廣野　充俊 氏

第3章　わが国の未来へ 195

省・庁

○総務省 196
　２０２０年に向けた社会全体のＩＣＴ化
○スポーツ庁 206
　オリンピック・パラリンピック後を見据えたスポーツ庁の施策について
○文化庁 214
　「守る文化」から「守って稼ぐ文化」への転換
○国土交通省 222
　共生社会の実現に向けた国土交通省のバリアフリー推進施策
○観光庁 232
　観光先進国の実現に向けた取り組み

自治体

○東京都都市整備局 240
　東京２０２０大会の成功とその先の東京の未来へ
○京都市長　門川　大作 252
　１００年、１０００年先も京都が京都であり続けるために
○高知県高岡郡梼原町長　吉田　尚人 262
　先人の遺産「木」と生きる、地域循環型のまちづくり
○熊本市経済観光局　熊本城総合事務所　所長　津曲　俊博
　.. 270
　熊本地震復興のシンボルとして、熊本城復旧に邁進する

第1章

伝統を受け継ぎ新たな歴史を

日本の伝統を受け継ぎ未来へつなげるレガシーを、建築で体現
 建築家　隈　研吾氏 ………………………………………… 7

○新国立競技場
 株式会社梓設計……………………………………………… 20
 大成建設株式会社…………………………………………… 25

○GINZA　KABUKIZA
 松竹株式会社………………………………………………… 36
 株式会社三菱地所設計……………………………………… 44
 清水建設株式会社…………………………………………… 52

○三越日本橋本店
 株式会社三越伊勢丹………………………………………… 60

○東京大学大学院情報学環　ダイワユビキタス学術研究館
 大和ハウス工業株式会社…………………………………… 68

○京王高尾山口駅
 京王電鉄株式会社…………………………………………… 76

○御園座タワー
 積水ハウス株式会社………………………………………… 84

○新風館再開発計画
 ＮＴＴ都市開発株式会社／株式会社大林組……………… 92

○ホテルロイヤルクラシック　大阪難波
 株式会社ベルコ……………………………………………… 100
 鹿島建設株式会社…………………………………………… 108

第 1 章 伝統を受け継ぎ新たな歴史を

日本の伝統を受け継ぎ未来へつなげるレガシーを、建築で体現

建築家　隈　研吾 氏

1954 年、横浜市生まれ。東京大学工学部建築学科大学院修了。米コロンビア大学客員教授を経て、隈研吾建築都市設計事務所主宰。2009 年より東京大学教授。1997 年「森舞台／登米町伝統芸能伝承館」で日本建築学会賞受賞。同年「水／ガラス」でアメリカ建築家協会ベネディクタス賞受賞。2010 年「根津美術館」で毎日芸術賞受賞。2011 年「梼原・木橋ミュージアム」で芸術選奨文部科学大臣賞受賞。著書、共著多数。

補修しながら使い続けることを前提に

―――今回、レガシーをテーマにした書籍作成にあたりまして、先生は建築家の観点から、"レガシー"というイメージをどのように捉えておられますか。

隈　そうですね、一般に建築という行為は、建築物、構造物が出来上がって完成、と捉えられる向きが多く、確かに建築業界としてはそこで一段落つくわけですが、使用者の立場に立ってみると実際には出来上がってからがスタートということになります。従って、これから使っていくという観点からすると、建築とは出来上がってからの方が重要度が高い。使い続けながら用途や経年変化に応じて適宜補修していくそこをもっと重視しなくてはいけないという、時間の考え方が、近年の日本の建築業界では、主流

になりつつあります。

　もともとヨーロッパでは、耐久性の高い石造建築が主流だったこともあり、こうした継続して建築物を使い続けるという観点が一般的です。それに対し日本ではもっぱら木造建築、ことに戦後は都市の集中と拡大に対応すべく、ともかくも早くたくさん家やビルを造ることが第一の目的となり、建築業界ではスクラップビルドの考え方が広がりました。それが１９９０年代初頭のいわゆるバブルがはじけた頃から、ヨーロッパ流の、できた後の時間を重要視する建築思想が日本にも波及し、建築物を後世まで継承して使う、すなわちレガシーの観点で建築をとらえる気風が徐々に広がったように思います。が、残念ながら日本で戦後に造られたほとんどの建物は、持続的に使うという発想がないまま設計・施工されたので、構造的にも設備的にも長期の使用に耐えうる状態になっていないのが現状です。

───具体的にはどのような部分でしょう。

　隈　例えば空調や給排水の設備一つ取り上げても、後々その部分だけ取り換えることを考えずに造ったため、いざ設備部分が壊れてもその部分だけ改修することが構造上不可能となり、建物全体の立て直しを迫られる、といった具合です。

　であるならば、これからは"レガシー"という観点を、設計段階から既に取り入れ、最初から設備を交換しやすい、また建屋自体がより長持ちするような発想で建築を考えることが重要です。そうした設計段階におけるフィードバックが一般化すれば、これからの日本の建築はヨーロッパの石造建築に近いイメージで、サステナブル化、すなわち持続可能性が高い方向へ進んでいくと想定されます。実際に、新しい建築プロジェクトの設計においては、クライアント、設計者、施工者ともども、サステナブルの観点を取り入れ始めていますので、将来的にはコンクリート主体の日本の都市でも、老朽化した部分を更新しながら、構造物を長期にわたって使い続けることが主流になっていくと、僕は思います。

第 1 章　伝統を受け継ぎ新たな歴史を

―――サステナブルな使用を可能とする技術、技法というのは。

　隈　一つには、それぞれの部材ごとに仕組みを設定する方法があります。一口に建築と言っても、簡単に言えば構造体があり、外装と内装があり、各種設備関係に分かれるわけです。各部門ごとにそれぞれ耐久年数が異なりますが、やはり設備関係が最も早く老朽化が進み、また居住者の成長や老化に伴い、求める設備の在りようも変わってくるので、長くても１０～２０年単位で更新が必要となります。場合によっては防寒機能など、後から付加することを考えて外装も改めることもあるでしょう。快適性はサステナブルに使う上で欠かせない要素ですが、それを重んじるほど内装、外装の更新も不可欠となります。

　一方、構造体は逆に１００～２００年単位で長持ちさせることが充分可能です。実際にヨーロッパでは２００年保っている建築物は珍しくありません。構造体２００年、設備２０年という具合にそれぞれ寿命があるならば、その各寿命に応じてきちんと更新できるよう、あらかじめ設計・建設しておくことが求められます。シンプルに言えば、構造体とは別に設備は簡単に取り換えられるようにしておくことが求められます。その部位別の時間設定が可能となると、建築物は後の時代まで継承されるレガシーとなります。従ってマンションなどでも、消費者の目から見て、外装、内装の華やかさより自分がここに長い年月住む、それが可能かどうかという観点に立って選ぶべきです。また、そうした点を意識する消費者も実際に増えています。

―――ヨーロッパにおける石造りの建物を見ると、いかにも昔ながらの建築だなあと思いますが、では日本における伝統的な建築というと、先生が多く手掛けておられる、木材をふんだんに多用した建築ということになるでしょうか。

　隈　確かに、長持ちする建築素材と聞くと石造りをイメージされる方が多いと思われますが、実は日本においても古寺の木造建築などは、建てら

れてからそれこそ数百年、1000年を経て現存するものがあり、法隆寺の金堂や五重塔は建造から1300年を超える世界最古の木造建築とも言われています。確かに木材は経年変化で傷むのですが、例えば「雨掛かり」といって雨が直接当たるところには木材を使わないなど、随所に長く保たせる工夫が施されているほか、前述の老朽設備を部分的に取り換えるのと同様、傷んだ個所の木材だけを取り換えることができる構造になっています。こういう発想、技術を昔の日本人は持っていたから、木を使っても気が遠くなるような長期の維持が可能なのです。そう考えると、むしろ石材より木材の方が部分更新しやすく、サステナブルに使うという観点では木の方が適しているとの説もあるほどです。

　つまり建築におけるレガシーの思想はヨーロッパだけのものではなく、日本にもしっかりと思想体系の一部として受け継がれ、しかもただ長持ちさせるだけでなく部分更新を可能とするレガシーの概念を、日本人は古来より有していたと言えるでしょう。

　また、木を活用するということは、地球環境の観点に立つと、森林の保全につながります。また森林はCO_2を吸収するので地球温暖化防止に役立ちます。つまり、森林は人類にとって最も重要なレガシーであり、木を使うことこそが地球にとってのレガシーなのです。

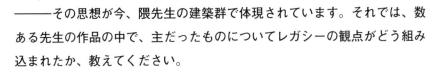
人々の思いを受け止めて形にしたプロジェクト群

———その思想が今、隈先生の建築群で体現されています。それでは、数ある先生の作品の中で、主だったものについてレガシーの観点がどう組み込まれたか、教えてください。

　隈　まず「新国立競技場」から。ここでは建材としてふんだんに木を使用していますが、実は法隆寺と同様、雨がかからないところに木を用いています。それでも建造後、数十年を経ればやはり木材は傷んでくるので、

第1章 伝統を受け継ぎ新たな歴史を

そのときは簡単に交換できるように設計しました。

また、競技場本体はもとより、その外周を緑地化しています。競技場はスポーツイベントの時はもちろん使用されますが、むしろその周辺部分を、一般の人が日常的に訪れて憩うような場所にしたいと。そのために昔の渋谷川がここを流れていたという地形の記憶をとどめるよう、雨水を利用してせせらぎをつくり、また周囲の建物の中に空中遊歩道をめぐらせて「空の杜」と名付け、試合やイベントがない時でも人々が楽しめる空間づくりを考えました。こうした日常利用を重視する設計思想で、競技場がスポーツイベント以外の用途でも長く使われていく存在になることを願っています。スポーツ競技場というのはそもそも選手だけではなく、市民がスポーツに親しむ場であり、これからはますますそうしたニーズが高まる時代になるでしょう。そうすることで、スポーツ施設も、市民のレガシーとして愛され続けていくのです。この新国立競技場がその象徴になれば何よりです。

次に「5代目歌舞伎座」を取り上げてみます。実はその前の4代目歌舞伎座が、第2次大戦中に爆撃を受けたために、構造的に非常に弱く、耐震補強も不可能な状態だったため、やむなく建て替えを迫られました。一方、4代目歌舞伎座に対しては多くの歌舞伎ファンが愛着を持っていることから、4代目をきちんと継承する形で5代目を建て直す、言わば、新築ながらこれまでの愛着を受け継ぐことが課題でした。かつ、その上に高層ビルを建てなければならない。そのビルの収益で歌舞伎座の運営が成り立ち、手ごろな観劇料で多くのお客様が歌舞伎に親しめる、こうした経済的にもサステナブルな構図を体現する必要があったのです。

さまざまな検討の末、高層ビルを敷地の一番後ろに建てました。通常ヨーロッパの複合型劇場ではエントランスのホワイエの真上にビルが建っているのが一般的ですが、今回は正面の晴海通りからの見え方を重視し、屋根ののった歌舞伎座という昔ながらのイメージに影響を及ぼすことのな

いよう、場内奥の舞台の真上に高層棟がのるよう設計しました。これによりタワーを支える柱を極力少なくし、舞台の両脇でタワーを支える世界でもあまり例がない構造です。通りからは、後ろのタワーは歌舞伎座と別の敷地に立っているようにさえ見えるでしょう。こうして歴代の歌舞伎座が受け継いできた大都会の中の大屋根という、特有の外観を維持することができました。

　歴史ある建築物と言えば、三越日本橋店があります。日本のデパートの原点ともいえる重要な建築物のリノベーションです。もともとの建物が竣工したのは、赤レンガの東京駅と同じ１９１４（大正３）年創建で、当時は「スエズ運河以東最大の建築」と称され、設計は横河グループの創業者で日本の鉄骨構造のパイオニアと呼ばれる建築家・横河民輔（1864～1945）です。デザイン的には、内部の華やかなアール・デコ様式が特徴で、デパートが都市の華であった時代の香りを、最もよく伝える建築といってもいいでしょう。しかしその後、度重なる改修で、だいぶイメージが変わってしまいました。われわれのリノベーションで最も力を入れたのは、このアール・デコの華やかさをいかに取り戻し、インバウンドのお客さまたちからも、「これぞ東京！」と呼ばれるような日本的繊細さをあわせ持つ輝きを再生させるかです。そのために、空間の中に「光の軸」を再生することにしました。放っておくと、バラバラな売り場の集積のようになってしまうデパート空間の中に、強い軸を通し、その軸をアール・デコ様式を思わせるドーム状の天井と特殊な照明によって浮かび上がらせ、空間にメリハリをつけるのです。現代の技術と材料によって１９１４年よりもあざやかに「東京の華」が再生されることになります。

　内容が大きく変わりますが、東京大学内のユビキタス学術研究棟は、最新の情報通信技術を扱う場を伝統的なイメージで覆っていくという意味でユニークなプロジェクトになりました。東京大学はもともと前田藩の屋敷跡で、同研究棟も裏手に藩の屋敷の一つとその庭園がそのまま残っていて

第1章 伝統を受け継ぎ新たな歴史を

東大総長のゲストハウスになっていました。が、以前はゲストハウスの前面がブロックで遮蔽されて庭に触れることができませんでした。そこで建物の中心に大きな空孔を開け、庭を額縁のように切り取り、学生自身がキャンパス内にこんな庭園があったんだと気づくような、東大の持つ歴史資産と現代の技術をつなげるゲートとしてみました。そのゲートの左手にはカフェがあり、右手にユビキタス研究棟の入り口、そして正面に東大の歴史を表す庭園という配置をしています。通常、こうした最新技術の研究所というと無機質な外観内装をイメージされる向きも多いと思われますが、ここは木を多用することで温かみと親しみやすさを重視しました。

　これからの時代、コンピュータ・テクノロジーが進化するのに伴い、むしろヒューマンとの親和・融合が図られていくものと僕は考えていて、この点はユビキタス研究の第一人者である坂村健教授とも話し、同じ認識を共有しました。その考えから木材の多様につながりさらに庭からのファサードは世界的な左官職人・挾土秀平氏が、ステンレスメッシュにその庭の土を塗り、独特の有機的でしかも透明な質感を出してもらっています。

　他にも、「京王高尾山口駅」は、既存駅を修復し、再生させた一つの例になります。これまでの駅の骨格をほとんどそのまま残しながら、新たに庇をつけただけで、外観のイメージが一新されました。修復ですので予算としては限られてはいたのですが、にもかかわらず駅だけでなく周辺のイメージも新しくできた良い例だと言えるでしょう。思うに駅というのは、これからさらに高齢社会が進み、クルマを使った郊外型の生活から歩きが中心の都心部集約型の生活へ移行していく場合、何より人が集う拠点となるところです。高尾山口駅は生活というより山登りの拠点という観光客中心の駅ですが、駅の印象が観光客のイメージを左右します。公共交通の重要性が高まり、コンパクト社会への指向が高まる今後、駅の果たす役割は、公共交通の結節だけでなくにぎわいの創出、観光産業の活性化という点でもさらに重要なものとなります。駅周辺も含めた大きな空間全体のイメー

ジが、駅によって決定されるといっても過言ではありません。
　また名古屋の「御園座」は、歴史を持つ劇場を再生し、高級住宅と組み合わせた形です。ここは歌舞伎以外の演劇も公演するという意味では、地元の人にとって文化の中心であり名古屋の一種の誇りとなっていることに気づきました。モノづくりが盛んで活力と活気にあふれた精力的な都市という名古屋の特性を鑑み、明るく鮮烈な赤、"御園座レッド"を前面に打ち出したのです。重厚感のある東京の「歌舞伎座」の赤に対し"御園座レッド"はヴィヴィッドで華やかな赤で、まず訪れた人の気持ちを高揚させる仕掛けです。そのため改築以前より赤の分量を大幅に増やし、場内の大階段から正面フロア、しかも名古屋市の許可を得て外の歩道のところまで赤を塗り広げました。劇場というものが都市の歴史や特性と溶け合い、文化の中心となっていく以上、イメージされる色合いを公共空間に打ち出すのは非常に重要なことであり、今回、歩道にはみ出すまで赤を大胆に使ったのは、劇場正面の階段をレッドカーペットを歩く気分を味わってほしかったんです。通りから既に文化の核心部へ向かう気持ちを持ってもらいたいと思ったのです。同時に、外壁を構成する"なまこ壁"文様も、以前の御園座からモチーフはあったのですが、この機にＬＥＤを駆使して光のラインが壁面から離れ、空中に浮き上がって見えるようにしました。なまこ壁という伝統的文様を現代技術によって名古屋らしい華やかさで際立たせたわけです。また背景のマンションでは劇場の上の公共スペースを坪庭風にしつらえ、船底天井と相まって伝統文化と連動した住民のためのサロン空間を表現してみました。
　これからの都市の在り方として、劇場は劇場、ビルはビル、マンションはマンションとしてそれぞれ個別に存立するのではなく、これまで意識されなかった意外な組み合わせや融合が、都市の新しい顔となり魅力をつくっていくと思います。かつ、その融合が都市のさまざまなヒストリーの上に立脚することで人々の親近感を誘い、海外に対しても日本らしさを発

第 1 章 伝統を受け継ぎ新たな歴史を

揮する拠点となり、都市の活力の源泉になると考えられます。

　２０世紀という時代は基本的にスタンダーダイゼーションで地域を問わず画一化が進みましたが、これからは都市の魅力をどう掘り下げて個性を際立たせていくか、それには現時点で過去を遮断するのではなく、むしろ過去からのつながりを重視し、どう未来につなげていくかが問われるようになります。僕は一つのプロジェクトを手掛ける前に、まずその地域をリサーチし、観察し、その都市や地域としてのキャラクターを自分なりに感得してから具体的な仕事に入るようにしています。これからの建築家には単に造形力だけではなく、その都市ならでは質感、空気感を表現することが求められます。どのようなプロジェクトにおいても、未来だけで見るのではなく過去からの連続性に基づき未来を見据えれば、おのずとその都市の特性や発揮すべきイメージ、使われる色やモチーフが明らかになってきます。

　また京都の「新風館」では歴史的建物の保存・増築をしました。これはもともと１９２６年（大正１５年）に造られた旧・京都中央電話局で、市登録有形文化財に指定されていました。設計は、日本のモダニズム建築を代表する吉田鉄郎（1894〜1956）によるもので、彼はヨーロッパから伝わった近代建築の感性と日本の伝統の融合を図った日本のモダニズム建築の先駆として知られています。今見ても、その感性は古びるところなく、例えば窓のプロポーションやレンガのディテールなど細部において和の調和を醸し出す、言わばプロ好みの建築といえるでしょう。電話局の建築に彼はレンガを多用しました。これは周囲にまだ木造が多かった京都のまちの色合いに、レンガ色がマッチすると判断したものと推測されますので、今回の「新風館」建築に当たっては、彼が遺した色をベースに、すなわちブロンズ色を中心とする構成で、僕の手掛けた仕事の中でもこれほどブロンズ色を中心にデザインしたものは他にありません。かつ、塗装によるブロンズではなく自然に発色したブロンズ色のアルミルーバー（細い羽板を間隔

的に平行に並べたもの）を使用し、京都の伝統である木の格子を思わせる組み合わせとし、モダニズムと伝統の新たな融合を表現しました。また背後にオープンする「ＡＣＥ　ＨＯＴＥＬ」は既存の高級ホテルの価格体系を超えた新しいライフスタイルを提示するホテルグループの一つとして注目を集めており、そのセンスが分かる人は吉田鉄郎の精神も必ず理解できるはず、と思い今回のデザインに至った、という次第です。

　次は大阪の「ホテルロイヤルクラシック　大阪難波」について。ここはもともと大阪新歌舞伎座の建物でした。設備的に老朽化し、新歌舞伎座自体が他の地域に移動したため、あとには用途を失った建物だけが残りました。その使い道がない建物を再度活用しつつ、やはり新歌舞伎座がここにあったという記憶をどう継承するかが、計画のポイントとなりました。そこで、まず建物の外観はそれまでの新歌舞伎座そのままにもう一度造り直し、その奥にホテルとバンケット機能を付加して、その上に東京の５代目歌舞伎座と同じように高層ビルを建てたのです。通りからの外観は可能な限り、以前と変わらない状態を保ち、街の記憶の継承を重要視しました。この場合の"記憶の継承"とは、まちを歩いた時に人間の視点から、建物や通りの光景が不変であるかどうか、です。後部に高層ビルが建ったとしても、まちを歩いた時に変わらない光景、同じ雰囲気であることが非常に大事になります。僕が敬愛する村野藤吾（1891～1984）先生の代表作ともいえる新歌舞伎座は、連続唐破風様式と呼ばれる世界に例のないすごく複雑な造りです。今の技術で復元するのも大変でした。創建当時、手作業で造形した先人の技術力、執念は、ただ感心するばかりです。

　また、地域の木材を活用するという点では、高知県梼原町で３０年間にわたって、われわれが手掛けてきた庁舎やホテルなど複数の建築群も同様です。梼原町は森林面積が町の９０％以上を占める、文字通り"木の町"です。ここにはもともと１９５４年の林業全盛期に建てられたゆすはら座という木造の芝居小屋があって、それを取り壊す計画が持ち上がり、私の

第 1 章 伝統を受け継ぎ新たな歴史を

知人の建築家から保存へ助力願えまいかという連絡をもらったのが、同町とのつながりの始まりでした。1988年のことです。現場に行ってみると当の芝居小屋が昔ながらの形態をとどめて非常に趣深く、なるほど壊すには忍びない、そこで町長にその価値を説明したところ、当時の町長が保存へと方針を切り替えただけでなく、その他の建物の設計も頼まれるようになった次第です。以後の歴代町長も当時の方針を貫き、現在まで30年にわたり3代の町長から計6件の建築を依頼されるに至っています。ある意味、ここは芝居小屋自体が一つのレガシーであり、それが途絶の危機を乗り越え、現在から将来へ、地域全体を巻き込んで、しかも他の建築物と合わせ発展しながら継承された稀有な例だと言えるでしょう。その芝居小屋は今でも使われ、住民の精神的な支柱になっています。

技術継承のため、若い職人に実践の場を！

―――これまでのお話を伺うと、レガシーとは、まちや地域の象徴であり、気持ちのよりどころという性格を色濃く持っているのですね。

隈　そうした建物に寄せられた思いというものを、できるだけ温かくて優しい素材を使って体現したいと考えています。ストレス過多な現代社会において、また今後さらに格差社会が激しくなると想定されるからこそ、癒しや安心を醸し出せる建物を目指していきたいですね。利活用の頻度や多機能性だけでなく、レガシーにはこうしたメンタル的な側面も求められます。メンタルな効果があるからこそ後世まで継承されていくのでしょう。これからの設計者はこのような観点も常に意識しなければいけないと思います。

―――古来より現在まで、多くの建築物を形にしてきた日本の技術者ですが、高齢化に加え職人の数そのものが少なくなっています。地震の被害を受け現在修復中の熊本城ですが、石垣を修復する専門の職人が足りないと

か。レガシーを体現し、継承していく上で欠かせない若い職人をいかに育てていくか、先生のお考えはいかがでしょう。

　隈　職人の方々が技術を身に着け継承を促すためには、仕事を発注するのが一番です。職人養成の学校をつくったり講座を開設するなど座学ももちろん大切ですが、実践に勝る技能習熟の場はありません。日本の職人は、こうした実践場を数多く踏み、先達から教えられながら技能を身に着けてきたわけですから、今後彼らにその場をどれだけ多く与えられるかが、日本の技術継承、品質の維持を図るのに最も重要なポイントとなります。

　必ずしも大きな案件でなくてもよいのです。身近な建物の修復でもよし、とにかくいろいろな仕事をして場数を踏むことに尽きますね。逆に日本型技術はマニュアル化しにくいので、座学で教えにくく、一度でも途切れてしまうと後世までその影響が及びます。今、それが危惧されてなりません。この点、行政は座学の場もさることながら、実践の場をできるだけ多く設ける方向で考えてもらえるとありがたいですね。大した予算増を行わなくても、職人に活躍の場を与えることは可能なのです。われわれが職人とコラボして作る建築は、決して坪単価が高いわけではありません。日本の職人は、そもそもきわめてリーズナブルな日当で働いてくれる、勤勉な方達です。

───日本中のあらゆる分野が、オリンピック・パラリンピックが開催される２０２０年へ向けて邁進しています。建築界を含め、その後の社会をどのように展望しておられますか。

　隈　２０２０年のずっと先まで見通した長期的なビジョンが必要になります。過去からのレガシーを大事にし、２０２０年を超えて継続する、息の長い取り組みが求められるでしょう。少子高齢化は２０２０年以降に本格化します。２０２０年はその入り口にすぎません。従って２０２０年を超えた後に、レガシーの本番が来ると思います。

───貴重なご示唆をいただきました。ありがとうございます。

第1章 伝統を受け継ぎ新たな歴史を

「新国立競技場」
豊富な知見をもとに、新たな競技場のモデルを設計

株式会社梓設計

取締役副社長
安野　芳彦 氏

人、自然、スポーツの一体化を

　戦後間もない１９４６年、創業者・清田文永氏が、旧・大日本航空（現・日本航空）勤務ののち、梓設計を創業して以来、同社は日本を代表する設計建築事務所として、これまで分野を問わず多くのプロジェクトを手掛けてきた。

　まず、空港関係。羽田こと東京国際空港の国際線旅客ターミナル、成田国際空港第１旅客ターミナルなど、日本の空の玄関口であると同時に世界有数の巨大空港となった両空港をはじめ、複数の地方空港を手掛け、この分野では業界トップクラスの実績を誇り、現在でも"空港の梓"として広く知られている。また医療・福祉施設も得意としている。これまで病院や大学の診療棟、特別養護老人ホームから保育園まで併設した複

合施設など、こちらも多彩な実績を持つ。

　これらと並ぶさらなる柱が、スポーツ施設である。空港施設の整備場では、飛行機を覆うために大きな屋根をかけて無柱空間をつくらねばならず、これは体育館やスタジアムなどにも共通するという。これまでサッカー、水泳、総合体育館など、スポーツの内容を問わず大小の施設を数多く設計し、実績を築いてきた。それが今回の新国立競技場においても、その知見を生かすこととなる。

　大成建設・梓設計・隈研吾建築都市設計事務所共同企業体の一員として、２０２０東京オリンピック・パラリンピックの本丸ともいうべき新国立競技場を手掛けることになった同社が、こうした状況を踏まえつつ"アスリート・ファースト"を建築の設計にどう落とし込んでいくか、関係者のみならず一般国民にとっても大きな関心事だと言えよう。

　ことに新国立競技場は、市民に開かれた"木と緑のスタジアム"、臨場感と見やすさ、競技者の力を引き出す"皆のスタジアム"、持続的な森を形成する大地に近い"環境共生型のスタジアム"、等々の新たな魅力を備えるべく、旧国立競技場とは大胆なまでにスタジアムの外観を改めた。さらに現代建築の中に日本の伝統的建築の要素を表現しつつ、周囲の気候・風土と調和した、人、自然、スポーツの一体化を目指してスタートしたため、従来手掛けてきたスポーツ競技場とは一線を画すアプローチが求められている。従って選手には最善の競技環境を、観客には集中して応援できる構造を、スタジアム周辺では訪れた誰もが憩える

安野　芳彦／やすの　よしひこ

1957年千葉県生まれ。横浜国立大学工学部建築学科卒業、同大学院工学研究科建築学専攻修士課程修了。82年㈱梓設計入社、2013～14年建築学会理事、2015～16年建築学会賞審査員、現在同社取締役副社長。主な作品：警察大学校、埼玉スタジアム2002、新国立競技場、ゆいの森荒川（図書館複合施設）

第1章 伝統を受け継ぎ新たな歴史を

南東からの鳥瞰イメージ

神宮の杜と調和する市民に開かれたスタジアム

◎ 大成建設・梓設計・隈研吾建築都市設計事務所共同企業体
注）パース等は完成予想イメージであり、実際のものとは異なる場合があります。
植栽は完成後、約10年の姿を想定しております。

快適空間を実現する必要がある。それら一つとして欠かせない各要素が、同社の設計によりもうすぐ形になろうとしている。

ポイントは、アスリートの集中力と観客との一体感

　通常、スポーツ関連施設に関しては競技規則において定められた規定があり、これに則りながら、"アスリート・ファースト"を具体化していく必要がある。文字通り、あらゆる点で選手にもてる能力を十全に発揮してもらうよう競技環境の整備に最善を尽くすことだが、それは例え

◎会社概要

株式会社梓設計

所在地（本社）：
〒140-0002
東京都品川区東品川2-1-11
TEL：03-6710-0436
URL：https://www.azusasekkei.co.jp/

代 表 者：代表取締役社長　杉谷文彦
設　　立：1946年10月10日
資 本 金：9000万円
従業員数：565人（2017年10月現在）

「新国立競技場」 株式会社梓設計

国産木材の利用による世界に誇れるスタジアム
© 大成建設・梓設計・隈研吾建築都市設計事務所共同企業体
注)パース等は完成予想イメージであり、実際のものとは異なる場合があります。

ば応援によって選手のモチベーションを高める観客席の在り方や、競技が開催される季節に応じて試合・観戦ともに最適な状況を体現することでもある。

　例えば、「今回のポイントは三層のスタンドを３６０度連続させ、フィールドを観客席で包み込む構成としたことで、アスリートと一体感を創出する狙いがある。」との事。競技場に立って見渡すと、本当に包まれる感じがするそうだ。実際に安野氏もフィールドから見上げたとき、最大８万人（完成時約６万席、将来的に８万席へ増設可能）に及ぶ観客から声援を送られるかと思うと鳥肌が立ったという。

　また、サッカーなどでは芝生の質が問題になるが、これは日照や通風が芝にとって重要となるため、あらゆる環境要因をシミュレーションして全体を設計したという。例えば屋根の一部が一見不思議な形のガラス屋根となっているが、これも芝生の生育のために効率的に日照を取り入れるべく、形態が決められた。芝のコンディションは選手、そして競技

に直結するため、観客を屋根で覆いつつ日照を確保する構造となったのだ。またフィールドは芝散水や排水設備、地中温度制御などの高性能なフィールド整備システムを採用している。

　また、一般の観客から普段目につかない部分にも、アスリート・ファーストの精神を体現させた。「意外に思われるかもしれませんが、実はこうしたスタジアムの場合、選手が使えるエリアというのは思いのほか少ないのです。観客席に相当のスペースを割いたあとのエリアを選手は利用するため、おのずと使える空間は限定されます」。そうした制約をもとに、最初は選手の動線から考えるという。「つまり選手がスタジアムに来て専用の通路を通り、競技場へ向かうルートをいかにスムーズにするかが大切で、これによって少しでも選手をストレスから解放させることに役立てばと思って設計をします。また拠点となる更衣室は、とくにサッカーの場合、できるだけチームの一体感を醸成できるようなロッカーの配置が望ましいと考え今回、通常は室の四隅を四角くするのですが、新国立競技場では曲線を用いて丸い空間づくりとし、チームの和が強まるような配慮をしたり、また新国立競技場全体でもそうなのですが、更衣室にも木材を多用して温かみを出しました」（安野氏）。

　また今回、世界最高水準のユニバーサルデザインの実現が掲げられていることから、スポーツ施設に来たことやスポーツ観戦をしたことのない障害者の人も安心して快適に観戦できるような施設づくりを目指しているという。

　まず設計期間において障害者団体などの関係者とワークショップを数多く開いては意見の聞き取りを繰り返した。さらに施工期間になってからも実物大の検証模型やサンプル等を用いたワークショップを行い、細部にわたって確認と検証を行っている。具体的には器具の配置や微妙な寸法の調整、手摺の色や操作ボタンの見やすさなどなど、より使いやすさを向上させようとする取り組みだ。

「新国立競技場」　株式会社梓設計

1層スタンド（1階）からの観戦イメージ

全てのエリアで安心して利用できる車椅子使用者の観戦環境
（1層スタンドからの観戦イメージ）

© 大成建設・梓設計・隈研吾建築都市設計事務所共同企業体
注）パース等は完成予想イメージであり、実際のものとは異なる場合があります。

　またユニバーサルデザインには、オリパラ開催時により一層多く訪れるであろう外国人の観客に対する、多言語対応も含まれる。案内サインはできるだけ文字ではなくピクトグラムで表示し、それが多様な国々から訪れた方々でもすぐにわかるようにする方針で設計がなされているが、では、すぐにわかるようなピクトグラムとは何か、という点が議論されている。２０１８年初頭の段階では、そのリサーチをしているところだという。「ユニバーサルデザインは障害の種類や程度によって相矛盾する要望もあり、なかなか簡単に答えが出せない難しい問題ではありますが、今回のように、一つひとつ確認と検証を繰り返した結果出来上がった新国立競技場は、ユニバーサルデザインという視点でもレガシーとなって欲しいと思います。」と安野氏は語ってくれた。

後世まで活用されるレガシーの本質

　１９６４年東京大会における旧国立競技場は、日本の高度経済成長の象徴的存在だった。ではこの新国立競技場は、２０２０年においてどのような意味をもち、何をレガシーとして遺していくのだろうか。安野氏

は、「旧国立競技場で蓄積された歴史を踏まえつつ、新しい発展が求められると思います。とくに現在、スポーツ施設はスポーツをするための競技場としてだけでなく、文化の発信や地域コミュニティの拠点など多様な役割を求められています。国民の幸福を追求する、と言えば大げさかもしれませんが、少なくともそうした役割の場として発展してもらいたいですね。それが本当の意味でのレガシーかな、と個人的には思います」。高齢者や子ども、障害者を含めた市民・国民全体のニーズに合致したうえで、維持・継続しつつも新たな発展が望まれる、それがまさしく後世まで続く遺産になりうるとの視点である。「新国立競技場が、そのモデルケースになってくれれば本当にありがたいですね」と安野氏は期待を寄せている。

　実際に、スタジアム内部にも木を多用して、日本らしさを醸し出すのはもちろん、周辺には豊富な樹木を植栽し、またせせらぎや小川を通して緑地公園として整備、競技観戦の前後、さらには公園だけ訪れても楽しめるよう、施設単独ではなく周囲一帯が多くの人にとって親しまれるエリアとなる。それこそが、後世まで人々に活用され続けるレガシーの本質と言ってよいだろう。

"稼げるスタジアム"の象徴として

　スポーツ施設や空港などは、地方自治体や公的団体から発注を受けるケースが多い。特に現在、イベントの実施などでスポーツ以外でも収益を得られるスポーツ施設へとその存在意義が変容しつつあり、またそうした性格のスポーツ施設となることを期待している地方自治体も少なくない。つまりスポーツ施設は、もともとは公的性格が色濃いものの、これからはそこにどう民間のノウハウを取り入れるかが問われることになる。「既にこうした動きは始まっていますが、今後さらに普及していく

と思われます」と安野氏は展望する。発注者である地方自治体などが、当初から"稼げるスタジアム"づくりを目指すことが、継続的な運営が可能で、かつ人が集まる賑わいの場であり続けるのではないか、と。そういう意味では、近年のスポーツ施設は、競技や大会が開かれないときはライブなどのイベント会場として、また災害発生時には地域の防災拠点になるなど、年々多機能化の一途をたどっている。

　そして、前述のとおり新国立競技場がこれから続く新たな"スポーツ競技場像"の一つのモデル、スタンダードになると目されており、日本のみならず全世界にお披露目するのが２０２０東京オリンピック・パラリンピックだ。安野氏は、「高度経済成長期だった前回大会に比べ、今回は何より成熟社会におけるオリパラです。この点が前回とどのように違う大会となり、後世に遺すレガシーがどう異なるのか、今この時点から既に楽しみです。現実としてオリンピックのような世界規模のイベントが本当に必要なのか、疑問を呈する声もありますが、それゆえに日本という成熟社会の舞台で上手く開催し、運営し、成功裏に終わらせることができるかどうか、大いに関心が高まるところです。そして何より、国民の皆さまがオリパラを楽しんでいただけることが一番ですね」と語る。オリパラを楽しみ、その後もさまざまなスポーツを楽しみ、多目的多機能な活用を楽しむ──新国立競技場が先駆と象徴として国民に認識される日はもう間もなくだ。

第1章 伝統を受け継ぎ新たな歴史を

「新国立競技場」
文化や歴史が融合した、日本を象徴するスポーツの聖地として

大成建設株式会社

エグゼクティブ・フェロー　設計本部副本部長
細澤　治 氏

設計本部特定プロジェクト部長
川野　久雄 氏

"神宮の杜(もり)"との調和を図り木材を多用

　現在、新国立競技場整備事業の設計・施工・工事監理を手掛けている大成建設は旧国立競技場をはじめ、これまで数多くのスポーツ施設や競技場の設計と建設に携わってきた。スポーツ施設は計画地の地形や周辺環境条件等の違いや、社会的ニーズの変化に応じて、同社保有技術の高

度化や新技術の開発を行い、最善の競技環境と観戦環境の整備に応えてきた。新国立競技場整備事業に求められた多くのテーマを形にし、東京２０２０オリンピック・パラリンピック競技大会のメイン舞台となるだけでなく、将来にわたって長く市民に愛される"杜のスタジアム"を目指し、現在予定通り工事が進んでいる。

　そうした主要テーマの一つが、"神宮の杜と調和する市民に開かれたスタジアム"だ。同社・川野部長は基本コンセプトをこう語る。「新国立競技場を取り巻く神宮の杜が、明治神宮内苑から皇居へ連なる歴史的な緑地の回廊であるように、その中に位置する新国立競技場は、言わば緑地の一部として大地に根差し、周囲の自然環境と調和するよう目指していく、つまり神宮の杜全体を俯瞰した"杜のスタジアム"として取り組む必要がありました」。共同で設計に当たった建築家・隈研吾氏が歴史を重視し、その思いを取り入れ未来へとつないでいくという普遍的な命題を掲げて全身全霊を込めたように、同社でもスタジアム本体はもち

細澤　治／ほそざわ　おさむ

1951年8月10日、神奈川県生まれ
1976年　横浜国立大学大学院修士課程修了
1976年　大成建設株式会社入社
2003年　同社設計本部構造設計プリンシパル
2007年　同社設計本部副本部長
2014年　同社エグゼクティブ・フェロー、現在に至る
（※役職は取材時（2018年2月）の役職となります）

川野　久雄／かわの　ひさお

1964年8月12日、兵庫県生まれ
1991年　神奈川大学大学院修士課程修了
1991年　大成建設株式会社入社
2016年　同社設計本部部長、現在に至る

ろん、取り巻く周囲全体を緑と木の温もりにあふれる憩いの場とするべく、プロジェクトを進めてきた。

　具体的には、まず国産木材を多用したスタジアムをどのように計画するかが課題となった。これについて細澤エグゼクティブ・フェローは、「大屋根のトラス（三角形を基本にして組んだ構造形態）には、木材と鉄骨を組み合わせたハイブリッドな部材を開発し、実験で十分な強度を得られることを検証した上で導入を進めました」と語る。木の温もりを前面に打ち出しつつ、法規上も耐震性を満足する大型建造物の骨格を組み立てたのだ。建物外周を囲う軒庇（のきびさし）には主にスギの縦格子を計画し、スギの持つ温かい質感を醸し出した。また、軒庇の上部にはプランター植栽を設け、緑と木が融合したデザインとしている。室内には大和張りなど、日本の伝統的意匠をモチーフとした空間構成を図っており、これほど木材と緑にあふれた競技・観戦空間は、例がなく、"木の国日本"らしさを感じさせる。

交換・補修可能な構造で後世に永く

　永きにわたって使用するスタジアムとして、細部にわたって維持管理をし易くする方策が求められた。まず検証の結果、外部の大屋根部につ

◎会 社 概 要

大成建設株式会社

所在地（本社）：
　〒163-0606
　　東京都新宿区西新宿一丁目
　　　25番1号　新宿センタービル
TEL：03-3348-1111
URL：http://www.taisei.co.jp/

代　表　者：代表取締役社長　村田誉之
設　　　立：1917年12月28日
資　本　金：1227億4216万円
従業員数：8415人
　　　　　　　（2017年3月31日現在）

いては雨掛りを避けた屋根裏に構造用集成材を用い、高耐久性木材として防腐防蟻処理を軒庇にも行っている。また、軒庇に取り付く木材は、水平から２９度傾け直接日照があたるのを避け、紫外線

南側ゲート見下げ外観パース注) 大成建設・梓設計・隈研吾建築都市設計事務所共同企業体

注)パース等は完成予想イメージであり、実際のものとは異なる場合があります。植栽は完成後、約10年の姿を想定しております。

劣化を防止し、先端部から水が木に回り込まないディテールを日本的な緊張感のあるシャープなデザインとして計画している。

　しかし、木材は長い年月の間に部分補修を迫られるだろう。スタジアムの外周部に取り付く軒庇のスギとリュウキュウマツは、４７都道府県の森林認証の木材として将来的にも調達が可能な材料であるのと同時に、ナショナル・スタジアムとして、全国の木材を使おうという設計コンセプトでもあり、持続可能性に配慮した材料の選定という実用的な側面もある。木材の基本的サイズは、建築資材として一般的に商業流通しているサイズを採用し、かつ全国から調達できるので、将来にわたり柔軟な供給が可能となる。さらに木材が経年退色するのを見越し、薄い白色系の保護塗料を上塗りすることで、木の色の変化が時間の経過の中で馴染む工夫を行っている。細澤氏は、「木材の扱い方は鉄骨と基本的には変わりません。鉄骨の構造計画を熟知していれば木構造にも準用でき、今後、木材多用の建築物が増えても後年の補修に問題ないでしょう。建築界の技術者不足の懸念は依然として残るものの、鉄と木のハイブリッドな構法など、将来の木構造建築の技術革新が楽しみです」と指摘している。

　こうした最新技術を駆使した耐久性と維持管理のし易い仕組みを構築

第1章 伝統を受け継ぎ新たな歴史を

することによって、構造物全体を長持ちさせ継続的な使用に耐えうる―――隈氏が描く建築における"レガシー"の理念とまさに合致する。

風、そして光を制御して最善の競技・観戦環境を

次に続くテーマが、競技場本来の目的である「アスリート・ファースト」である。これは、アスリートが競技に全力を打ち込め最善の結果を出せるような環境整備はもちろん、「アスリートと観客が一体となって競技そのものを盛り上げる」という着眼が重視された。まさに観客の応援は選手の意欲を高め観客には選手の熱気が伝わる、その相乗を生むような構造のスタジアムを目指したのだ。そのため、物理的にもフィールドとスタンド、選手と観客の距離が近い方が望ましい。同社では直近のスポーツ施設などで、観客席の上層スタンドを、従来型より前方にせり出した"前乗り型スタンド"という臨場感が高まる形態をつくりだした。新国立競技場においても、よりフィールドに近く試合の熱気を感じられる立体的な3層スタンドを採用している。

さらに観戦環境をより向上させるために研究されたのが、フィールドと観客席の暑さ対策だ。来たる東京2020オリンピック・パラリンピック競技大会は盛夏の開催だけに以前から暑さ対策が懸念されてきた。それを緩和すべく取り入れられたのが"自然の風"だという。観客席を覆う最上階に、「風の大庇」を、中層階に「風のテラス」を設け、スタジアム外からの風を取り入れる。空気の流れは観客席上段席から下段席へ、そしてフィールドへ流れるように導かれ、日射によって暖められたフィールドの熱による上昇気流に乗って今度はスタジアムの熱と湿気が、外へ放出される仕組みになっている。風の無い日は1層、2層のスタンドにそれぞれ設置した「気流創出ファン」を稼動し体感温度の低減を図る。他方、スタジアム外部の入場ゲート付近の人だまり空間と内

部の一部には、水の気化熱を利用した「ミスト冷却装置」を設置、微細な水粒子を散布して周囲の空気温度を下げ、コンコースをはじめ周囲の人々に涼感を提供する計画だ。

観客席の快適性　大成建設・梓設計・隈研吾建築都市設計事務所共同企業体

注）パース等は完成予想イメージであり、実際のものとは異なる場合があります。植栽は完成後、約10年の姿を想定しております。

また日照への対応も最善を尽くした。トップライトの下に取り付けられたルーバー（天井の開口部に取り付けた羽板の向きで日光を調整する仕組み）が重要な役割を果たす。通常、トップライトはピッチの芝に対する日照を担うためのもので、年平均で約４０％の日射を供給する計画を行っている。しかし、ピッチだけでなく観客席に日射が当たってしまう恐れもある。これを防ぐためのルーバーだ。「太陽の入射角に応じて、ピッチには光が当たりつつも観客席への照射をできるだけ防ぐ、技術的な環境シミュレーションを行いました」（川野氏）。これまではトップライトによって芝に太陽光を供給することのみが重視されたが、観客席も視野に入れてルーバーを取り付けたのは「他の競技場にはほとんど見られない、新しい試みです」と川野氏は指摘する。

さらに「風の大庇」のルーバーは最適な観戦環境を提供するために、卓越風向の調整を果たす。冬季の北風に対し、スタジアムの北西側のルーバー間隔を広げることで、上空の風がそのままフィールド上部を通過するようにし、夏季の南風に対し、南東側のルーバーを密にすることで、観客席に風を導くように計画している。ルーバーは多彩な機能が計画されており「"木の国日本"の伝統的な様相と、技術立国を象徴する、さまざまなシミュレーションに基づいたデザインを行うことができました」（川野氏）。東京ならではの暑さと湿気を念頭に置いた良好な競技・

観戦環境維持のカギは、"風の制御""光の制御"にあったのだ。

誰もが緑と水辺に親しめる空間として

　周縁部の緑地とどう調和を図り一体化させていくか、これはスタジアム本体の在りようと並んで、今回の新国立競技場整備事業の主要テーマと言っていい。同社がこれまで手掛けた競技場でも周辺を公園や緑地として整備する事業があった。「そのノウハウをこの整備事業に結実させている」（川野氏）。観客が公園からスタジアムへ向かうアプローチにおいて、緑の中を通り、目の前に木材で構成されたスタジアムの軒庇が視界に入ってくる。自然の空気と温かみを伴ったまま公園から緩やかにスタジアムへつながるコンコースを設け、観客席へと誘う、まさに、樹幹の中の"みんなの大樹"というところだ。これは観客だけでなく、実際にプレーする選手にとっても、競技や試合に当たって最善のメンタル環境を鑑みたとき、木の温もりに満ちた空間が、選手の精神を整え、集中力を高めることができき、最高のパフォーマンスを発揮できるのではないかとの考えに基づいている。また、選手の視線から見える3層スタンドの観客席は、大樹の木漏れ日に満ち溢れた、「大地」と「木の葉」に柔らかい光が注ぎ込む空間を、茶色・緑・白の濃淡による5色をモザイク模様に配置した観客席によって構成し、まさに"杜のスタジアム"の温かい内部が出来ている。同時に、モザイク模様の観客席は、空席が目立たない効果があり、観客に溢れたスタジアムとして選手に高揚感を提供する。

　旧国立競技場に限らずモニュメントとして位置付けられる建築は往々にして高くそびえる視覚効果が意識されがちだが、新国立競技場は逆に、建物の高さを50メートル以下に抑え、最上部をフラットな屋根構造とした。このため周囲の樹冠からスタジアムが飛び抜けることなく、景観との調和が保たれる。象徴から親しみやすい存在へ―――時代の要請を

反映しつつ、日本の競技場が今後どのように進化していくのか、新国立競技場のコンセプトがその方向性を示唆しているのではないだろうか。
　また杜のスタジアムとして、この地にもともと自生してきた「潜在自然植生」の緑の再生を計画する。神宮の杜の「在来種」を中心に公園を創造していくという。また、この地域には渋谷川が流れていたが、戦後の開発過程で地面の下に暗渠化された。それに対し、渋谷川の記憶を継承して競技場の敷地内にせせらぎを設け、水と緑の一体的環境の再生を図っている。試合のない時でも緑と水辺を気軽に散策できるよう整備されれば、スポーツへの関心が薄い人にとってもスタジアム周辺は、多くの人が訪れる都心のオアシスとなるだろう。
　スタジアム自体も、より多目的に楽しめる構成になっている。周囲を見下ろす眺めの良い最上部は『空の杜』と名付けられた一周約８００メートル余りの東京の都市景観が３６０度、楽しみながら散歩が出来る憩いの空間を提供し、観戦するだけでなく"みんなの憩いの場"となる。屋上の植物に囲まれた豊かな景観の中でベンチが置かれくつろげるスペースであり、周辺から連続してつながる公園の一部という捉え方だ。コンペの段階から提案されていたイメージが、こうした形で具体化している。さらに、外苑西通りに面したペデストリアンデッキの下に旧国立競技場に設置されていた壁画を、また公園内の随所にも同じく旧国立競技場に設置されていた塑像を配置してアートな空間を形成する計画となっている。日本のスポーツ競技場の聖地ながら、文化・芸術面でも楽しめる工夫がなされていると同時に、戦後の発展の象徴となった旧国立競技場時代の記憶を未来へとつないでいる。
　スポーツはもちろん、歴史や伝統、芸術や文化とも総合的に融合した未来型のスタジアムとして、新国立競技場が先駆となりモデルとなる日が待ち遠しいところだ。「そのために、着実に工事を進めているところです」と、細澤、川野両氏は改めて気を引き締めた。

「GINZA KABUKIZA」
"百年劇場"の構想をもとに、新しいスタンダードを実現

松竹株式会社
専務取締役
事業本部長　事業部門・不動産部門担当
武中　雅人 氏

歴史と伝統の継承を第一に

　1889年（明治22年）、東京・銀座に初代歌舞伎座がお目見えした。以来、激動の近代史変遷のなか数次の変遷を経ながら一貫して多くの歌舞伎ファンに愛され続け、2013年春、現在の第5期歌舞伎座がオープンして以後は、さらに内外観光客を引きつける一大ランドマークとして花の銀座にその存在感を示している。外観は3期、4期より続く奈良および桃山の風雅な造りを踏襲した伝統建築の趣を残しつつ、その背後には最新のオフィス空間を整備した地上29階、最高部145・5メートルの「歌舞伎座タワー」がそびえ立つ。文化と伝統にビジネスを融合させた新たな空間創造の例として内外からの注目を集めた。
　第5期への建て替えが求められた背景は、第4期の老朽化に加え耐震

化など今日的機能の付加という時代の要請に基づくものだが、「歌舞伎座建て替え」の一報がなされたあと、どのような姿に"生まれ変わってしまう"のか、各方面から懸念の声が歌舞伎座を運営する松竹株式会社へ寄せられたという。日本では時として、変化を尊ぶ反作用だろうか伝統ある建造物を一新し、否定するかのようなリニューアルを行う傾向がある。歌舞伎座も、初期こそ西洋風の外観だったとはいえ、１９２４年（大正１３年）にこけら落としされた第３期が伝統的様式を踏まえて以後、今日まで歌舞伎座と言えばあの破風造り、と多くの人にイメージされるスタイルを踏襲してきた。それが現代風なアレンジに、ましてタワーを建てるのであれば歌舞伎座自体がその内部に組み込まれ、戸建てでなくなる可能性が危惧されたのだ。

　が、それらの声は現実として杞憂に終わる。第５期建て替えに当たり、プロジェクトを指揮した松竹の武中雅人専務が、誰よりも歴史と伝統を重んじ継承を旨とする信念を有していたからだ。歌舞伎座はあくまで路面に立つ戸建ての建物として存続し、背後に高層ビルを建てる構想で一貫していたという。「これまで歌舞伎をご贔屓してくださっていたお客さまに対し、歌舞伎座が生まれ変わっても以前と変わらぬご贔屓をいただくためには、歌舞伎座自体も以前と変わらぬものをつくりたい、最初からこの方針で貫徹していました」と武中氏は振り返る。リニューアル後の姿についてプレスリリースを発表した後、各方面の不安は安堵に

武中　雅人／たけなか　まさと

1957年7月12日生まれ。学習院大学文学部卒業。80年松竹株式会社入社、松竹・新橋演舞場支配人、松竹本社演劇本部演劇営業部長、同社取締役事業本部事業部門不動産部門担当、歌舞伎座開発準備室長事務取り扱い等を経て、2011年事業本部長（現任）、12年常務取締役、14年松竹衣裳株式会社代表取締役会長兼任（現任）、2016年より松竹株式会社専務取締役（現任）。

なった。歌舞伎座の顔ともいえるファサードの保持はそれほどまでに、これから観劇するという意識を高揚させ別空間へ誘うために不可欠な演出であり、江戸の昔より継承されてきた歌舞伎が今も文化として受け継がれていることの象徴なのだ。今、多くの来場者、さらに歌舞伎を観劇しなくても銀座から築地界隈を観光する外国人旅行者などが歌舞伎座正面で記念写真を撮っている。これがビルの中に歌舞伎座があったら、と想像するのは難しい。

歌舞伎座とタワーを分ける、絶妙な距離感

とはいえ、内部において必要な設備は整えねばならない。耐震化とともに対応が迫られたのはバリアフリー化である。第4期までは階段のみでエスカレーターが無く、車いすの観客が上層階へ上がるときは、スタッフが担いでいたという。若いころ、歌舞伎座入り口でもぎり（入場券の半券をちぎること）をしていた武中氏は自身も担ぐ経験を幾度もしながら、車いすの観客にこうした苦労を強いるのが忍びなかったという。そこで第5期ではエレベーターやエスカレーターを設置したのだが、外観同様、場内も観劇の雰囲気を高める空間とするなら、無機物的設備はなるべく目立たせたくないところ。そこで、ほぼ深紅に統一された内装

◎会社概要

松竹株式会社

所在地（本社）：
〒104-8422
東京都中央区築地4丁目1番1号
東劇ビル
代表者：代表取締役社長　迫本淳一

TEL：03-5550-1533（総務部）
URL：https://www.shochiku.co.jp
創業・設立：創業1895年、設立1920年
資本金：330億1865万円
従業員数：535名
　　　　　（平成29年2月28日現在）

への同化を図るべく、エレベーターの扉はもちろんエスカレーターの踏み板自体も赤く染めるという策を取り、内装の統一性を維持した。「施工各社さんをはじめ関係各位がこのアイデアを聞いたとき、思わず顔を見合わせていた」（武中氏）というほど、他に例がない発想だったという。

一方で勾配をやや緩くしながら従来通り大間へ通じる階段も3段残し、段通の絨毯も職人による手差しを貫く東北の会社に従前と同じ仕様で発注、檜舞台を形成する1200本の木材は第4期の米檜からすべて樹齢100年以上の国産檜に戻すなど、観客から見えない、見えにくいところまでこだわり、歌舞伎座旧来の空間コンセプトをそのまま体現している。GINZA KABUKIZA 5階にはギャラリーがあり歌舞伎の歴史を学びつつ、第4期の舞台に使用した檜材を使用した小舞台を設置、初めて歌舞伎に触れる観客の理解をサポートする。またフロアガイドをはじめ随所で多言語表記をしており、増加する外国からの観客にも配慮している。

GINZA KABUKIZA 全景

他方、関係者の間で注目されたのは、やはり後背の「歌舞伎座タワー」（以下、タワー）だろう。文化・芸術活動の経済基盤を安定化させるためにもオフィスビルとの併設、一体化もまた時代の要請だが、単に高層ビルの下層に劇場を設けるという手法を採らず、あくまで歌舞伎座という独立した戸建ての印象を保持することが必須要件となった。そのためタワーの位置には細心の配慮が求められることになる。武中氏は何より、観客が観劇に訪れ正面から歌舞伎座を見上げた時どう見えるかを重視したという。「あくまで歌舞伎座だけがランドマークとして存在する感覚を大事にしたかったのです。今、屋根全体を入れて記念写真を撮った場

合、おそらくタワーは、歌舞伎座とは別の建物のような印象を受けるでしょう」。それは、タワー自体が歌舞伎座のかなり後方に建っているからだ。建築的には歌舞伎座とタワーは一体の建物なのだが、そのように見えないのは、歌舞伎座正面とタワー壁面が一定の距離を置いて建てられているためで、巨大な構造物ながら、観劇に訪れた人々からはほとんど存在が意識されない。その距離の妙を具現化したのが、今回の建て替えプロジェクトにおける最大のポイントの一つだったと言えるだろう。

文化・芸術とビジネスの融合モデルとして

次なるハードルは、タワーの高さである、これまで目抜き通りに超高層建築のなかった銀座では、今後も昔ながらの景観を維持すべく、地元のまちづくり関係者による協議会では、現在の三越銀座店とほぼ同等の高さにあたる５６メートルを建築物の上限とする、いわゆる「銀座ルール」を取り決めていた。が、このルールには、「昭和通り沿道から東側の区域については、文化などの維持・継承に寄与する大規模開発に限り、高さ制限を除外する」旨の但し書きがあり、現在の歌舞伎座およびタワーはこの除外エリアに位置するため、かくて銀座ナンバーワンの高さを誇るタワーの実現となった。

しかしルールはルールとして、協議会の重鎮たる老舗各社には武中氏が何度も説明に訪れ、理解を得て回ったという。「一国を代表する伝統文化でありながら、それを民間の事業によって維持しているのが歌舞伎の大きな特色です。歌舞伎の活力を維持するためには多くのお客さまを呼び、劇場を満席にするという責任があり、それによって歌舞伎が育つわけです」（武中氏）。財務状況という後顧の憂いをなくすためにも、文字通り歌舞伎座後背のタワーはできるだけ高層に構え、より多くの賃貸オフィスを設ける必要があったのだ。その点について、通常に倍する地

元説明会を設け、すべてに武中氏が誠心から説明に当たり、周辺事業者、住民の理解を得たが故に現在のタワーがある。もちろん説明会の時だけでの付き合いではない、武中氏がもぎりの頃から見知っている同じ銀座界隈の事業者同士、それぞれの伝統を背負ってきた長年のコミュニティがプロジェクトへの賛意を得るのに大きく作用したという。「歌舞伎座が銀座になくてはならないもの、その継承のためには確固とした事業基盤が必要なこと、狭い東京には高さの空間活用を図るしか現実的方法がないこと、これらすべてを理解していただきました」と武中氏は振り返る。そして現在、タワーは歌舞伎座とは別の新たなランドマークとなり、日本建設業連合会による優れた建築物に贈られるＢＣＳ賞も受賞した。

「私は、この歌舞伎座とタワーを建てるとき、"百年劇場"、つまり後世１００年間続く様式の劇場をつくろうと考え、実現させたつもりです」と、武中氏が言うところの"百年劇場"はもちろん建物自体の継続性を指してのものではない。文化活動と事業性の一体化を体現した今回の様式が、日本各地にある文化・芸術拠点の新築・再建のときにビルや商業施設を併設する一つのモデルとなって今後続くであろうことを示唆している。文化の空間と事業の空間は不可分ながら、一般の視点からはそれぞれ独立、という今世紀のスタンダードが構築された。「１００年後に第６期歌舞伎座建て替えが計画されたとき、第５期の精神と様式を受け継ごう、と関係者が思ってくれれば何よりです」（武中氏）。

昼夜を問わず存在感を醸し出す光の効果

　内外の観光客が、昼から夜までショッピングや食事など銀座を楽しむときにフィナーレとなるのが夜景だろう。決して高層ビル群が並ぶ銀座ではないが、点在するレトロモダンな建築物がライトアップによって浮かび上がるのも趣深い。その中核に位置するのも歌舞伎座だ。これにも

歌舞伎座　ライトアップ

武中氏の"夜の光"に対する並々ならぬ思いが込められている。「実は第4期まで、21時に終演すると、メインの電源を落として真っ暗にしていました。外観のライトアップは舞台照明家が手掛け、それはそれで当時の技術を駆使したものでしたが、やはり建て替えを機に新たな光の効果を表したい、昼はもちろん、夜間においても歌舞伎座が銀座のランドマークとなるためには、どうしてもこれまでとは一味も二味も違う、"見て楽しむ"比重を増したライトアップが必要でした」。そのとき、隈研吾氏の紹介を受けて知り合ったのが、照明デザイナーの石井幹子氏、石井リーサ明理氏親子だったという。お二人とも歌舞伎に関心が高かったこともあり、最初に明理氏に構想を打ち明けたところ、幹子氏が自身で手掛けることを快諾してくれた。人の機縁がもとで、歌舞伎座が昼の上演中だけではなく24時間まちの一部となるための、光のデザインが生まれることとなった。

　その結果、歌舞伎座は現在、宵のうちから夜間にかけて、常に光をまとっている。後背のタワーは、歌舞伎座正面から見た壁面がエレベーター設営面となっているため、オフィスの明かりが漏れて歌舞伎座のライトアップの効果を希薄化することはない。そのため夜の闇に歌舞伎座全体が浮き上がって見えるのだ。"歌舞伎座全体"というのは、文字通り屋根の瓦一枚々々が確かな明瞭さをもって輝いて見えるからだ。「タワーのてっぺんから下に向けて照らしているからですよ」と、武中氏は"見えざるツボ"を教えてくれた。タワー最高部のへりに設置した照明が、緩やかに地上の歌舞伎座の上部を照らす"ダウンライト"によって

「GINZA KABUKIZA」 松竹株式会社

夜の歌舞伎座は優しい光に包まれる。結果、歌舞伎座前のスペースは夜になっても待ち合わせスポットとなるなど、広場としての有用性がアップ、座自体の存在感とともにまちのにぎわいもさらに向上した。

しかも、宵から暁への時間の変化に合わせて色合いを調整、さらにそれを春夏秋冬、四季の移ろいにおいても変えているという。つまり歌舞伎座のライトアップは日々、刻々と移り変わっているのだ。歌舞伎の演目が変化していくように、四季それぞれ観劇を楽しんでもらいたい、季節の移り変わりのある日本の伝統文化を、歌舞伎座外観から感じてもらいたいという武中氏の思いが体現されている。

文化・芸術振興のための"働き方改革"

日本固有の伝統文化・芸術としてより広く海外発信が期待される歌舞伎だが、これまで数多くの海外公演に携わった武中氏の目には、まだ日本人の歌舞伎に対する知識や関心が進んでいるとは言い難いと映る。在外公館関係者、現地駐在ビジネスマンなどと話すと特に実感するという。「歌舞伎に興味を持つのはやはり現役を退いた後の年代になってからがほとんどで、日本の文化の発信の上でも歌舞伎の継続的な活性化のためにも、働き盛りや若者世代にもっと歌舞伎に触れ、魅力を知ってもらう機会をつくらなければ」と指摘する。

もちろん松竹の活動が第一だが、地方自治体が地域で観劇の機会を設けたり、企業が社員の文化活動を奨励するよう"働き方改革"をしてもらえれば、と語る姿からは、これから後世まで歌舞伎を途切れることないレガシーにしていく気概が強く感じられた。

第1章 伝統を受け継ぎ新たな歴史を

「GINZA KABUKIZA」
建築は建て替え、歴史と精神は継承、その実現に向けて

株式会社三菱地所設計
執行役員 建築設計三部長
野村 和宣 氏

世界に類を見ない、歌舞伎の専用劇場

　第5期歌舞伎座の建て替えにあたり、歌舞伎座タワーを併設した複合開発「GINZA KABUKIZA」プロジェクトを担当したのが三菱地所設計の野村和宣部長である。これまで、国登録有形文化財である日本工業倶楽部会館の保存を伴った日本工業倶楽部会館・三菱ＵＦＪ信託銀行本店ビル街区や、東京中央郵便局局舎の保存を伴ったＪＰタワー街区など、歴史的建造物の保存を含めた再開発事業を数多く手掛けてきた野村氏だが、従来は名建築自体は引き続き残しつつ、時代に基づく新機能を取り入れているケースがほとんどだった。それに対し今回の歌舞伎座のように、名建築ながら本体は建て替え、しかしそのスピリットともいうべき伝統性や様式美は継承するというプロジェクトは、やはり過去の

事例とは一線を画す難しさがあったようだ。

提供：松竹株式会社

そもそも歌舞伎座は、1889年（明治22年）に第1期建物が誕生して以来、歌舞伎専用劇場、つまりホームシアターとして歌舞伎という芸能を継承し発展することを支えてきた。「ここ歌舞伎座は、歌舞伎の上演にしか使われません。つまり、世界でも類を見ない、歌舞伎という一つの芸能のみに特化した劇場であり、歌舞伎のホームシアターなのです。つまり歌舞伎にとって最も良い劇場を造ることが至上命題となりました」と野村氏は回想する。なるほど、一つのジャンルだけしか上演されない専用劇場というのは、諸外国の著名な劇場でもすぐには思い浮かばない。劇場を含め、多機能・多目的が一般化しつつある現在の各種施設において、際立って異質かつ稀有な存在、それが歌舞伎座なのだ。

しかし、長い歴史の中で、歌舞伎座はこれまで幾度も災害を経験して

野村　和宣／のむら　かずのり

1964年東京都生まれ。86年東京工業大学卒業、88年東京工業大学大学院修士課程修了、88年－2001年三菱地所・設計部門、分社により2001年より三菱地所設計
現在、三菱地所設計　執行役員建築設計三部長
主な作品・著書
2003年　日本工業倶楽部会館・三菱UFJ信託銀行本店ビル（日本建築学会業績賞）
2009年　三菱一号館復元計画　（日本建築学会業績賞、日本建設業協会賞）
2012年　JPタワー保存棟(旧東京中央郵便局)（日本建設業協会賞、BELCA賞）
2013年　GINZA KABUKIZA(歌舞伎座・歌舞伎座タワー)（日本建設業協会賞）
『生まれ変わる歴史的建造物～都市再生の中で価値ある建造物を継承する手法～』
（日刊工業新聞社）

きた。第1期を改修して第2期、第2期が火災で消失して第3期、第3期の戦災復興で第4期、第4期を建て替えて今回の第5期と、改築や建て替えを重ねて「代替わり」をしてきた。そしてその都度、新たな演目へ対応できる舞台設備の導入や、音響性能の向上、客席の改善など、常に時代に合わせて変化してきたのだ。つまり、歌舞伎座は創建から１２０年以上にわたって「代替わり」しながら、その時代々々に適した専用劇場として、継承と進化を繰り返してきたと言える。そして第4期は、建築家・岡田信一郎（1883～1932）が設計した第3期が戦災に遭い、その復旧のための改築設計を弟子の吉田五十八（1894～1974）が行った建築だ。

当然、第5期においても、継承しつつ新たな進化を果たさねばならない。野村氏は設計にあたり、何を継承し、何を進化させればよいのかという大きな命題に直面した。「都市再生という開発の枠組みの中で、どのようにしたら第4期まで受け継がれてきた"歌舞伎座の伝統"を継承できるのか、重いテーマに対峙することとなりました」と振り返る。

「例えば、歴史的建造物の保存再生という計画があります。東京駅丸の内駅舎や明治生命館などがその例。建築の価値を建築史や歴史的景観といった観点から学術的に評価し、その価値ある部分をできるだけ保存して、活用を考慮した設計を行えばいい。しかし、歌舞伎座の場合は、著名な建築家が設計した建築ではあっても、東京駅や明治生命館と同じ

◎会 社 概 要

株式会社三菱地所設計

所在地（本社）：
　〒100-0005
　東京都千代田区丸の内2-5-1
TEL：03-3287-5555
URL：https://www.mj-sekkei.com

代 表 者：取締役社長　　林　総一郎
設　　立：2001年3月
資 本 金：3億円
従業員数：606名（2017年10月1日現在）

「GINZA KABUKIZA」株式会社三菱地所設計

ようにできるだけ保存するということでは解を得られませんでした。継承すべきもの、進化させるものを、建築史の観点のみならず、機能面、利用者(俳優、観客、裏方スタッフ、運営スタッフ、など)の要望などを採り入れた、実用性の中に位置付けなければならないからです」(野村氏)。

意匠を継承しつつ求められる要素を導入

では、具体的にどのような方向性を見出したのか。

まず、外観はどうあるべきか、特に戦災で壊れ、復旧する際に陸屋根(平らな屋根)に変更されていた第3期の劇場部分の大屋根についてどうするかがプロジェクトチーム内で議論の的になったという。東京駅丸の内駅舎のドームのように戦災を受ける前の第3期の形(大屋根)に復元すべきか、あるいは、長く慣れ親しんだ第4期の陸屋根を継承すべきか、過去の資料を遡って調べ、新たに判明したことなどを参照しつつ、「喧々囂々の議論が展開されました」(野村氏)という。新生と継承のせめぎあいのなか、同プロジェクトに対する熱い思いが伝わってくる。

結論は、新しいデザインの建物にするのではなく、第4期の歌舞伎座の特徴ともいうべき外観などの意匠を継承することになった。野村氏はその理由として、「第4期を設計した吉田五十八が大屋根を元に戻さなかった理由に、脆弱な躯体に負荷をかけないよう軽い金属屋根にしたことに合わせて、"近代感覚と時代の優雅な味とをもたせた"と表現しているように、古典的な意匠を現代にマッチさせようと意図していました。それは内部空間においても同様で、内部意匠は第3期から一新させて吉田の得意な現代和風でまとめていました。従って、歌舞伎座の場合、東京駅丸の内駅舎の保存復元計画とは異なり、第4期の意匠を尊重し、さらに機能的にも意匠的にも現代性との調和を図ることに決定しました」。第4期建て替えの際に、戦災に遭った第3期の復元にとどめるのではな

く意匠を引き継ぎつつ要所を更新したように、第5期も第3期、第4期の基調を踏襲しながら今日的な改良を加える方向になったという。
　一方、内部設計を中心に、第4期から更新すべき点も少なくなかった。
　例えば観客席。「第5期では、昔の観客より比高な現代人の身長に合わせ、すっぽん（舞台のせり上がりの仕掛けで、花道の中間にある）に立つ演者が見やすいように、2・3階席の勾配を微妙に大きくするよう調整したり、ライティングボックスを充実させたり改良を加えたため、吹寄せ棹縁天井の勾配を変える必要がありました。また、客席にゆとりをもたせるため幅を広げていますので、両サイドの壁の位置も変わっています。壁や天井の材料も第3期と全く同じというわけにはいきません」。さらに、「演劇そのものが時代に合わせて変わってきたので、当然そのホームシアターもまた少しずつ変わりゆく、ということになります」と言うように、斬新かつ大胆な演出を可能とするべく、舞台の構造も造り変えた。それまではさほど奈落（舞台下の空間）が広くなかったが、この機会に幅・深さともに拡大整備した。奈落が狭いと幕の切り替え時に舞台装置を思うように入れ替えられず演出上の制約につながる。空間を確保したことで演出上の自由度が増し、それは観客の満足度向上に直結すると考えられる。
　そうした中、第4期の音響性能を引き継ぎながら、音の反射が足りなかった1階席中央部への反射音の改良などは大変苦心したという。というのも、音響性能に関しては松竹から、「生音に対する音響性能が優れていた第4期歌舞伎座を引き継いでほしい」と要望が寄せられていたからだ。「これは、第4期が本当に音響性能に優れていたと言えますが、実際に測定をしてみると弱い部分も見受けられました。それでも、俳優さんやお客さんからは、生音の響きが素晴らしいと評価を受けていた。俳優さんも、第4期歌舞伎座だったらどっちの方向を向いて発声すれば音が行き渡るとか、工夫し、身体で覚えていたのだと思います。また、

「GINZA KABUKIZA」株式会社三菱地所設計

第4期の図面からだけでは読み込むことができない、長い年月をかけて造りこまれた状態についても、細かな部分に至るまで簡単にはわかりませんでした。造ってからその意味が判り造り変えたこともあります」（野村氏）というから、試行錯誤が少なくなかった様子がうかがえる。楽屋においても、当然第4期から使い勝手を大きく改めたのだが、「新しいながら、既に半世紀は使い込んだ楽屋の雰囲気」（野村氏）を醸し出しているという。

　もちろん、高い耐震性の確保やバリアフリー対応など、今日求められる必須要件も導入の前提となる。特に、歌舞伎は観客も俳優も比較的年齢層が高く、"表も裏もバリアフリー"との観点から、第4期になかったエレベーターやエスカレーターも今回設置した。一方で「社会通念上のバリアフリーという考え方からすると、場内の段差をいっさい無くしてしまうところですが、やはり正面玄関の階段は、上って劇場に入るという、日常から非日常へ心を切り替える重要なステップ」との考えから、段数を減らしスロープも併設しつつ階段は残している。入り口からの一歩々々が、観劇を楽しむ効果の一部なのだ。

歌舞伎座の独立したイメージをそのままに複合開発

　さて、今回の複合開発プロジェクトでは、歌舞伎座本体とタワーの距離感、すなわち歌舞伎座に訪れた観客が、正面から見たとき背後のタワーがそびえるのを極力意識しないよう、歌舞伎座とタワーの間に一定の距離を置く必要があった。しかしこれは、言うは易しで、劇場と併設した高層建築物建設においては過去にほとんど例のない手法の導入が求められた。

　「劇場とオフィスビルを合築した建物は、いくつか前例がありますが、いずれも舞台上にタワーが乗るのではなく、柱の多いホワイエロビー側に乗っているものがほとんどだと思います。しかしそうすると、入り口

第1章 伝統を受け継ぎ新たな歴史を

がタワー側になってしまい、歌舞伎を見に劇場へ来ているのにオフィスビルの中に入っていく感じになってしまう。また、晴海通りに面した第4期の景観を守ってほしいという要請もありました」と野村氏が言うほど、制約条件が多かったのだ。

「そこで、タワーは晴海通りから思い切りセットバックさせて、歌舞伎座を従来通りできるだけ独立して見えるようにしよう、ということになりました。しかしそうすると、タワーは柱が最も少ない舞台上に配置しなければならなくなります。そのため、タワーは舞台を跨ぐように、まるで橋梁のようなメガストラクチャーを組んで、その上にのせる設計としました」。綿密な計画と高度な技術力を駆使した結果、歌舞伎座に来た多くの観客の視線が、歌舞伎座の正面を飛び越えタワーを見上げるようにならずに済んでいる。

また、複合開発である以上、歌舞伎座とタワーだけではなく、その周囲や地下構造も改良の対象となる。歌舞伎座の下には、地下鉄コンコースとつながった都市の広場として機能する木挽町広場をつくり、屋上にはタワー下層部と接続する形で、歌舞伎文化を広く発信する交流機能と屋上庭園を設けた。観劇の前に歌舞伎を知り、観劇後には一息つける憩いの空間となっている。

「継続して長く使っていく」建築の典型として

「歌舞伎と歌舞伎座を知り尽くしておられる松竹㈱・㈱歌舞伎座様のご指導が無ければ、到底設計者だけでは解くことができない課題ばかりでした」と野村氏が言うように、関係者の歌舞伎座に込める熱い思いに応えることで伝統を重んじつつ現代的空間を両立させたプロジェクトが完成したのだが、その結果、観客、俳優、また建築関係者からも高く評価され、野村氏も大いに手ごたえを感じている。とはいえ、前出の階段

「GINZA KABUKIZA」株式会社三菱地所設計

存置や奈落の拡大などは、多くの観客にとってほとんど意識されないところだろう。が、具体的にどこが変わった、変わらないと認識される必要は決してなく、継続が必要な点は以前と変わらず、改良が望まれるところはその改良部分を意識されずとも建て替え後に斬新な演目が増えた、と多くの観客に思ってもらうところに意味がある。

その歌舞伎のホームシアターを、これから長く使用していくことになるのだが、実は歌舞伎座は「非常にハードユース」だと野村氏は指摘する。「特定分野の専用性もさることながら、1年365日のうち約300日稼働していると劇場もまた、他にないと思います。しかも1日2公演、場合によっては3公演という日もあり、それに合わせて多くのお客さんが出入りし、舞台装置も造っては取り外す、公演が無い時もけいこに使われる、それほど激しく使うのです」。そのため、檜舞台の一部部材は早くも取り換えの時期に差し掛かっているという。まさに補修をしながら、そして常にカスタマイズしながら建築物を長年使い続ける典型と言えるだろう。

そして今後は、各地の文化施設などがリニューアルや建て替えの時期を迎えたとき、空間活用の観点から、こうした複合再開発型の案件が増えると想定される。「現在は、各建物が担ってきた文化や歴史をできるだけ継承していこうという流れにあるため、開発と継承の両立が今後の大きなテーマとなるでしょう」と野村氏は展望する。今回、歌舞伎座で先鞭をつけた同社に対する同種の要望もさらに増えていくことだろう。その場合、野村氏は「今回の案件同様、対象となる文化施設、歴史的建造物が地域においてどのような位置付けにあるのか、歴史と地域特性を鑑み、継承すべき価値を見出す研究からスタートする必要があります」と指摘する。事業者と地域の、密な関係が歴史と開発の両立というテーマを成功に導くカギとなるかもしれない。

「GINZA KABUKIZA」
幾多の困難を乗り越え、後世に残る建築の新しいモデルを構築

清水建設株式会社

元・歌舞伎座計画建設所　建設所長
水田　保雄 氏

　「これは大変なことだ、今まで聞いたことが無い。本当にできるのだろうか」。プロジェクトの概要について設計図書を初めて見た時、建設所長を務めた水田保雄氏は率直にこう感じたという。過去４０年にわたり数々の施工現場に携わり、また指揮を執って多くの難工事を完成に導いてきた水田氏でさえ、伝統建築を継承した第５期歌舞伎座の建て替え、しかもその上部に超高層タワーを建設するという「GINZA KABUKIZA」プロジェクトは、これまでに経験のない計画であり、図面を前に心中思わず叫んでしまうほどの内容だった。「柱のない大空間の上に、地上２９階建てのタワーを建てるというのは、技術的な難題でした」。

　しかし、と同時に「われわれ建設業界は、不可能を可能にする力があります」（水田氏）という強固な信念のもと、即座にかつてない構想の

「GINZA KABUKIZA」清水建設株式会社

具現化に着手した。

土木の発想とスマートファクトリー導入

何より、劇場という大空間の上の大型構造物という難題を、通常の発想で解決するのは難しい。そこで水田氏は、橋梁など長大スパンの空間に構造物をつくり出す土木の発想を取り入れた。その観点を応用し、まさしく橋梁などによく見られる、鉄骨の建築部材を三角形に組み合わせ巨大な梁とするメガトラスの技法を駆使してタワー高層部を支え、それによってその下にある劇場の無柱空間を実現した。こうして最大の課題は、発想の転換と「トータルな総合力」（水田氏）によって無事、解決の道筋を立てていった。

しかし、工事過程のさなかにあった２０１１年３月に東日本大震災が発生、続いて同年秋にはタイ・バンコクで洪水が発生する。これにより内外の機材や部品の調達に大きな支障が生じ、２カ月近い工事の遅れが生じてしまったが、それを理由に完成が遅れることは許されない。また、こうした大型プロジェクトは周囲一帯も含めて広い再開発エリアで行うのが常だが、今回の計画は銀座のほぼ中心地で、周囲は建物に囲ま

水田　保雄／みずた　やすお

1949年生まれ。福岡県出身。
73年熊本大学工学部建築学科卒業。同年清水建設株式会社入社。
主に首都圏を中心に、建築現場の施工管理業務に従事。
2001年からは、超大型建築工事の建設所長として、現場管理を指揮し、オフィスビル、医療施設、歌舞伎座計画等の施工に携わる。
直近は、長年の施工管理業務経験を生かして、清水建設株式会社の全国の現場を巡回し、指導を行っている。
（現在、清水建設株式会社を退社し、株式会社ファインスタッフに在籍）

メガトラス全景

れ作業可能な敷地が非常に狭い。言わば時間と空間の両面で制約を受けた形になるが、それを解決すべく、タワー部5階に事前に設備器具を床と一体化させるスマートファクトリー、すなわちユニットフロアの生産スペースを設置した。ここを中心に、鉄骨、デッキ、ダクト、耐火被覆、スプリンクラー配管など各階を構成するユニットフロアを組み立て、一度屋上庭園部分へ送出し、その後施工階へとタワークレーンで揚重する。この工法によってタテの空間を活用でき、かつ躯体工事からガラスを含めた外装工事を1フロアわずか6日間で行う積層サイクルを実現、限られた空間と工程の遅れという二つの制約を一挙に解決に導いた。タイで製造していた部材は国内で一からつくり直したが、5カ月間24時間体

◎会社概要

清水建設株式会社

所在地（本社）：〒104-8370　東京都中央区京橋二丁目16番1号　TEL：03-3561-1111（代表）　URL：https://www.shimz.co.jp/	代表者：取締役社長　井上 和幸　創業：1804年　資本金：743億円　従業員数：1万728人　（2017年4月1日現在）

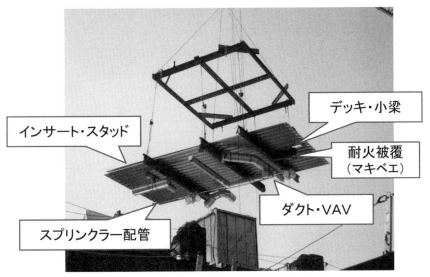

短工期対応：スマートファクトリー

制を敷くことで２カ月のビハインドをクリア、最終的に予定の工期に間に合わせたという。アクシデントに臨んで柔軟な工法の採用とそれを支える技術、そして現場の頑張りが工期遵守を実現させたことになる。

水田氏は振り返る。「思わぬ大規模自然災害はもとより、遠く海外で発生した事案がわれわれのプロジェクトのリスクになりうる、その可能性を改めて実感した工程でした」。綿密なスケジュールに則って作業を指揮する立場故に、その言葉は重く、建設事業のグローバル化がさらに進む今後に向けて大きな警鐘となった。

樹齢１００年以上の檜を２年かけて舞台に

一方、関係者から一般の観客まで多大な注目を集めたのは当然、第５期歌舞伎座の建て替えである。コンセプトは、「歌舞伎座の継承」。すなわち外観のシンボリックな瓦屋根、唐破風、欄干など、特徴的な第４期のデザインを継承・再現することから始まり、内部は徹底した伝統的部材の使用に加え、最適な劇場空間と効果の継続、そこにバリアフリーや

耐震性などの現代的要素を取り入れることが求められた。

　だが、そのコンセプトの体現自体が困難を極めた。

　まずは、歌舞伎座の核心というべき舞台の床を構成する檜材の調達である。今後数十年、そして日々の公演に稽古を加えた使用頻度に耐える舞台を形作るのは、節なしの木目や厚さなど多角的観点から、幹回りで６０センチメートル以上、樹齢にして１００年以上の檜でなければならず、かつ総数１２００本が必要と試算された。国内林業が衰退の一途をたどる中、そうした檜を育てている山林こそ希少だ。全国をくまなく探したところ、神奈川県丹沢に適材が見つかり、該当する樹齢の檜を伐採して確保、それを葉が落ちるのを待ってヘリで運搬し、今度は三重県松坂市の製材所で自然乾燥させた。生木のままでは部材として加工できず、人工乾燥させてもいずれひずみが出る。この間、発注から乾燥を経て製材となるまで計２年。よい木材を調達するには、単に木を育てるだけでなく、耐久性、柔軟性、舞台を踏んだ時の足触りの良さを備えるに至るまで"熟成"させる年月が必要となる。そして今では数少ない宮大工が、昔ながらに鉋で一枚ずつ、コンマ数ミリ単位で削り上げ、ようやく檜舞台を組む環境が整う。歳月をいとわない忍耐と、芸術的な職人による技によって、伝統文化は継承されていくのだ。「日本が古来、建物をつくってきたプロセスを再現しました。本当の建物をつくるとは、こういうことだと思います」（水田氏）。

　また、外観において重視された、第４期の唐破風を受け継いだ正面入母屋屋根・軒反りの再現も、一筋縄ではいかなかった。中心となったのは同社の寺社仏閣専門チームである。「流れるような反りの角度、曲線、長さなどがどうあるべきか、現代においてそれを理解しているのは大工の棟梁です」（水田氏）。そこで屋根の勾配や軒反りの微妙な角度を忠実に再構築すべく、まず熟練の棟梁に、屋根勾配に関してはすべて原寸図を描いてもらった。意匠構造はもちろん止水方法などの細部に至る

「GINZA KABUKIZA」清水建設株式会社

まで関係者一同、徹底した検証を行った後に、ＣＡＤ（Computer-Aided Design）データを鉄骨製造所に持ち込み、カーブした鉄骨をつくる作業を踏んでいったという。

　屋根に葺かれた計１０万枚に及ぶ瓦も、文化財級の寺社仏閣を専門に扱う職人の匠の技を集結させたものだ。「江戸時代から"三州瓦"の名で知られた愛知県高浜市で瓦を焼き、それから鉋をかけて木材を仕上げるように葺かれたときの勾配を想定し、瓦一枚々々をわずかずつ削っていきます。瓦を葺くのに図面などはありません。この勾配に対して瓦をどう削り、どう重ねていくのが最良なのか、すべて職人の頭の中に入っています」（水田氏）。単純に並べていくだけでは、舞台を風雨から守り昔ながらの格式を伝える屋根にならない。また全長３.５メートルに及ぶ鬼瓦も、愛知県高浜市の「鬼師」と呼ばれる専門職人によって仕上げられた。トータルすると瓦工事だけで１年を要したほど、歌舞伎座の屋根は日本文化の象徴そのものなのだ。

第４期の再現へ向け、徹底した音響実験

　では内部空間はどうか。例えば歌舞伎の演出に欠かせない回り舞台。これは、舞台面は第４期と同じ規模ながら、深さは以前の４倍近い１６メートルの大奈落をもつ、国内最大の舞台を構築した。これにより、斬新で大胆な演出が可能となり、日々、観客の目を楽しませている。

　だが、水田氏が最も労力を要したのは観客の耳、すなわち音響である。音に関しては逆に新しくしてはいけない、台詞や演奏の音がよく聴こえると評判だった第４期と全く同じ声の響き、通りを第５期でも維持すること、これが絶対条件だった。むしろこれこそ難題だった。第４期に内壁を形成する主要素材は木質系チップだったが、現在の法規では防火上の観点から、もう木質系チップは使用できなくなっている。しかし、構

造はもちろん素材さえ以前と変われば音の響きも変わり、役者も長年なじみとなっている観客にも違和感を持たれる。これを全く感じさせないよう、構成は変われども音環境は変わらず、しかも同じ素材はもう使えない、という命題に水田氏は対峙することとなった。

「構想が持ち上がった１０年前から、当社技術研究所は歌舞伎座内部で音響のサンプルを収集・蓄積し、データ化してきました。それをもとに、客席、天井、舞台回りなど、すべての内部構造について１０分の１の縮尺模型をつくり、そこで無数のデータによる音響実験を実施し、どのような構造、材質であれば従来と同じ音を再現できるか検証を行いました」と水田氏はいう。縮尺すると内部の空気圧が実物大と異なるため、模型内の酸素をすべて抜いて窒素を充満させ、第４期と同じ音波の計測環境を整えた。懸念された内壁素材は、実験を重ねてデータの検証を行った結果、木質チップと同じ音響効果を得られる成型セメント板を採用、格子模様にしつらえて張り巡らせた。また、単に模型を作るだけでなく観客席の一席々々に、服と髪の部分にフェルトを着けた人形を配置し、人で満席のときにどう音が響くのか、第４期データと同じ波長を再現できるのか実験したという徹底ぶりだった。その上で、竣工直前には客席を実際の観客で埋め、舞台で役者が台詞を発し太鼓をたたく"確認会"を行って、以前と変わらぬ音響であるとのお墨付きを得たという。

現在、第５期歌舞伎座では第４期と同じ音響のもと日々、公演が行われている。

伝統技術と最新技術の融合が文化をつなぐ

伝統技法の棟梁から最新工法の技術者まで、水田氏のプロジェクトチームに参集した各分野専門の職人は多種多様を極めた。それだけ、ジャンルも背景も異なる人材が集結したことが、まず困難克服への第一歩

だった。「伝統技術と最新技術の融合が、当初のコンセプトに基づく一貫したテーマであり、人も素材も技術も一体とならなければ、今回のプロジェクトは成功しませんでした」と満足げに語った。

同社としても過去に例のない取り組みだったが、今後は伝統的建造物と最新建造物のように全く異なる分野同士の建築計画や、限られた空間における大型開発などが増えていくだろうと水田氏は展望する。その点で、同社が施工した「GINZA　KABUKIZA」プロジェクトは、今後の建築産業における一つの先駆とも言えるだろう。「歌舞伎座とタワーという異色の取り合わせについて積んだ経験は、今後の案件においてもさまざまな形で応用され、必ず役立ちます」と、これからいかなる難工事に直面しても克服できる自信につながった。材料は時代によって変わってゆくが求められるものは変わらない、その相克を乗り越え現代にマッチした材料で普遍性あるものをつくり、職人の技を用いて伝統を継承していく仕事、水田氏はそれこそがレガシーだと捉えている。歌舞伎は国民の財産であり宝だが、その舞台を整えるこのプロジェクトは、同社にとっても何物にも代えがたい財産であり、宝となったようだ。

1/10 縮尺模型客席

1/10 縮尺模型天井、舞台廻り

服と髪の部分にフェルトを着けた人形
歌舞伎座の音環境づくり

第1章 伝統を受け継ぎ新たな歴史を

「三越日本橋本店」
本館の重文指定やリモデルを期に百貨店の新しい時代を目指す

株式会社三越伊勢丹
執行役員 百貨店事業本部
三越日本橋本店長
浅賀　誠 氏

三越の100年以上の歴史を刻み、重文指定された本館

　五街道の起点となった日本橋のまちに店を構え、百貨店として100年以上の歴史をもつ三越日本橋本店は今、新たなターニングポイントにある。それを示す出来事の一つが、2016年に本館が重要文化財指定を受けたことだ。
　「百貨店の事例で言いますと、日本橋が架かる日本橋川の向こう側の日本橋高島屋さんが、2009年に重要文化財に指定されています。同じ地区で二つの百貨店が重文に指定されたというのは稀有な例でしょうね」と話すのは、株式会社三越伊勢丹 三越日本橋本店長の浅賀誠氏。
　重文指定を受けた三越日本橋本店とは、どのような特徴の建物なのだろうか。

「ポイントで申し上げると、外観はやや簡略化しつつも西洋古典様式に則った重厚な意匠で統一されています。内部では重厚な色調で彩られた三越劇場、中央ホール、特別食堂などが各時代の先駆的な意匠を採用しており、全体として極めて質の高い空間を創出していることから、ご指定をいただくことができました。建物自体の外観や躯体、外壁に加え、１９１４（大正３）年に作られた屋上の高塔や出入り口のライオン像、１９２７（昭和２）年修築後の三越ホール（現 三越劇場）、１９３５年増築時の中央ホールなども評価の対象になっています」と浅賀氏は説明する。

本館外観

三越日本橋本店が今見られる建物になったのは、本館が竣工した１９１４年のこと。９年後の１９２３年には関東大震災による火災で被害を受けたが、その後は修復、増築し、本館１階の中央ホールや特別食堂が設置されていった。増改築を重ねながらも、設計は一貫して横河工務所（現・横河建築設計事務所）が行ったため、内装はアールデコのデザインが基調とされ、現在に至るまでそれが継承されてきた。震災、戦

浅賀　誠／あさか　まこと

1958年生まれ。法政大学卒　1981年　株式会社三越入社。婦人部門、パリ三越などを経て2008年　百貨店事業本部MD統括部MD企画室MD計画担当ゼネラルマネージャー、2011年　株式会社三越伊勢丹営業本部MD統括部婦人統括部銀座婦人子供用品宝飾営業部長、2013年　営業本部基幹店事業部三越日本橋本店営業統括部長、2015年　執行役員　営業本部三越銀座店長、2017年　より現職。

災に耐えてきた100年超の館である。

「中央ホールには、吹き抜けの5階に届くほどの壮大な天女像があります。樹齢約500年の杉の木で作り、1960年に完成したこの天女像も、中央ホールの象徴といえるでしょう。私は今までさまざまな百貨店を見て回りましたが、世界的に見てもこれだけの空間を持っている百貨店は、他にはパリのギャラリー・ラファイエットしかないと思います。また、百貨店の建物としてすごいと思ったのは、英国王室御用達だったロンドンの名門ハロッズですが、それら、世界の百貨店と比べても、三越日本橋本店の中央ホールは傑出した空間であると自負しています」（浅賀氏）。

続けて浅賀氏は、「重文に指定されたことは三越の歴史の1ページとしてフックにしていかなければいけないと思っています。この素晴らしい空間を、21世紀の百貨店の商売にいかに結びつけていくか。歴史の遺産をそのまま置いておくのではなく、いかに活用していくかが私たちの使命と思っています」と語る。

隈研吾氏を起用して始まったリモデル

本館の重文指定と同じ2016年、三越日本橋本店は建築家・隈研吾氏を環境デザインのディレクターに起用したリモデルを発表した。

◎会社概要

株式会社三越伊勢丹ホールディングス

所在地（本社）：
　〒160-0022
　東京都新宿区新宿 5-16-10
TEL：03-6205-6001
URL：http://www.imhds.co.jp

代 表 者：代表取締役社長執行役員　杉江 俊彦
創　　業：三　越 1673年（延宝元年）
　　　　　伊勢丹 1886年（明治19年）
資 本 金：503億円
従業員数：1万4768人（2017年9月末現在）

中央ホール

「21世紀に向けて新しい百貨店にしなくてはという私たちの発想から、隈研吾先生には、歴史あるもの、日本独自のもの、企業が持つ文化や背景などを大切にしつつ、それを進化させていただくようお願いしました。ご存知のように三越のルーツは江戸時代の呉服店だった越後屋です。今回、先生には越後屋のデザインも取り入れていただきました。糸屋格子もその一つです。これは、桟を数本ごとに短くして光を入れ、反物や糸の色の違いが分かりやすいように工夫された建具のデザインです。そういった伝統的な木造建築のエッセンスを生かしつつ、アールデコの良さも生かします。そして、"樹"というコンセプトが生まれました。フロア全体を"樹"で包み込み、環境・空間の統一をはかります。ありがたいのは、隈研吾先生がまさに東京オリンピック・パラリンピックに向けてスタジアムを作っていらっしゃることですね。その先生に当店の新たなデザインを手掛けていただいていることは、非常にタイムリーだと思っています。2018年秋に完成する1階を手始めに、主要な上層階は2020年を目指してリモデルをしていきます」(浅賀氏)。

人、環境、商品で日本随一のおもてなしを目指す

大規模な新装に期待がかけられる三越日本橋本店だが、今後の接客で心がけていくポイントはどのようなことだろうか。

「越後屋をルーツとする三越としては、日本随一のおもてなしを21

第1章　伝統を受け継ぎ新たな歴史を

世紀バージョンで行おうと思っています。それを実現するには、いくつかの可能性を追究する必要があると思います。

　その一つは環境です。例えば中央ホールなどは、おもてなしを厚くしていくつもりです。隈研吾先生のデザインで周辺の雰囲気が大きく変わりますので、このタイミングで中央ホールの空間を日本随一のおもてなしの象徴に切り替えていく予定です。イメージで言うと旅館やホテルのロビーです。迎え花でお客さまをお迎えするのです。隈研吾先生のデザインだけではなく、そういう意味での環境もきっちり整備していこうということです。他には、上層階でお客さまをおもてなしするパーソナルルームもきっちり作っていこうと思います。

　次は、商品です。今までは、属性やライフスタイルでターゲットを捉え、品揃えをすれば売れる時代でした。これからは、品揃えだけでなく、一つ目のポイントとしてあげた、商品をご紹介する為の『環境』と『人』そのものが商品の魅力を上げるポイントであり、百貨店の強みになると考えています。そのために、新しい空間を使い、ストアコンシェルジュや各フロアのコンシェルジュといった専門性の高い『人』によるおもてなしをもっと強化していこうと考えています。

　そして大切なのは、サービスです。それぞれのお客さまに合ったサービスのご提案をしっかりしていきたいと思います」。

　浅賀氏はさらに、百貨店をとりまく状況にも言及する。

「百貨店が面白くなくなっているのです。もともとはいろいろな小売り業態を一カ所に集めて大きな館の中に入れたのが百貨店ですが、それがこの4〜50年で、いろいろな業態に切り崩されてきました。スーパー、ショッピングセンター、家電、家具、洋服などの量販店、そしてコンビニエンスストアが普及し、その後は予想もつかなかったEC（ウェブサイトによる販売）が出てきました。店舗に行かなくても自宅で買い物ができるようになったのです。百貨店は、今までの強みをどんどんは

ぎ取られてきたわけです。だから売上が落ちていくのは当たり前です。

でも、はぎ取られたからこそ百貨店の強みが見えてきました。それは何かというと、やはり店舗なのです。まさにリアル

リモデル後の本館１階フロアイメージ

な店舗があることが最大の強みだと思います。ＥＣなら２４時間、家で買えるし、しかも品ぞろえもＥＣのほうが豊富で安価だったりします。それでも、お客さまがリアルな店舗にお越しになる理由があるわけです。それが、人と環境だと思っています。やはり人間が生きる社会ですから、リアルの良さが店舗にはあります。この店舗の良さを最大限に生かしてくれるのが、重文指定された建物であり、そして隈研吾先生による空間だと思います。そうしたことも、これから百貨店にご来店くださるお客さまの楽しみの一つになると思います」（浅賀氏）。

まちとともに成長していくのが百貨店の理想

百貨店というビジネスを続けていくうえで、浅賀氏が重視していることがある。「大切にすべきなのはもちろん店舗ですが、もう一つはまちだと思うのです。百貨店というのはまちに支えられてきた業態だと思います。まちのランドマークとなって、ともに成長していくことが最も重要です。三越日本橋本店もあらためて歴史をひも解いてみると、やはりまちとともに進化してきたことがわかります。今後もまちと一緒になってやっていかないといけないし、大きな建物なので、やはりランドマーク的な存在にならなければいけない。ランドマークというのは、今回重

文に指定された館自体もそうですが、ここから発信する商品の特徴とか存在感、プライドがなければいけないと思います。まちの方とお付き合いさせていただくと、私たちが思う以上に三越に期待してくださっているのだなと感じます。期待されているが故に、私たちもまちの方たちと一緒にこのまちを良くしていかなければいけないと思います」。

　日本橋というまちを、浅賀氏は具体的にどのように見ているのだろうか。「たとえばこの近辺は、重要文化財に指定された物件が非常に多いのです。当店の隣の三井本館や、その隣の日本銀行。橋梁の日本橋もまさに重文ですし、日本橋高島屋さん、東京駅丸の内駅舎もそうです。そういう環境も生かしつつ、昔から"伝統と革新"をモットーとしてきた三越は、その先へ行かなくてはいけません。これら近隣の遺産と連携しながら活性化に結び付けていきたいと思います」。

　まちとしての日本橋といえば、やはり明治時代に石造二連アーチ橋として完成した現在の日本橋を思い浮かべる人は多いだろう。「あの橋の上に覆いかぶさっている首都高をいよいよ取り壊すという話になったので、あそこは本来の日本橋らしい景観になるはずです。海外の方が観光名所だと思って来てみたら、上に道路が走っているなんて、あまりないことだと思います。最近はインバウンド（訪日外国人旅行）が増加の一途ですが、２０２０年に向かって日本橋にも外国人の方が相当お越しになると私は予想しています。その時のために備えておかないといけませんが、外国人向けの百貨店は作らないつもりです。なぜなら、日本人のお客さまにご満足いただけるものが、今後は外国人のお客さまにもご評価いただけると思うからです。かつては海外の方が日本に来たら、目的は百貨店などでお土産を買うことでした。今のインバウンドは、体験が主要な目的となっています。特に中国の方は、日本人が３０年くらいかけて変化してきたところを、２〜３年で変化しています。何が変化したかと言うと、日本の文化や体験に対して、すごく興味がありますので日

本人のお客さまの価値観をベースに、そこを突き詰めて三越日本橋本店を作っていくことが、海外のお客さまを惹きつけていくことにもなるのではないでしょうか。しかも、日本橋界隈ほど日本の文化が集積している場所はないと思いますので、それを海外の方に伝えることができれば街の活性化にもつながるはずです」(浅賀氏)。

三越の過去を見ることが、次の進化のステップ

　最後に、21世紀の百貨店はどうあるべきかを浅賀氏に聞いてみた。
「百貨店の未来を考える時、いつも私の中にあるテーマは『ふり向けば未来』です。"過去を見る"そしてその先には、未来も見えると思うからです。江戸時代、越後屋ができた時がステップワン。明治になると、主要顧客であった武士がいなくなってしまいました。呉服店から方向転換したのが、1904(明治37)年の『デパートメントストア宣言』です。明治維新後、旧来の得意先が没落し、商売の相手を広範囲の人向けのデパートに変えたのです。その後も紆余曲折があるのですが、私のイメージでは第3の転換期がまさに今です。もっと言うと、百貨店が生き延びられるかどうかの瀬戸際。"伝統と革新"が三越のテーマですが、革新と言うより進化と言ったほうがピンときます。三越日本橋本店は日本社会の縮図のような百貨店で、富裕層はいるけれども高齢化しています。でも良いお客さまがいらっしゃいます。日本の百貨店はどこも同じような環境です。ですからこの三越本館が再生することが、日本の百貨店の再生につながるのではないかと私は思っています」。

「東京大学大学院情報学環　ダイワユビキタス学術研究館」

最先端の建築に挑み、世界的視野で業界をリード

大和ハウス工業株式会社

代表取締役専務執行役員
技術本部長　生産購買本部長
海外事業技術管掌　環境担当

土田　和人 氏

前例のないユビキタス建築を手掛ける

　その建物の外観は木や土といった自然素材で覆われ、緑多い大学キャンパスの景観に溶け込む。建物の中に入ると、照明などのスイッチが1個もついていない。それでも人が近づけば、すぐに明かりがつき、エレベーターも動き出す。きわめて斬新なこの建物の名称は、東京大学本郷キャンパス内の「東京大学大学院情報学環　ダイワユビキタス学術研究館」。完成は2014年。施工および寄贈したのが、日本のトップハウスメーカー、大和ハウス工業株式会社である。

　「2010年に日本を代表するコンピュータ・アーキテクトの坂村健東京大学名誉教授から、ユビキタス分野の研究拠点となる建物の依頼を受けました。意匠設計は同じく東京大学教授で現在世界的に名を轟かせ

る建築家・隈研吾先生。ぜひ隈先生に意匠設計を依頼したいという坂村先生のたっての希望でした。こうして坂村先生が監修、隈先生が設計という一大プロジェクトが始まりました」と話すのは、大和ハウス工業代表取締役専務執行役員技術本部長で、今回のプロジェクトリーダーを務めた土田和人氏。画期的な建築が実現するに至った経緯について、熱く語る。

「坂村先生のお名前は存じていましたが、このような形でお付き合いすることになるとは、想像もしていませんで

自然素材による、環境と調和したファサード。

した。先生から白羽の矢を立てていただいたようで、こういう機会をいただけたことに驚くと同時にうれしく思いました。

　もちろん当社としては大きなチャレンジでした。このような建物は世界にも例がありませんし、日本を代表する最高学府・東京大学の敷地に建てられるのは名誉なことです。当社の創業者である故・石橋信夫は、"創造的世界を開拓し、世界的視野に立って、この変転やむことなき世界を

土田　和人／つちだ　かずと

1952年生まれ。76年、大和ハウス工業株式会社入社。2009年、取締役就任。17年、代表取締役専務執行役員に就任。

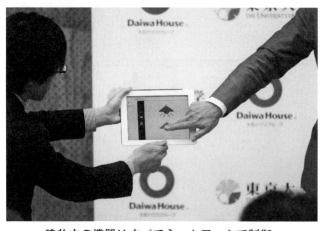
建物内の機器はすべてネットワークで制御。

自由に泳げる人間にならなければならない"という言葉をわれわれ社員に遺しました。その創業者の夢を実現する意味でも、得難い機会となりました」。

研究棟のコンセプトにもなっているユビキタスとは、「いつでもどこでも存在する」という意味で、１９９０年代初頭からは特にコンピュータやネットワークの遍在について言われるようになった。

「坂村先生からはＡＰＩ（アプリケーション・プログラム・インターフェース）というコンピュータをネットワークにつないで、そのネットワーク経由で情報を読み取って制御したいと伝えられました。分かりやすく言うと、多数のセンサーを各壁面や天井面のいたるところに設置し、そのセンサーやカメラで温度や湿度、人のいる位置などを自動検知することで、ドアの開閉や照明、エレベーター操作を、スマートフォンなどの電子端末に入れたアプリを使って行うことができます」。

斬新なのは建物のデザインも同様だ。

◎会 社 概 要

大和ハウス工業株式会社

所 在 地（本社）：
〒 530-8241
　大阪市北区梅田 3 丁目 3 番 5 号
TEL：06-6346-2111
URL：http://www.daiwahouse.co.jp/

代 表 者：代表取締役会長　樋口武男
　　　　　代表取締役社長　芳井敬一
創　　業：昭和 30 年 4 月 5 日
　　　　　（設立昭和 22 年 3 月 4 日）
資 本 金：1616 億 9920 万 1496 円
従業員数：1 万 5725 名（平成 29 年 4 月 1 日現在）

「ダイワハウス石橋信夫記念ホール」。温かみのある木質の空間で、有孔パネルの継ぎ目も美しく施工されている。

「外観は隈先生による自然素材を生かしたデザインで、東京大学の迎賓館でもある懐徳館の庭園などに隣接し、落ち着いた環境に配慮しています。東面の外装に使用した杉板は７８００枚。これが一枚一枚すべて角度や長さが違うのです。南北に伸びる廊下は奥から手前に向かって徐々に柱と壁の傾きが大きくなって、不思議な視覚効果を生み出しています。この今までにないデザインに対して、構造設計や施工現場を担当した若い技術者たちは悪戦苦闘し、連日連夜激論を交わしながら手探りで前に進んでいく状況でした。しかしこの経験は彼らに大きな刺激を与え、次につながる自信になったと思います。

また、３階のホールにはダイワハウス石橋信夫記念ホールという名称をつけていただきました。さらに、ユビキタス空間物アーカイブ・ギャラリーには３Ｄ映像で、例えば実寸大の遺跡や歴史的建造物を投影して展示することができる設備を導入しました。開館時には、坂村先生からのご提案で、当社が開発して今日のプレハブ住宅の原点となったミゼットハウスをはじめ、プレハブ建築の歩みをデジタルアーカイブで展示していただきました」。

１９５０年代末、人口増加による部屋不足、住宅不足といった社会課題に対し、簡単に施工できるプレハブ住宅という発明で時代のニーズをつかみ、発展してきた大和ハウス工業。２１世紀の今、隈研吾という世

正面入口から懐徳館庭園を見通す。庭園の緑を借景として取り込んだ美しく伸びやかな空間に。

界的建築家との仕事を経て、同社の建築デザインの質は新たな地平を切り拓いたと言える。

BIM導入がもたらす劇的な進化

過去に前例のない最先端の建物を経験したことで、企業全体としてどのような前進があったのだろうか。

「なにしろ複雑かつ繊細な建築物なので施工は大変です。隈先生に最初の設計図面を見せていただいた時は、正直なかなか頭では理解できませんでした。建物の傾きやねじれは2次元の図面ではつかみづらいのです。そこで、大和ハウスとしては初めて3次元モデルのBIM(ビルディング・インフォメーション・モデリング)を導入しました。

従来なら仕事を進めながら詳細図などを描いていきますが、今回は事前にBIMで細部のおさまりまで検討しました。これによって、特に設備関係の設計を進める段階で、その性能を検証することができました。

「東京大学大学院情報学環　ダイワユビキタス学術研究館」 大和ハウス工業株式会社

　この成果により、当社においても２０１７年度より全社共通のＢＩＭを導入することになりました。
　また、当社では戸建て住宅や賃貸住宅の部材を工場生産していますが、ＢＩＭを使うことで設計データをそのまま工場生産ラインに流し、設計、生産、調達、施工などが一気通貫でできるようになります。これまでは生産するために図面を書いたり、部材を発注するために図面を拾い出したりと、１回１回で作業が途切れてしまっていたのですが、ＢＩＭを活用することで飛躍的に効率化が図れます」。
　劇的な進化ぶりについて、土田氏はさらに説明を続ける。
　「今、工場でも新たな設備を導入していますが、それらがすべてＢＩＭとつながっていくシステムを構築しています。ＢＩＭはまた、引き渡し後のＬＣＣ（ライフ・サイクル・コスト）管理にも有効で、アフターサービスや増改築、改修工事といったサービスにも活用できるのです。お客さまにお引き渡しすれば、それでおしまいではなく、その建物がある間、ずっと維持管理を継続し、将来にわたってお客さまとのコミュニケーションを構築できると期待しています」。
　施工現場でのメリットも明らかだ。
　「今まで図面やイメージ画像など２次元でしか見られなかったものが、家が建つ前に３次元で立体として確認できるのはお客さまにとっても現場の職人にとってもイメージ共有に効果的です。
　今回のユビキタス建築で言えば、杉板の複雑な並び方などは２次元ではとてもイメージできなかったと思います。使用した杉板は一つとして同じサイズのものがありませんが、ＢＩＭで出した座標に合わせて正確に取り付けていく──もちろん、実際に建てるためには、従来の建て方と異なる工夫も必要でしたが、今回のプロジェクトで、初めてＢＩＭが現場とつながり、より高度なデザインを形にするための実力が養われたと自負しております」。

挑戦で得られた、次世代の自信がレガシー

　大和ハウス工業は、売上高で3兆7500億円（2017年度予想）を誇る業界ナンバーワン企業。総合住宅メーカーとしての同社の展望についても聞いてみたい。

　「確かにトータルの売上高では業界ナンバーワンですが、戸建て住宅、賃貸住宅など個別事業で見るとナンバーワンのものはありません。オリンピックでたとえるなら、当社はすべての競技で金メダルを目指したい。つまり、まだまだ当社にはそれぞれの事業領域で伸ばせる余地があると思っています。

　住宅ではやはりZEH（ネット・ゼロ・エネルギー・ハウス）。また住宅以外でも、大和ハウス工業のDを取って、ディーズスマートシリーズとして環境配慮型建築を商品化しています。オフィス、店舗、介護施設、物流施設、工場などが対象で、それぞれの環境に配慮した建物をお客さまに提案しています。大和ハウス工業は住宅がコア事業ですが、現在は住宅の売り上げは全体の1割くらい。それは住宅が減ったというより他の事業領域が増えてきたということです。

　当社には、戸建て住宅も、賃貸住宅も、商業施設、マンション、すべての事業領域がグループの中でできるという強みがあります。スマートシティやコンパクトシティ、商業施設などの事業領域も持っていて、それらをすべてまとめてまちづくりを進められる力があります。今後は、点だったものを面として事業領域を伸ばしていきたいです」と土田氏。具体的なプロジェクトも進んでいる。

　「2017年夏に完成した東京都八王子市の『高尾サクラシティ』では、戸建て住宅とマンション、商業施設の複合開発に取り組みました。創エネ・省エネを積極的に取り入れた戸建て住宅や、416戸のマンションと商業施設での電力融通など、全体のエネルギーマネジメントを進めて

います」。

　今後のビジネスの展望についても、土田氏は熱意と冷静さを合わせ持ちながら語ってくれる。

　「環境配慮のために、太陽光発電をはじめとしたクリーンエネルギーの拡大は時代の要請だと考えます。それを建築に取り入れる上では、いかに上手にマネジメントしていくかが大事になります。また、日本では人口減少が進んでいますが、世界に目を転じれば人口が増加している地域があり、よりよい住宅を求める需要は拡大していきます。現在、当社の海外展開は１８カ国。創業１００周年の２０５５年には売上高１０兆円を目標に掲げていますが、それには１００カ国以上での展開が必要となるでしょう。

　現在、中国などアジアで事業を展開していて感じるのは、日本的な品質管理が求められている――どちらかというとモノよりコトなのです。引き渡し後のアフターサービスなどを含め、満足度をどうやってあげていくかがカギになります。こうした部分は当社の強みであり、世界のどこでも大和ハウス工業の魅力が伝わるのではないかと考えています」。

　最後に土田氏はこう強調した。「歴史を引き継ぐというのが当社の考えです。当社は企業としての集団力を発揮して、いっそう創造的世界を開拓し、創業者の夢を具現化していきます。今回の『東京大学大学院情報学環　ダイワユビキタス学術研究館』は、まさにその象徴です。世界最高のデザイナーが手掛け、世界最先端の設備を備えた建築を世の中に現出させたことが一つのレガシーであり、日本最先端の研究者を育てる場が創れたこともまたレガシーです。そして、今回の坂村・隈両先生とのコラボを実現させたことにより、当社の若い社員に芽生えた技術、デザインに対する自信。この建物は、当社にとっても大きなレガシーになりました」。

第1章 伝統を受け継ぎ新たな歴史を

「京王高尾山口駅」
都市近郊の豊かな自然を生かし 歴史と文化を受け継ぐ 地域密着型の観光・交流拠点に

京王電鉄株式会社

専務取締役・鉄道事業本部長
高橋泰三 氏

杉の香りが出迎える、新装なった高尾山の玄関口 ◉

　東京都心から電車で約1時間という交通アクセスの良さに加えて、整備された複数ルートの登山道で登頂に1時間半程度、ケーブルカーやリフトも利用できるという手軽さも相まって、高尾山は「世界一登山客の多い山」（年間約300万人）と言われている。その人気をより一層高めたのが、2007年からのミシュラン旅行ガイドによる最高評価の三つ星認定だ。これによって高尾山は世界中の観光客が訪れるハイキングの名所になった。都心から1時間でいきなり大自然のただ中、というドラマティックなロケーションが外国人にも鮮烈な印象を与えるようだ。
　この人気の高まりと足並みを合わせるように、玄関口にあたる京王電鉄高尾山口駅（たかおさんぐち）の駅舎リニューアル工事が2015年4月に完了。駅舎内

には八王子市の観光案内が移設され、英語を話せる職員が常駐することで増加する外国人客への対応が強化されたほか、外国人向けの無料Wi-Fi接続サービスも利用可能となっている。駅舎内トイレは大幅に拡張されてユニバーサルデザイン化。売店では各種登山グッズも販売されており、駅前には登山靴を洗う専用水道やブラシも装備されている。登山前の待ち合わせや下山後のひと休みにも便利なように、駅前歩行者広場も再

改良前　駅前外観

改良後　駅前外観

高橋　泰三／たかはし　たいぞう	
1973年3月	京王帝都電鉄（現京王電鉄）入社
2004年6月	京王ストア常務取締役
2005年6月	商業開発部長
2006年6月	鉄道事業本部鉄道営業部長
2010年6月	取締役鉄道事業本部計画管理部長
2011年6月	取締役鉄道事業本部副本部長兼計画管理部長
2012年6月	常務取締役鉄道事業本部長
2016年6月	専務取締役鉄道事業本部長

第1章 伝統を受け継ぎ新たな歴史を

整備されて従来の約2倍の広さになった。トップシーズンにはここにマルシェがしつらえられてにぎわいを演出している。また、同年8月には駅から徒歩約4分の場所に高尾山の自然についての啓発などを目的とした八王子市の博物館『ＴＡＫＡＯ５９９ＭＵＳＥＵＭ』（５９９は高尾山の標高メートル）が開設されたほか、同年10月には駅の隣接地に日帰り温泉施設「京王高尾山温泉・極楽湯」が開業するなど、官民により観光地としての魅力を向上させる取り組みが実施されている。

「ミシュラン認定後は駅の乗降客数が右肩上がりで、2016年実績では10年前との比較で1.5倍以上を記録しています。しかも、従来の中高年層に加えて山ガールのブーム以来若い方も増えて、外国人を合わせてきわめて幅広い世代の方々がご利用になる。拠点となる駅の機能もそうした新しいニーズに対応できるよう充実させました」と専務取締役・鉄道事業本部長高橋泰三氏は言葉に力を込める。

この新しい駅舎は2016年9月にグッドデザイン賞を受賞している。東京都指定天然記念物である「高尾山の杉並木」にちなんで杉材を内外装に使用したデザインは、建築家・隈研吾氏によるもの。日本古来の多様な木組みを用いるのが同氏の作品の象徴にもなっているが、ここではその手法を高尾山の魅力を表現するために用いたわけだ。

「木材の持つ暖かみを感じてもらいながら、地元産杉材を使うなど建物と周辺の自然環境をなじませることで利用者の方々に親しみを持って

◎会 社 概 要

京王電鉄株式会社

所在地（本社）：
　〒 206-8502
　東京都多摩市関戸 1-9-1
TEL：042-337-3112（代表）
URL：https://www.keio.co.jp

代 表 者：代表取締役社長　紅村康
設　　立：1948 年 6 月 1 日
資 本 金：590 億 2300 万円
従業員数：2497 人（2017 年 3 月現在）

いただければ、と考えたんです。木組み屋根でつながった広場に人々を集めることで駅周辺の活性化も企図しています。」と付け加えるのは、隈氏というよりも京王電鉄の意向が色濃く反映されているようにも見受けられる。

今でこそ高尾山は東京近郊の行楽地として有名になったが、元来は知る人ぞ知る修験道の霊場であり、真言宗智山派大本山である高尾山薬王院の寺域である。ダイナミックな屋根形状はこの歴史と由緒をシンボライズしている。内装も杉材を多用した和風空間に仕上げられており、ホームには行燈風の柔らかな照明を採用し、案内板には天狗（天狗信仰の霊山としても知られていることから）をあしらうなど、この地のアイデンティティを表現した演出が駅舎の随所に施されている。

隈氏は実際にこの地を訪れた際「もっとも強く感じたのは、薬王院は山岳信仰の聖地である高尾山の中心というべき場所だということです」と印象を語り、「薬王院の歴史と文化を継承し、この地域に流れていた時間を未来へ伝えていきたいという思いに駆られました」と述懐したという。大和張り、羽目板張り、小端立て張り、千本格子という多様な表情を持った木組みによって表現されたのは、まさしくこうした思いであった。それはとりもなおさず、１９６７年の駅開業以来、半世紀以上にわたって地域に根づき、自然を守りながら独自の文化を育んできた京王電鉄の熱い思いでもあるだろう。

新宿駅の大規模改良工事も五輪後に予定

この高尾山口駅のように環境配慮型（というよりも環境同化型と言ったほうがよいかもしれない）の駅舎が今後の主流になるだろう、と高橋氏は語る。事実、京王電鉄ではこうしたコンセプトのもとに沿線各駅で順次リニューアル工事を手がけている。たとえば、多摩動物公園駅では

子どもを意識して、楽しくて驚きのあるデザインを導入し、支線であることを生かして動物の絵をラッピングした専用電車も走行させている。京王多摩センター駅は最寄りとなる屋内型テーマパーク「サンリオピューロランド」と連携し、サンリオキャラクターを用いた駅装飾に一新された。遊園地のある京王よみうりランド駅でも、膜屋根の駅舎にリニューアル中だ。駅は街の顔、という意味では、それぞれにふさわしい装いに、そして若干の遊び心も加味して、というのが基本方針のようだ。

　同社がインバウンド対応のため駅や車内の案内表示を４カ国語対応にしたのもかなり早い時期からである。

「インバウンド対応という面で言えば、当社は高速バスも運行していますので、こちらのほうへの誘致も強化しているところです」と、高橋氏は高速バスの主要路線である中央自動車道を中心とした広域観光ルートの開拓へ話題を移す。「２０１７年の訪日客は２８００万人に達しましたが、観光の流れは依然として東京から京都、大阪をめぐる"ゴールデンルート"が中心です。関係自治体と連携して、これを地方に波及させて、従来どちらかというと手薄だった新宿からの高速バスによる観光を促進しようというわけです」。

　２０１６年春オープンの交通ターミナル「バスタ新宿」と松本、高山、金沢など高尾山同様ミシュラン旅行ガイドに三つ星で紹介された観光地をめぐる路線を「三つ星日本アルプスライン」と名付け、ＰＲ活動に力を注ぐ。自社の新宿駅には「中部地方インフォメーションプラザ in 京王新宿」を設置し、長野県や岐阜県などの自治体と連携して、訪日外国人に向けた観光情報を発信している。

　鉄道事業本部長という肩書きにもかかわらずバスを積極的にＰＲする高橋氏だが、もちろん本業のほうも忘れてはいない。

「当社の新宿駅は１日約７０万人（京王新線新宿駅を含む）の乗降客がありますが、ＪＲなどを含む全体では１日約３５０万人で、ギネス世界記

録にも認定されています。この世界一の駅の利便性をもっと高めようと、東京都や新宿区が中心となって新宿の拠点再整備方針を検討中です」。

京王線の新宿駅については、2020年にJR構内に東西自由通路が完成することを踏まえ、新たに生まれる東西の人の流れと京王線～丸ノ内線の乗換旅客といった南北の人の流れが西口地下広場で錯綜することを防ぎ、歩きやすさを高めるため、京王線の改札口移設を含む議論も行われているのだという。「具体的に工事が動き出すのは、オリンピック・パラリンピック終了後になるでしょう」と語る高橋氏は、それ以外については口を閉ざすが新宿駅の利便性向上に対する強い思いを感じた。

これに先駆けて、井の頭線下北沢駅では、接続する小田急線の線増連立事業による駅の地下化にあわせ、小田急線交差部の橋梁の架け替えと乗り換え動線の整備等を目的とした駅舎の改良工事が進められている。事業の完成後はかつての雑多な駅前のイメージが一新され、駅周辺の活性化が期待されている。また、2027年開業予定のリニア中央新幹線の神奈川県駅が京王相模原線橋本駅付近の地下に設置されるのにあわせて、リニア中央新幹線との乗り換えやJR横浜線・相模線橋本駅との乗り換え利便性の向上などを目的に京王駅の大規模改良に向けた関係者間協議も行われている。

このように、拠点となる主要駅が新しく変わっていくことで、沿線価値のさらなる向上と沿線地域のさらなる活性化が見込まれているところである。

まちの新しい顔は市町村や都道府県のレガシーにもなる

鉄道を基幹事業としながら、京王電鉄は流通、不動産、観光などの事業も手がけ、沿線地域に密着した事業を幅広く展開している。その意味でも、事業展開にあたっては地元自治体や国の機関とのさまざまな協議、

連携が必要となる。

「高尾山口駅に関しても、地元の八王子市と密接に話し合いながら、八王子の、東京のレガシーになるようにという考え方で取り組みました。今後の大事業となる新宿駅の改良についても、官民協業のもとに成案をまとめてより良い駅に変えていきたいと考えています。そうでなければ、駅や街の活性化にはつながりません」と高橋氏は強調する。

多摩ニュータウン地域などでは、高齢者が買物難民化するのを防ぐため巡回移動販売も拡充中だが、こうした活動も地元自治体との協業の一つの形である。ビジネスとしての採算は合わないが、地域サービスの一環として実施しているという。

人口減少と少子高齢化が進む将来を見据えて、都心と近郊を結ぶ鉄道事業は、また、駅に求められる役割は、これからどう変わっていくのだろうか。

「ひとつには、駅のまわりに機能を集約することが重要になると思います」と高橋氏は指摘する。「サ高住（サービス付き高齢者向け住宅）や医療介護付き老人ホームを造ったり、保育所を整備したり。これについては当社でも既に着手しています。お年寄りだけでなく子育て世代も住みやすい地域、使いやすい駅という機能性がますます重要になると思いますね。

そういう意味では、観光客やインバウンドはもちろん、こうした沿線住民へのサービス拡充も大きなテーマです。逆にそれをしないと電車もバスもご利用いただけないわけですから。移動のしやすさや住みやすさは沿線の価値を高めることにもつながります。また、これまでは車で行く郊外の大規模ショッピング・レジャー施設が主流でしたが、これからは電車やバスで駅や駅周辺の多彩な施設を利用する方向へ変わっていくでしょう」。

そう語った後、一例として高橋氏は調布駅を挙げる。同駅は連続立体

交差事業により地下化され、駅舎と線路の跡地にシネコンを含む３棟の商業施設が２０１７年秋に誕生。駅周辺は様変わりし、駅前と街を活性化させている。来街機会の拡大と街のにぎわいの創出に向け、駅前広場整備等を主導する調布市と緊密な協業体制が構築されている。

「もちろん、駅だけではなく、電車自体もニーズに合わせたしつらえにしていかなければいけない。これまでは輸送力増強が主体でしたが、今後は質の向上が重要になります」と、最後はさすがに本来の肩書きへ立ち戻る。

２０１８年２月２２日からは「京王ライナー」と名付けられた座席指定の通勤電車が運行開始されたが、「これも質の向上に向けた取り組みの一つになります」と高橋氏。これには新型車両が当てられ、ゆったりとくつろげる広めの座席が特長。調光機能付きＬＥＤ間接照明は、昼間に通常列車として運行するときは明るい白色、座席指定列車として運行する夜間は落ち着いた暖色と切り替えが可能。防犯カメラを１両あたり４台設置し、全車両に車椅子・ベビーカースペースを設けた。無料Wi-Fiや微粒子イオンで脱臭や菌を抑制する機能を備えた空気清浄機も装備された。

「この新型車両の特色の１つは、当社初となる車上蓄電池システムです」と高橋氏は胸を張る。電車がブレーキをかけた際に発生する回生電力を充電し、架線からの電源を失ってもこの蓄電池だけで自力走行でき、省エネルギー化の推進と快適性の向上が図られている。

そもそも同社は、２０１２年に大手民鉄で初めて全営業車両へのＶＶＶＦインバータ制御装置の装備を完了している。これは、電車の加速力などに応じて電圧や周波数を変化させながらモーターを効率良く駆動させる装置で、今回の新型車両はその消費電力削減効果をさらに高めたものである。同社の先進企業としての挑戦は、地域、環境とまたがりながら、なおも続いている。

第1章 伝統を受け継ぎ新たな歴史を

「御園座タワー」
歴史と文化を継承してまちのにぎわいを創出する劇場・店舗・分譲マンションの複合開発

積水ハウス株式会社

名古屋マンション事業部長
八木　哲朗氏

周辺だけでなく名古屋全体の活性化も

　名古屋駅から地下鉄でひと駅、地下鉄東山線・鶴舞線「伏見」駅から徒歩1分。名古屋市中区栄一丁目といえば、大都会名古屋の中枢ゾーン。ここに2017年末、地上40階建て高さ約150メートルを誇る新しいランドマークとなる「御園座タワー」が竣工した。

　ここは、御園座が1896（明治29）年の開業以来120年以上の歴史を育んできた地。名古屋三座と謳われた名鉄ホールと中日劇場が幕を下ろした今、残る一座として、多くの演者からぜひ名古屋で公演したいと期待される。中部圏の芸能・文化の歴史を継承する唯一の老舗劇場として、さらに未来へ向かってたくましい歩みを続ける、との強い意志が今般の新装開場となって実を結んだ。それを強力にサポートしたのが

「御園座タワー」 積水ハウス株式会社

御園座　大階段夜景

積水ハウスである。

　２０１３年に、再開発事業者の積水ハウスが御園座から土地・建物を購入し、高級分譲マンションが一体となった再開発計画がスタートする。御園座への第三者割当の増資に対して、名古屋財界を中心に企業・団体・個人から賛同を得て出資金が寄せられ、愛知県と名古屋市も新ビルの建設に補助金を拠出。まさしく官民一体となってプロジェクトは進行した。

　設計監修には、かつて歌舞伎座やサントリー美術館などを手がけた建築家・東京大学教授の隈研吾氏が抜擢された。氏は周知のように２０２０年東京オリンピック・パラリンピックのメインスタジアムとな

八木　哲朗／やぎ　てつろう
・1976年4月　積水ハウス株式会社　入社
・2003年8月　マンション事業本部　名古屋マンション事業部長

第 1 章 伝統を受け継ぎ新たな歴史を

舞台からの客席

る新国立競技場を「世界の人々に感動を与え、世界に誇れるレガシーにする」とのコンセプトで監修し、国内外から高い評価を集めた。それに先んじるかたちで、名古屋の地に"もう一つのレガシー"とも呼ぶべき

◎会 社 概 要

積水ハウス株式会社

所在地(本社): 〒531-0076 大阪市北区大淀中 1-1-88 梅田スカイビル タワーイースト TEL:06-6440-3111(代表) URL:http://www.sekisuihouse.co.jp/	代 表 者:代表取締役会長　阿部俊則 　　　　　代表取締役副会長　稲垣士郎 　　　　　代表取締役社長　　仲井嘉浩 創業・設立:1960 年 8 月 1 日 資本金:2025 億 9120 万円 従業員数:1 万 6181 人 (2017 年 4 月 1 日現在)

「御園座タワー」　積水ハウス株式会社

メモリアルが誕生したわけである。

　隈氏と事業主の積水ハウスが目指したのは、由緒ある歴史と文化、伝統と格式を継承しつつ新たな機能を備えた新しい御園座と商業施設、分譲マンションとの複合開発とすることで、劇場の祝祭空間を街へつなげ、にぎわいを創出するとともに、周辺地域のみならず名古屋全体の活性化をも実現することだった。

　「当事業部でも、劇場との複合開発は初めての経験でしたが、なんとか名古屋の伝統と文化を残したいと。社員たちにもそうした気運がみなぎっていました」と同社名古屋マンション事業部長の八木哲朗氏は振り返る。

　中心市街地の伏見界隈は、御園座のほかにも多数の芸能・文化施設が集積し、「芸どころ名古屋」を象徴する土地柄として親しまれてきた。計画はこうした街の個性をさらにブラッシュアップさせることを念頭に練られた。具体的には、新劇場は歌舞伎に加えてミュージカルなどの幅広い演目を可能とする機能を備え、多彩な年齢層を集客し、観劇文化の裾野をさらに広げることを目指している。

オンリーワンを形にする3つの柱

　「人集い、街とつながる。オンリーワン創造劇場」。発表記者会見で小笠原剛御園座会長はこのスローガンを掲げて、「原点回帰、創造と挑戦、そして地域とともに――の三つを柱に」と語った。そこには、劇場の原点であるお客様に観劇を楽しんでいただく場であるとともに、街や地域とともに成長していきたいとの願いが込められている。それはむろん積水ハウスの思いとも軌を一にする。名古屋市総合設計制度を活用し、伏見通り・御園通りの歩道部分に公開空地を設けて緑地やベンチ、ポケットパークを配置し、憩いのスペースを提供するとともに、伏見地区の回

遊性を誘発したのもそうした思いの表れだ、と八木氏は熱く語る。

建物のデザインにあたっても、さまざまな工夫が凝らされた。旧・御園座のファサードを特徴づけていた「なまこパターン」を輝く光の格子へ現代的に翻案し、外観のシンボルとして街の記憶や御園座のイメージを踏襲した。インテリアを特徴づけていた御園座独特の朱色も引き継ぎ、ホワイエはその朱色とやわらかな木調とをハーモナイズさせ、さらに外部にまで拡張してアプローチの大階段のモチーフとなり、レッドカーペットをイメージさせながら街路にまで浸み出している。それが街そのものをも華やかに変える効果を醸し出しているわけである。

ホール客席には人間工学に基づき長時間の観劇にも疲れにくい椅子が採用された。バリアフリー化はもちろん、名物の土産物なども存続させ、客席での飲食も可能になった。客席の一部には難聴者集団補聴装置を設け、ホワイエには車椅子対応トイレを設置。また、店舗・劇場用の駐車スペースの2台分は車椅子対応仕様になっている。

建物は分譲マンション部分を含め高断熱仕様とし、共用部に太陽光発電などを取り入れ、透水性舗装を用いた外構計画や地下の雨水貯留槽の設置により雨水流出を抑制する。また、万一の際には劇場のホワイエを100人分以上の「帰宅困難者一時待機スペース」として開放するなど、災害時の地域への貢献にも配慮している。ポータブル発電機やポータブルトイレ、救急セットなどの防災用品と非常食を備えた「防災備蓄倉庫」も設けられている。

2階から4階の御園座のほかに、建物1階の東面と南面には商業店舗を配し、販売店と飲食店から成る「御園小町」が誕生。買った物をその場で食べられる、食事で使われた材料をその場で買える、といった自由な食の楽しさが複合した新しいスタイルの"食のテーマパーク"だ。さらに、2階には中部地区唯一の演劇専門図書館がオープンする。館内には歌舞伎の絵番付や役者の化粧を和紙に写した隈取りなど古典芸能の貴

重な資料を展示し、演劇文化の発展に寄与するとともに、知的好奇心を刺激して街のにぎわいを演出する。

　２０１８年４月の御園座の開幕を飾るのは、松本幸四郎改め二代目松本白鸚と市川染五郎改め十代目松本幸四郎の襲名披露興行となる「柿葺落四月大歌舞伎」。このほか上半期の公演スケジュールは、歌舞伎だけでなくミュージカル、オペラ、歌手による座長公演などバラエティーに富んだラインナップがそろっている。

わくわくするような都心居住の新しい価値と魅力

　御園座や商業店舗、図書館などは１〜４階部分で、５階から上部は３０４世帯が暮らす積水ハウスの分譲マンション「グランドメゾン御園座タワー」である。

　「多くの人々が暮らし、都心生活を楽しむこと、それ自体が街の活性化にもつながると考えました」と八木氏は説明する。「こうしたコンセプトに基づいて、利便性の高い立地と超高層の眺望を生かした計画にすることで、都心居住の魅力を創出しました。また、制振構造を採用し、最先端の省エネ仕様・設備を備え、さらには多様な間取りを設定することで、お子さんからご年配の方まで誰もが住まいやすい、安全・安心で快適な住居を目指しました」と、八木氏は続けて次のように語る。

　「この立地の場合、従来の価値観でいうところの住環境に恵まれているというよりも、住んで楽しいというのが最大の魅力でしょう。気軽に歌舞伎を見られるし、足元にいろんな飲食店もあって、近くには鰻屋も蕎麦屋も何でもある。夜遅くまで飲んでも歩いて帰れる。デパートへも歩いて行ける。名古屋駅へも歩こうと思えば十数分で行ける。わくわくするような暮らしが送れる立地なんですね。そのような立地の中心である御園座の上に建つタワーマンションは、大きな魅力だと思います」。

第1章 伝統を受け継ぎ新たな歴史を

　マンション共用部には厳選された素材が使用され、上品な華やかさと品格を兼ね備えている。とりわけ、御園座のイメージに溶け合う和の繊細な意匠で演出された格調高いエントランスは、迎賓空間としての優雅さと気品に満ちた佇まいだ。もちろん、劇場とは別個の独立したファサード。エントランスから各住戸までの経路は完全バリアフリーである。

　6階に配置されたロビー・ラウンジは、陽光が降り注ぐゆとりに満ちた空間。オーナーとゲストを出迎えるにふさわしい迎賓の場としてのしつらえとなっている。ここも隈研吾氏の意匠監修によるもので、「これは今までにない試みでして、その意味でも付加価値の非常に高い住宅になったと思っています」と八木氏。さらに、雄大な眺めを満喫することができる22階には、スイートルーム感覚で夜景を眺めながらのパーティーなどが楽しめる、隈氏監修の「スカイスイートルーム」が設けられているほか、訪れた親戚や友人が泊まることができる和洋2タイプのゲストルームを7階に設けている。

　「共用施設については、シアタールームやフィットネススタジオなど従来型のバラエティーに富んだものよりも、利用頻度の高いものを厳選し、その代わり皆さんがお使いになるロビーなどはゆったりとしたものにして、むしろそちらの方へ重点的に力を入れようと考えました」と語る八木氏は、ハード面だけでなくソフト面にもきめ細かい配慮が払われている点を付け加えて力説する。「コンシェルジュカウンターを備え、居住者のさまざまなご要望にお応えするシティホテル感覚のフロントサービスが用意されています。このほか管理員も24時間体制で常駐し、エントランス、エレベーターホール、エレベーター、住戸玄関の4重のセキュリティを採用したほか、専用部には電気錠による遠隔施錠システムを導入して、快適な暮らしをサポートしています。スマートマンションシステムの導入によるエネルギーの見える化や遮熱断熱複層ガラス、ＬＥＤ照明の採用など省エネルギーを徹底している点にもご注目い

ただきたいですね」と言葉はますます熱を帯びる。

住戸には２ＬＤＫ〜４ＬＤＫの多様な間取りを設定し、６０平方メートル台のコンパクトなプランから、３０階以上の高層階は１００平方メートル以上、エグゼクティブフロアと命名された３９、４０階の最上層には２００平方メートル以上のプランを設け、３メートルの天上高を確保するなど、住まい手のライフスタイ

「御園座タワー」外観

ルに応じたバリエーションは実に豊か。「最近はマンションを購入される年齢層が高くなっていまして、特に今回の場合は地域柄もあるでしょうが、年配の方が便利な都心部で暮らしたいという都心回帰のニーズが高かった。ですから、間取りは快適さを求めて、ゆったりとした部屋でくつろいでいただく、部屋数は少なくてもひと部屋ひと部屋は広く、というのが特徴になっています」（八木氏）。

かつての郊外型から都心型への回帰をいち早く体現し、かつ文化・芸術にも日常的に接する、まさに人々の新たなライフスタイルを先取りした一つのモデルと言えるだろう。

第1章 伝統を受け継ぎ新たな歴史を

「新風館再開発計画」
"伝統と革新の融合"が個性豊かなホテルとして結実

NTT都市開発株式会社
代表取締役副社長
チーフデザインオフィサー（CDO）
楠本　正幸 氏

株式会社大林組
新風館再開発烏丸工事事務所　所長
八田　幸保 氏

京都市指定・登録文化財第1号を活用して

　1926年（大正15年）、京都市を南北に貫く目抜き通りである、烏丸通にレンガタイル貼りの京都中央電話局が竣工した。設計は、当時逓信省技師であり、近代モダニズム建築の先駆とも呼ばれる吉田鉄郎（1894～1956）。俯瞰すると烏丸通に面した側を長辺とする形状で、上階に半円窓が連なる外観は西洋風で、京都という和の伝統を受け継ぐ地において年月を経るごとにレトロな雰囲気を醸し、京都市指定・登録文化財第1号にも指定されている。

「新風館再開発計画」 ＮＴＴ都市開発株式会社 株式会社大林組

　その後２００１年、通信施設としての役割を終え、各階にテナントを入れた商業施設「新風館」として生まれ変わる。文化財指定を受けた旧電話局の外観はそのままに、建築意匠を英国の著名な建築家、リチャード・ロジャース（1933～）が手掛け、旧棟背後に新たな建屋を増築し、中庭を囲んで全体をロの字型に形成、中庭にはステージを設けイベントを催すなど、多目的な複合商業施設として年間２～３００万人ほどの来場者を記録するようになる。

　ではなぜ、電話局の幕を閉じたとき、新たな用途として商業施設が選ばれたのか。開発に携わってきたＮＴＴ都市開発の楠本正幸副社長は、「烏丸界隈に、新しい人の流れとにぎわいを創出したかったのです」と、当時の目的を語る。もともと現在の烏丸駅周辺は京都の中でも銀行やオフィス街がならぶビジネスエリアで、同じ京都都心部の河原町や四条通が当時から人でにぎわっているのと比べると、ショッピングを楽しんだ

楠本　正幸／くすもと　まさゆき

1955 年　神奈川県生まれ
1979 年　東京大学工学部建築学科卒業　日本電信電話公社（現 NTT）建築局入社
1985 年　パリ・ラ・ヴィレット建築大学院修了（フランス政府公認建築家）
2004 年　NTT 都市開発 (株) 開発推進部担当部長
2011 年～同取締役
2015 年～同常務取締役　CDO（Chief Design Officer）
2017 年～同代表取締役副社長

八田　幸保／はった　ゆきやす

1961 年 1 月 13 日生まれ
1981 年　国立明石工業高等専門学校建築学科卒業
1981 年　株式会社大林組入社
2013 年　大阪府庁舎本館耐震改修工事 所長
2017 年　(仮称) 新風館再開発計画 所長
(資格) 一級建築士、1 級建築施工管理技士、監理技術者、統括安全衛生責任者

り、観光客がここを目的に訪れるようなところとは言い難かった。そのにぎわい、人の流れを烏丸通までいざない活力を広げるためのランドマークが新風館だったという。旧棟をそのまま活用したように、当時から"伝統と革新の融合"をコンセプトに掲げ、従来のビジネスエリアから、人々が集まる新しいエリアとして生まれ変わったのだ。とはいえ当初はまだ暫定開発期間と位置付け、新風館の稼働を１０年間という限定期間で想定していたものの、それが結果的に１５年間へ延長されたのは、当初の予想以上に活況を呈したことの表れだと言えるだろう。人の流れを変えるというのはかくも長い時間と綿密なコンセプトにもとづく魅力的な核心地が必要ということの証左だ。

　ではその１５年間で、所与の成果は達成されたのだろうか。楠本氏は、「この間、京都都心部の人の流れは大きく変わりました。『新風館』周辺や烏丸通界隈にも他の商業施設や路面店が増え、週末も人でにぎわうようになりました」と成果を認識している。新風館の存在が、一つの契機

◎会 社 概 要

ＮＴＴ都市開発株式会社

所 在 地（本社）：
　〒101-0021
　東京都千代田区外神田 4-14-1
　　　　　　　　　秋葉原 UDX
TEL：03-6811-6300（代表）
URL：https://www.nttud.co.jp

代 表 者：代表取締役社長　中川　裕
設　　立：1986 年 1 月 21 日
資 本 金：487 億 6000 万円
従業員数：818 名（2017 年 3 月末）

株式会社大林組

所 在 地（本社）：
　〒108-8502
　東京都港区港南 2 丁目 15 番 2 号
TEL：03-5769-1111（代表）
URL：http://www.obayashi.co.jp

代 表 者：取締役社長　蓮輪賢治
創　　業：1892 年（明治 25 年）1 月
資 本 金：577 億 5200 万円
従業員数：8524 名（2017 年 3 月末現在）

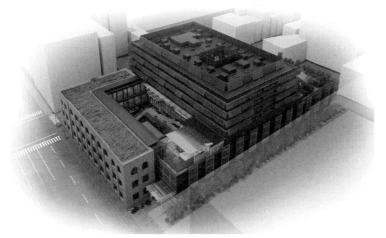

新風館鳥観図　　資料提供：隈研吾建築都市設計事務所

となったのは確かだ。もともとにぎわいのあった河原町、四条通から烏丸通まで人波が途切れず、しかもさらに烏丸から他のエリアにも古い町屋や歴史的建築を改装した店舗がオープンし始めた。また同社では新風館のオープンを追うように、四条烏丸交差点に面した銀行を再開発し、商業とオフィスの複合施設とするなど周辺の開発事業にも力を入れた。それらの計画が総合的に実を結び始めたということだろう。

　そこで満を持して、烏丸エリアにおける「本格開発の段階に入りました」（楠本氏）とのこと。それが２０１７年１０月に着工した、新風館再開発計画である。

「日本風のモダニズム」を体現したホテル

　再開発のコンセプトは従前の"伝統と革新の融合"を継承し、その象徴として新風館すなわち旧京都中央電話局の建物は今後も烏丸通のランドマークであり続ける。この旧棟の裏側に増築する形で、新しく地上７階、地下２階、延べ床面積約２万６０００平方メートルの、ホテルと商業の複合ビルになる。これに合わせて旧棟は、１階を商業施設とし、２階および３階はホテルとして部屋を設け宿泊できるようになる。電話局

中庭イメージ　資料提供：隈研吾建築都市設計事務所

から商業施設、そしてホテルへと、その建築は変わらないまま時代に応じて新しい活用が見出されていく。当然、増築部分の外観も、建築家・隈研吾氏により、通りに面した旧棟に合わせてレトロモダンの装いとなる。長い歴史を有する京都市の中で、旧京都中央電話局のオープンから既に１世紀近くの間、近代以後のレトロな雰囲気で地域に定着してきた新風館のイメージが、今後も長く継承されるというわけだ。そこに京都、というより日本の伝統家屋の木組みデザインを織り込み、和の趣も取り入れられた、周囲のどの宿泊施設とも一線を画す「和と洋が融合したモダニズム」（楠本氏）とも言うべきホテルが誕生することになる。

　このように、新しい新風館がホテルとなるのも、日本屈指の観光地・京都ならではと言えるだろう。また、通りに面した１階の店舗は確かに道行く人の関心を高めるが、建屋の２、３階に入ったテナントへ誘客するのは、新風館に限らず苦労するところ。それ故、本格開発の在りようを議論したとき、定着してきた人の流れを変えないよう１階部分は引き続き魅力的な店舗を連ね、一方で、上階部分は目的性を高く、かつ伝統的文化財という特性を活用できる形態として、ホテルという結論に到達したという。なるほど、観光客からすると古都・京都で通常のビジネスホテルではなく、文化財に宿泊できるとなれば、それ自体が一つの大き

な魅力に違いない。しかも駅や飲食店から遠く離れた郊外ではない、まさに京都の中心部で買い物も食事もその他の観光にも至便この上ないエリアだ。歴史的建築や文化財は、時として再開発計画などにおいて制約事項になる場合もあるが、用途やデザイン次第でむしろ強みになるという良い例だ。

　ホテルのオペレーターに入るのは、米国に本拠を置く「ACE HOTEL」。日本に同グループのホテルが進出するのは今回が初めてとなる。外観・内装などデザインを画一・規格化せずに、地域性を重視したその地域ならではのスタイルを提案するホテルとして注目を集めており、その点はこのプロジェクトのコンセプトとも合致する。実際に旧棟2、3階部分の部屋は天井が高く、そこに米国ホテルグループから見た日本・京都のイメージが投影されると思われ、オープン前から話題性は十分だ。京都への観光はもちろん、このホテルへの宿泊を目的としたユーザーも取り込めると目される。

　同時に、人の回遊性をさらに高めるのも、継続して追及していくテーマとなる。明確に区画化された京都市において、ことに大きな通りである烏丸通のまち歩きに変化を持たせるためには、やはり楽しみながら別の通りへ抜けていくエポックが必要となる。以前のイベントなどを行っていた新風館中庭を継承しつつ、東西南北の他の通りへ抜ける中心となる。以前の新風館時代に入っていたテナントはこの機にすべて一新し、今後「ホテルとのアンサンブルに適した店舗を厳選」(楠本氏)した上で、新たな魅力を打ち出していくという。

　コンセプト、デザイン、立地などあらゆる面で、極めて個性的なホテルのオープンは2019年度に予定されている。「この新しい新風館を、まちのコンテンツとして、京都の中でも特色ある場所として、京都の将来に対し新しい付加価値を重ねていきたい。それにはホテルのサービスや商業施設の集客力を活用しながら世界に数少ない複合開発をしたい。

そしてここを拠点に京都、さらには日本の文化を世界に発信していきたい。そうした三つの思いをコンセプトに基づいて実現を図っているのが、この新風館再開発計画です」と楠本氏は思いを語ってくれた。同社は「これまでも、その土地、その場所にしか存在しない地域資源を活用して、関係各位と協議を重ね、一つひとつ丁寧なまちづくりをしてきました。その方針は今後も変わりません。現在手掛けている他のプロジェクトも、地域性が異なるため内容は本当にさまざまですが、理念はどれも共通しています」との楠本氏の言葉通り、まちに新しい息吹を吹き込むに違いない。

職人との会話を通じた理念の共有

　では現在、工期の最中にある現地において、文化財を保存しながら再開発を行う計画を施工の現場はどう捉えているのか。大林組新風館再開発烏丸工事事務所の八田幸保所長は、自身、今回の案件を手掛ける前に、旧京都中央電話局と同じ１９２６年に竣工した大阪府庁本館の耐震改修を施工している。その工事は創建当時の姿を残したまま建物を免震構造化するもの（免震レトロフィット）であった。その八田氏が「やはり昔の建物を残しつつ、それと接続する形で新築・改修するのは、全くの更地の状態で一から構造物を建築するより難易度は高くなります」とと語るように、今回の計画は、現場技術者にとっても他の計画にはない緊張感が求められるようだ。ことに観光地の中心とあって日中はもちろん夜中まで人が付近を行き交い、現場を囲む通りにも昔ながらの商店が軒を連ねるという周辺環境。「お隣ご近所に関係する各種制約はつきもの」（八田氏）という状況の中、無事故・無災害を絶対条件に、八田氏の指揮のもと粛々と工事は進んでいる。

　また、内外装に木調のデザインや素材が採用されていることから、八

田氏は事前に、今回の設計監修を担当した隈研吾氏の著作を精読し、同氏が手掛けた東京台東区の浅草文化観光センターを訪れて、その表現されたコンセプトを研究してきたという。「京都は欧米からの旅行者の割合が多いように思われるので、木の温もりなど日本の伝統に触れてもらうためにも、それをホテルという形で体現できたら何よりです」と抱負を語る。

　制約条件の多い現場で安全を確保していくために、八田氏は何より現場技術者個々人との密なコミュニケーションを大切にしているという。近年は、現場の生産性向上や業務効率化を目的にタブレット端末を利用して作業計画の共有や意思の疎通を図るケースが増えており、現場技術者にはタブレット端末とそれを収納できる作業着が配られ、八田氏も常時携行している。が、それを活用しつつも基本は人と人との会話であると考える八田氏は、隈氏の著作にある現場重視、職人とのコミュニケーション重視の記述に触れて、「ああ、やはり」と感得したという。「われわれ施工会社社員は、画面を読み取ることで仕事をしたような気持ちになってしまいがちですが、それだけではモノづくりに携わる職人さんと細部まで意思が通じません。会話を交わして、目指すところの捉え方、受け取り方の違いを確認しあい、共有していく、ＩＴ全盛の時代においても人間同士の過程は欠かせません。隈先生の考え方には現場に必要な要素がたくさん含まれています」と強く語ってくれた。同社の現場のヘルメットには前と後ろに氏名が表示され、お互いに容易に呼びかけ、会話しやすい状況と雰囲気が作られている。歴史や伝統は、建築だけでなく、それを形にする現場技術者や職人の考えや思いからも継承していくべきもののようだ。

第1章 伝統を受け継ぎ新たな歴史を

「ホテルロイヤルクラシック 大阪難波」
「ミナミの顔」を受け継ぐ、最高峰のブライダル・ホテル

株式会社ベルコ
相談役
齋藤 齋 氏

　大阪・難波「新歌舞伎座」跡地に、新たなランドマークが誕生する。冠婚葬祭大手の（株）ベルコが手がける「ホテルロイヤルクラシック大阪難波」だ。１５０室の客室をはじめ、レストラン、ラウンジ、あらゆるスタイルに対応できる五つのバンケット（宴会場）、二つのチャペル（礼拝堂）、フォトスタジオ、サロンを設けたこの大型施設は、２０１９年末の開業に向けて建設が進められている。

　「難波はミナミの玄関口。約６０年間、ミナミの顔として親しまれてきた『新歌舞伎座』跡地に建つホテルということで、まちの皆さんからの期待は大きいものと捉えています」と話すのは、ベルコ相談役の齋藤齋氏。同社は１９６９年に兵庫県で創業、会員の冠婚葬祭をサポートする互助会として日本最大規模（２００万口）を誇る。現在では関西を中心に、北は北海道から南は九州まで幅広いネットワークを確立し、年間

３万５０００件もの葬祭を行っている。

「実は、当社はこれまで大阪市内にブライダル施設を持っていませんでした。そのため、業界の各方面から『業界最大手のベルコが大阪の中心に式場を持ってないのはなぜか』とさんざん言われたものです（笑）。キタ（梅田）かミナミ（難波）に式場を建てるのは、私たちの念願だったのです。そんな時、縁あってこの一等地を手に入れることができました」と齋藤氏は話す。

「ホテルロイヤルクラシック大阪難波」完成予想図

難波の顔にふさわしい、素晴らしいホテルを

　ミナミは、大阪海運の動脈たる運河・道頓堀川の開発が行われた江戸期以来、芝居小屋の立ち並ぶ大阪有数の繁華街として発展してきた。明治期には、関西初の洋式劇場「松竹座」がオープン。後の南海電鉄である阪堺鉄道が難波に駅を開いたこともあり、数多くの人が集まる、商業と文化の根付いた土地柄だ。古くからの劇場や寄席も多く、お笑いの殿堂「なんばグランド花月劇場」やＡＫＢグループの「ＮＭＢ４８劇場」など今も新たなカルチャーを発信している。その中にあって、１９５８（昭和３３）年に開場した「新歌舞伎座」は、建築家・村野藤吾（1891－1984）が手がけた、唐破風が連なり、重なる独特の外観。３層の豪壮な客席を備え、人気映画スターや歌手などが連日公演する、まさに難

齋藤　齋／さいとう・いつき

1963年京都府出身。1986年同志社大学卒業。
同年三井銀行（現三井住友銀行）入社。
1991年ベルコ専務取締役、2007年代表取締役社長に就任。2017年6月から現職。

波を代表する劇場だった。

「『新歌舞伎座』は、このエリアでも特異な建物だったと思います。待ち合わせ場所の定番でしたし、年配の方ほど思い出と愛着を持っていらっしゃいます」と齋藤氏。実際に、２００７年に新歌舞伎座が休業、天王寺区へと移転した後、灯が消えたようになっていたこの地に同社が新たな施設をつくることに歓迎の声が上がる一方、何らかの形で愛着のある建物を保存してほしいという声もあった。また、（一社）日本建築学会からベルコに提出された要望書には、村野の代表作であるとともに、日本の伝統を取り入れた独創的なデザイン、御堂筋の景観を形成してきた重要な建築とあり、専門家からも新歌舞伎座の保存を望む声が上がっていた。

「２００９年に、偶然に当社が跡地を取得したのですが、こうした声にしっかり向き合っていかなければと感じました。よし、難波のまちにふさわしい素晴らしいホテルを建造するぞ、と思ったんです」。そこで齋藤氏が白羽の矢を立てたのが、以前から縁があった隈研吾氏。現代日本を代表する建築家・隈氏が、東京・歌舞伎座の建て替えを手がけたのは記憶に新しい。こちらも偉大な建築家・吉田五十八（1894 − 1974）の既存の建物（１９５０年竣工）の意匠を踏襲しつつ、公共空間とまちの連続性を意識した新しい時代の歌舞伎座へと生まれ変わらせた（２０１３年竣工）。齋藤氏の思いを具現化するに、まさにこれ以上の人

◎会 社 概 要

株式会社ベルコ

所在地（本社）：
　〒663-8233
　　兵庫県西宮市津門川町１‐１
（本部）
　〒563-0034
　　大阪府池田市空港１丁目 12‐10

TEL：06-6850-2291（代）
代 表 者：代表取締役　齋藤秀麻呂
設　　立：1969 年 4 月 3 日
従業員数：7000名（2018 年 3 月末日現在
　　　　　※委託契約・パート含む）

選はない。

　「私が願うのは、当社のブライダル・ホテルではありますが、同時に難波の方々とつながる施設になってほしいということ。大阪の人々にとって一番大事なメインストリートである御堂筋にあって、６０年愛されてきた新歌舞伎座を受け継ぐ建物をつくりたいと隈先生にご相談したのです」（齋藤氏）。明快なコンセプトのもと始まった建築計画。隈氏が描き出したのは、新歌舞伎座のファサードと屋根の一部を継承し、高層部にブライダル施設と宿泊施設を備えた「ホテルロイヤルクラシック 大阪難波」の姿だった。

隈デザインを堪能できる多彩な内部空間

　「ホテルロイヤルクラシック　大阪難波」は、二つの表情と、三つの機能を持った建物だ。プランイメージを見てみると、低層階部分の正面（御堂筋側）は、まちになじんだ新歌舞伎座の村野デザインをそのまま継承。その復元部の上にオーバーハングさせ、宙に浮いたように見える高層部分は、隈氏らしいアルミルーバーを複数枚重ねたデザイン、屋根は低層部の切妻破風とそろえた形状になっている。ルーバーが境界をやわらかにデザインし、景観と建物全体を調和させている。

　一方、内部空間は、外観から想像できない構成になっている。１階と２階はそれぞれエントランスロビーとレストラン、ラウンジが入る。ここは、まさに難波のまちとつながるための空間であり、レストランはブライダル利用者やホテル宿泊者以外も利用できる。ガラス張りのエントランスロビーは、御堂筋からも中がうかがえ、開放的な吹き抜けの空間から伸びる大階段に誘われて思わず入ってみたくなる。レストランは立体的なアルミルーバーの天井が全体を覆う。２階ラウンジはレストランより少し高いフロアになっていて、ソファに腰かけると、外観２段目の

唐破風部分にそろえた窓から御堂筋がひらけ、まちの中に溶け込むような感覚になる。

　続いてウェディング施設としてのバンケットルーム、事務室、ウェイティングルームが入る3〜5階部分。そこに続く6階は、外観で見える切妻破風の形状を生かしたチャペルが設けられている。このチャペルは室内にドーム状に設置されており、内外ともうろこ張りや大和張りの木材で覆われている。

　続く7〜9階はそれぞれスキップフロアで、階ごとが緩やかにつながるバンケットルーム。3階の二つと合わせ、合計5室ある披露宴会場は、それぞれ異なる性格を持っている。3階にある二つのバンケットは、書院造の障子やふすまを彷彿させる壁、天井で囲まれた格式高い空間。7階バンケットは、壁と天井を覆う木製のルーバーにより、木肌の持つ温かみが感じられる空間に。天井には勾配があり、幅や長さの違うルーバーが木の持つ柔かな雰囲気をさらに引き出している。8階バンケットは、三角形のフィンで構成された万華鏡のような天井が華やかな空間。御堂筋を行き交う人々を眺められるテラスも設けられている。9階バンケットは大きな波のうねりやうろこのような木の天井が部屋を覆う優雅な空間だ。

　「内装は、隈先生にお願いするからには隈デザインを堪能していただけるようにしたいと、意匠についてはほぼお任せしました」と齋藤氏。ただし、同社が蓄積したブライダルノウハウからのお願いも。「隈先生もご承知でしたが、婚礼にはやはり流行り廃りがあるのです。バンケットルームでもひと昔前は豪華なシャンデリアのついた派手な空間を望まれるお客さまが多かったのですが、現在では

上／6階チャペル。旧・新歌舞伎座の大屋根の勾配が感じられる屋根下の空間。　下／8階バンケット。

「ホテルロイヤルクラシック　大阪難波」株式会社ベルコ

プロジェクション・マッピングを活用した演出を希望する方が多くなりました。ですから、空間自体はシンプルな方がいい。隈先生は、シンプルな中にも素材や天井・壁の意匠などで表情豊かな寿ぎの空間を拵えてくださいました」。

また、最上階２０階のチャペルは空と大阪のまちが見渡せる板葺き屋根のチャペル。内部は和紙で囲まれていて、聖台に向かって高くなる天井が来場者の心を一つにしていくようだ。

そして１１〜１９階（１３は飛び番）のホテルフロア。スイートルーム９室を含め全部で１５０室ある客室は、隈研吾氏がデザインした家具などが入る予定。ナイトパネルや照明など細かいところまで実用性も兼ね備えたデザインが追求されている。「例えばバスタブに浸かった時、見える景色のために５センチ窓枠を低くするなど、心地よい視線までデザインしています。既製品が合わないなら別注に──もちろんコストはかかるのですが（笑）。お客さまの快適のためなら知恵もお金も惜しみません」と齋藤氏は笑う。

１１階には宿泊客が朝食をとるためのレストランがあるが、こちらは朝食だけの宿泊客専用レストラン。一般的なホテルでは、ランチ営業するなど別の集客を考えるものだが、宿泊の方に落ち着いた食事空間を提供したいという考えから専用となった。同社のホスピタリティがここにも表れている。

「ホテルロイヤルクラシック　大阪難波」は、地下鉄なんば駅とも直結し、利便性も抜群。増加を続ける京阪のインバウンド需要にも大きく貢献するホテルになるはずだ。

最後に、同社の姿勢が表れた新歌舞伎座のレガシーの扱いについても記す。新歌舞伎座の屋根の上には、彫刻家・辻晋堂（1910－1981）が、村野藤吾の依頼でつくった２種４基の棟飾り＝オブジェが載っていた。村野は劇場内部の照明を市川團十郎の定紋をモチーフに設計するなど、

歌舞伎を取り入れたデザインを行った。辻もこれを受け、東西の切妻に載せるオブジェは宗家一八番の一つ「嫐（うわなり）」の登場人物の隈取り、南北のオブジェは同じく一八番「暫（しばらく）」の鎌倉権五郎景政の隈取りを象った。高さ2メートルほどの巨大なオブジェは、長い間風雨にさらされたせいで保存状態は良くないが、ベルコの意向で修復を施してホテル1階の車寄せなどで多くの人に見てもらえるように展示する予定だ。また外観に並ぶ唐破風に、村野は昔の子どもの髪型である稚児髷（ちごまげ）をモチーフにした棟飾りを施した。こちらは劣化が激しいため意匠を復元する。

ディティールの村野とも呼ばれ、細部のデザインまで追求した村野の仕事は、新歌舞伎座内部にも多数ある。吹き抜け回りの手すりは、金属に籐編みを施した美しいデザイン。特別席の内壁には、画家・菊池隆志（1911-1982）が描いた優美な障壁画も遺っていた。こうした貴重な遺産は、専門家にも高く評価されており、大阪歴史博物館（なにわ歴博）や、京都工芸繊維大学にそれぞれ寄贈される。「新歌舞伎座には、村野先生のデザインのこだわりが結集していたように思います。その歴史的意義と文化的価値に、当社でも最大限の敬意を払って、保存できるものは保存、活用したいと思っています」と齋藤氏は話す。

まちの人柄を受け継ぎ、未来をつくる建物に

『夫婦善哉』で知られる作家・織田作之助は「大阪を知らない人から最も大阪的なところを案内してくれといわれると、僕は法善寺へ連れていく。……法善寺は『大阪の顔』なのである。」（『大阪発見』より）と書いた。法善寺横丁はミナミ、難波駅のほど近くにある。

齋藤氏も「ミナミって、今も大阪らしい大阪なんです。庶民的で人懐こく、人情にあふれたまち。世の中の皆さんがイメージするまんまの大

阪がそこにある。そういうところが日本の観光客だけではなく、外国からいらっしゃるお客さまにもうけているのではないでしょうか」と言う。近年、日本の各都市が"東京化"し、個性のない地方都市が増えてきたと指摘されるなかで、際立った個性を持つミナミはインバウンド客に大人気だ。旅行会社の調査でも、大阪の観光地、大阪の食を求めて、多くのインバウンドが訪れ、その９割近くが高い満足度を示したというデータもある。

　北海道などにも施設を持つ同社は、近年、海外の方からのブライダル需要の増加もひしひしと感じている。「北海道や沖縄の人気が高まっています。北海道の雪景色の中や、時計台の前でブライダルフォトを取りたいという方が大勢いて、当社でもそのご要望にお応えしています」と齋藤氏。道頓堀のグリコサインなど、大阪にも海外の認知度が高い景観もたくさんあり、同社ではこうした新たなニーズにも対応しようとしている。

　「特にアジアの方々は大阪に来たことに関してすごく満足していただいているようですね。大阪らしい、フレンドリーな雰囲気、つまりまちの人柄と言えるものを感じ取っていただいているようです。このようなまちの人柄は一朝一夕には作れない。当社がここにブライダル・ホテルを作る上で大切にしたいのは、まちの人柄を受け継ぐということなのです」と齋藤氏は力を込める。

　まちの遺産を受け継ぎ、まちの未来をつくる――。２０１９年秋、「ホテルロイヤルクラシック　大阪難波」の完成は、ミナミに新たな活力を生み出すに違いない。そして、変わり続けるまちのニーズに応えるように、「ホテルロイヤルクラシック　大阪難波」も長く愛される建物になっていくはずだ。

第1章 伝統を受け継ぎ新たな歴史を

「ホテルロイヤルクラシック 大阪難波」
至高のデザインを支える ものづくりの「心」と 先端技術

鹿島建設株式会社
関西支店
建築設計部建築設計グループ担当部長
小松 啓一 氏

　２０１９年秋、大阪・難波駅前に、まちの新たなランドマークとなる「ホテルロイヤルクラシック　大阪難波」が建ち現れる。「新歌舞伎座」跡地に建てられるこの建物は、冠婚葬祭大手の（株）ベルコが手掛けるブライダル、宿泊施設。地下１階、地上２０階の高層ビル内には、１５０室の客室をはじめ、レストラン、ラウンジ、五つのバンケット（宴会場）、二つのチャペル（礼拝堂）、フォトスタジオ、サロンが入る。

　設計を担当するのは、建築家・隈研吾氏。約６０年間、大阪の人々に愛された新歌舞伎座のファサードを受け継ぎ、ミナミに新たなにぎわいを生み出す斬新な建物をデザインした。建設まっただ中の現場には、施工を担当する鹿島建設の曲尺（かねじゃく）に「カ」の字の旗がはためく。

　「村野藤吾氏と隈研吾氏、日本を代表する古今の建築家のコラボレーション、そして大阪に新たな名所をつくる事業に携われることに誇りを

感じています」と話すのは、鹿島建設(株)関西支店の小松啓一氏。自身も大阪生まれ、幼いころから見ていた新歌舞伎座の姿は今も瞼に焼き付いている。「新歌舞伎座のある難波の景色は、大阪人ならだれもが記憶している大切な景色だと思います。発注者である齋藤齋ベルコ相談役も、設計者である隈先生も、このまちの記憶を継承していくことに心を砕いておられました」。このたびの事業で、隈研吾建築都市設計事務所とともに設計・施工を手がける鹿島建設も思いは同じだ。

複雑な建築設計を可能にした「BIM」

　村野藤吾の代表作の一つである新歌舞伎座は、連続した九つの唐破風が4層に重なる極めて特徴的なファサードで知られていた。隈氏はこれを保存・再生することを計画し、それを実現したのが鹿島建設の技術だ。
　「今後、長く安全性を保ち、美観を維持するためにも、劣化した既存のファサードを当時と同じ手法で修復するよりも、最新の建材で作り直すほうがこの建物にとって良いと提案しました」と小松氏。もとの建物は、複雑な唐破風の部分も左官が手仕事で作り上げていたが、鹿島建設では、再生にあたってPC(プレキャスト・コンクリート)工法を用いる。これは、基本となる部材をあらかじめ工場で製造し、現場でブロックを積み上げるように組み立てていく手法。工期は短縮でき、強度など品質の高さも保証される。「課題となるのは、複雑なファサードの形をどのように測量し図面化するか――そこで、私たちが導入したのが3DスキャナーとBIMの技術です」。

小松　啓一／こまつ・けいいち

1961年生まれ、大阪市出身。1987年東京大学工学部建築学科卒業、同年鹿島建設建築設計本部入社。2013年から現職。

上写真／旧・新歌舞伎座の連続唐破風ファサード。 下／BIMで立ち上がった旧・新歌舞伎座。

　計画の始まった当時はまだ最新技術だった３Ｄスキャナーによって、コンピュータ上に３次元の新歌舞伎座が立ち上がる。こうした３次元データに必要な情報を付与して、設計、施工、維持管理などに活用する手法は、ＢＩＭ（ビルディング・インフォメーション・モデリング）と呼ばれている。「ホテルロイヤルクラシック　大阪難波」の計画では、設計段階でこのＢＩＭが導入されたのも特徴だ。

　「連続する唐破風のファサードを忠実に再現するためにも、ＢＩＭ技術を活用しましたが、それだけではなく、機能も形態も複雑で、まるで立体パズルのようなこの建物を従来のように平面図や断面図だけで検討するのは大変困難でした。そこで、建物形状を３次元でビジュアル化し、自在に切断しながら検討を重ねるＢＩＭの手法は非常に役立ちました。仮想空間上のモデル建物の中を自在に動き回ることもでき、ベルコ様にムービーで空間を確認していただくことにも活用しました」。

　「ホテルロイヤルクラシック　大阪難波」は、新歌舞伎座を復元する

◎会 社 概 要

鹿島建設株式会社

所在地（本社）：
　〒107-8388
　東京都港区元赤坂 1-3-1
（関西支店）
　〒540-0001
　大阪市中央区城見 2-2-22
　マルイト OBP ビル

TEL：関西支店　06-6946-3311（代）
代 表 者：代表取締役会長　中村満義
　　　　　代表取締役社長　押味至一
創業・設立：1840（天保 11）年創業、
　　　　　　1930（昭和 5）年設立
従業員数：7611 名（2017 年 3 月末日現在）

低層階と新設される高層階が組み合わさっていること、加えて低層部分では外観と内部の階高がそろっていないことなど、非常に複雑なつくりになっているが、ＢＩＭによって円滑に設計が進められている。

　こうした複雑な建築物の場合、設計が難しいのがエレベーターやエスカレーターなどの縦動線の配置。特にエスカレーターについては、階高がすべて異なるこの建物で構造部材との細かい取り合いなどを微調整しながら設計するのは至難の業。それをＢＩＭで明快に解き明かしたそうだ。またこの建物には、大小合わせて五つのバンケットがあり、最大５００人強を収容するものもある。6階と最上階に設置された二つのチャペルや5階のウェイティングルームを垂直に行き来する大勢の人を効率よくさばかねば、一日に何組も行われる結婚式や披露宴を分刻みでこなすことができない。「齋藤相談役からは花嫁専用のエレベーターが必要だと要望がありました。花嫁は入場まで自分のドレス姿を招待客に見られたくないもの、という細やかな配慮はさすがです」と小松氏。

　鹿島建設ではこれらの課題を解決し最適な動線をつくるため、同社技術研究所でエレベーター、エスカレーター、階段の効率のよい配置の仕方や、ホテルのチェックアウト時間と結婚式の開始時間が重なった場合などさまざまな状況のシミュレーションを繰り返した。

　「意匠・構造・設備の細かい取り合いを調整するため、東京の隈事務所と専用のテレビ会議回線でつないで、ＢＩＭの3次元の画面を共有しながら、担当者が全員集まり、細かい打ち合わせができたので、スムーズな検討が可能になりました」（小松氏）。

デザインに快適性と安全を加える「技」

　「隈先生は非常に柔軟な方だという印象を受けました」と小松氏。大学の先輩でもある隈氏はあこがれの建築家の一人。今回のプロジェクト

で初めてともに仕事をすることになって改めて得るものは多かったと言う。「一つひとつのセンスの良さに唸ったのはもちろん、短時間で熱い議論を交わし、判断は素早くて明快かつ的確です」。また、「ベルコの齋藤相談役も、建築に対する見識が高い方ですが、隈先生を信頼して意匠については任せるとおっしゃっていました。ブライダル・ホテルとしての使われ方や、まちの景観の継承、にぎわいづくり……、この建物が担うさまざまな役割を、隈先生がデザインに昇華していく過程を拝見してたいへんためになりました」と振り返る。

　建物の構成としては、地下1階は、地下接続通路により、地下鉄なんば駅と直結し、テナントスペースや機械式駐車場の格納庫となる。1階は、エントランスロビーと御堂筋に面するカフェスペースなど、まちに開いた空間となる。2階レストランへ続く大階段は、隈氏デザインで木目調の雰囲気に。ビュッフェ型レストランはライブも行われる予定で、併設するラウンジスペースからは御堂筋が見下ろせる。3階は500人規模の大バンケット。客数に応じて二つに分割利用も可能。4階はベルコのオフィスとメインキッチン。5階は保存外壁最上階にあたるテラスをもつウェイティングルーム。6階は御堂筋側にガラスカーテンウォールを介して開放的な2層吹き抜け空間。その中にちょうど復元する大屋根中央部の切妻破風の位置に、魚のような形態をした、木材で覆われた印象的なチャペルが配置される。その前面のロビーには繊細な滝のオブジェも配され、フラワーシャワーが行われる。

　8階以上は、復元部の上の大きくオーバーハングする部分になるが、ここには、下から三つのバンケットがそれぞれ2層分の階高で、入れ違いにスキップフロアとなって重なって配置され、高い天井高を利用して、階段を使った入場演出ができるよう計画されている。また屋外につながるパーティテラスも用意されるなど、さまざまなスタイルの演出ニーズに応えられる。「バンケットの設計で特に気を使ったのは振動と遮音対

策です。式の最中、静かになった場面で他所のバンケットの音が漏れ聞こえないよう壁の遮音性に留意し、ハイヒールや椅子を引く音が下階に響かないよう、浮き床を採用するなど細かい配慮をしました」と小松氏。遮音の設計は上階のホテル客室にも行き届き、窓、壁、床、扉のそれぞれの音対策は技術研究所も交え慎重に行われ、宿泊客の快適性もデザインしている。

　１０階にはブライダルサロンがあって、花嫁が事前打ち合わせや衣装合わせ、ヘアメークをする場所となる。１１階はホテルレセプションとなり、ダイニングを併設する。そこから１９階（１３は飛び番）まで客室フロアとなる。「客室も隈デザインの境地。装飾はミニマムだけれども、高級感あふれるデザイン。まだデザイン最中の部分もありますが、障子型の引き戸など、ほのかに和の意匠も取り入れられると思います。家具も隈先生の手によりシンプルかつ質の高いデザインになるでしょう」と小松氏。そして、最上階の２０階は、御堂筋側には、バーラウンジ、パーティールームが設けられる。バーの天井は、波打つような金属メッシュを採用。洗練されつつも、柔らかで温かみのある空間で、心地よい時間がデザインされる。最上階の第２のチャペルは空の下にいるような雰囲気。自然光の降り注ぐガラス張りの屋内空間に、やはり木をあしらった三角形のチャペルが設けられる。夏季にも快適に式が行えるように空調が効率的に行われるようシミュレーションが行われた。

　エネルギー効率や環境にも配慮し、積極的にガス空調を採用するほか、さまざまな省エネ配慮により、ＣＡＳＢＥＥ（建築環境総合性能評価システム）では最上級のＳランクを獲得する予定だ。加えて、「超高層ビルでよく問題になるのが、気圧差で風がエスカレーターの吹き抜けを吹き上がるドラフトです。これも風除室を有効に配置することで軽減しています」と小松氏。「齋藤相談役ご同席のもと当社技術研究所で風洞実験を行い、建物を覆うルーバーは風切りの音が出ないよう試験や検

証を重ね形状を選定しています。またルーバーが高層部から御堂筋にどんなことがあっても絶対落下しないよう取り付け詳細を慎重に検討しました」と建築的工夫にも自信をのぞかせる。

まちを良くしたい熱意が通じた、「駅直結」「景観形成」

　鹿島建設が、隈事務所からパートナーとして期待されていたのは、上記のような設計・施工における確かな技術だけではない。建築物には、建築基準法や都市計画で定められた高さや斜線制限、容積率などさまざまな規制がかけられる。東京のアトリエである隈事務所は、大阪特有の許認可事情に精通した鹿島建設関西支店を頼りにした。また、「ホテルロイヤルクラシック　大阪難波」のような高さ84メートルの超高層ビルは、建築物の構造設計が非常に高度になる。1968（昭和43）年に日本初の超高層ビル「霞が関ビル」を完成させて以来、安全と信頼を積み重ねている鹿島建設では、この建物でも自社開発の高性能オイルダンパーやパイルドラフトという先端の構造技術を取り入れ、建物の安心・安全に大きく寄与している。

　「大阪市が一番大切にしているのが御堂筋。住宅は一切作らず、公共的なもの、まちのにぎわいや活性化に寄与するものを作るという大きな上位方針もあります。御堂筋沿いで建築計画を進めるには、大阪市と計画やデザインについて事前に協議する必要があり、これを当社が担いました」と小松氏は話す。

　行政協議のポイントは二つ。一つは車の出入りの問題だった。建設地周辺は、狭い道の両サイドに飲食店が立ち並び、雰囲気のよい繁華街が形成されている。そのため、酔客を含む歩行者の安全確保のために車の通行規制があり、駐車場を作るのが難しかった。そこで鹿島建設は、南側道路を拡幅して御堂筋からホテルの駐車場へのアプローチとし、建物

の中央に車寄せを作り、そこから御堂筋に車を出庫させる新たな車の出入り口を、歩道を横切って設けた。御堂筋の歩道に、このような新たな車の出入り口が許されるのは異例のことだそうだ。

二つ目は、御堂筋の歩道を確保するための建築ライン規制の緩和。御堂筋では、新築の場合、原則として歩道の境界線から一定距離後退させて建物を建てるルールがある。「御堂筋の景観や歩道のにぎわいを確保するための規制ですが、今回、既存建物の復元ということで、セットバック（後退）せずに、元の位置で建設することが特別に認められました」（小松氏）

建物は、大阪市営地下鉄・なんば駅と直結することもつけ加えなければならない。「雨に濡れず式場にお越しいただきたい」というベルコの考えを具現化するため、鹿島建設が大阪市と協議を重ねて実現した大きな成果だ。「建物やインフラは、都市の現在を決め、未来を決めていくもの。車の流れ、人の流れを少しでも良くしたいと熱意をもって市に説明し、ご共感いただいた結果だと思います」（小松氏）。

「ベルコの齋藤相談役は、当初からこの土地、建物を最大限まちに貢献するものにしたいとお考えでした。隈先生も、もともとは小さかった復元部2階の窓を意匠上問題ないよう調整しながら広げるなど、御堂筋と内部が視覚的に重層的につながることを意識してデザインされています。そこには、利己を超えてまち並みのにぎわいに寄与し、まち全体をよくしたいという強い思いがあります。新歌舞伎座の復元を選択したことで、かつての村野藤吾先生の思いも断えることなく引き継がれていることは大変意義深いと思います」と語る小松氏。その言葉には、「一つひとつ心を込めたものづくり」を掲げる鹿島建設の、まちに対する責任、まちの未来をつくる意気込みが表れている。

第2章

次代への贈り物

豊かな暮らしの未来像となるスマートコミュニティの実現へ
　東京工業大学特命教授・名誉教授　　先進エネルギー国際研究センター長
　　柏木　孝夫 氏 ……………………………………………………　118

オープンデータの広がりによる、新しい概念がレガシーに
　ＩＮＩＡＤ東洋大学学部長（工学博士）　坂村　健 氏 ………………　128

○かをり商事株式会社……………………………………………　138

○東京電力ホールディングス株式会社…………………………　146

○東京地下鉄株式会社……………………………………………　154

○東邦ガス株式会社………………………………………………　162

○ＪＸＴＧエネルギー株式会社…………………………………　170

○凸版印刷株式会社………………………………………………　178

○富士通株式会社…………………………………………………　186

第2章 次代への贈り物

豊かな暮らしの未来像となるスマートコミュニティの実現へ

柏木　孝夫 氏

東京工業大学　特命教授・名誉教授
先進エネルギー国際研究センター長

1946年東京生まれ。1970年、東京工業大学工学部生産機械工学科卒。その後同大学大学院を経て1979年、博士号取得。1980年より、米国商務省NBS招聘研究員、東京工業大学工学部助教授、東京農工大学大学院教授、同大学評議員、図書館長などを歴任後、2007年より東京工業大学統合研究院教授（現・科学技術創成研究院）、2009年より先進エネルギー国際研究センター長、2012年より特命教授・名誉教授。2011年より、（一財）コージェネレーション・エネルギー高度利用センター（コージェネ財団）理事長。現在、経済産業省 総合資源エネルギー調査会省エネ・新エネ分科会長、水素・燃料電池戦略協議会議長、内閣府 エネルギー・環境イノベーション戦略推進会議議長などを歴任し、長年、国のエネルギー政策づくりに深く関わる。2017年エネルギー・環境分野で最も権威のある国際賞 The George Alefeld Memorial Award をアジアで初めて受賞。おもな著書に『スマート革命』、『エネルギー革命』、『コージェネ革命』（日経BP社）、『スマートコミュニティ』1～5巻（時評社）など。

Society 5.0 によって変わるライフスタイル

───先生が参加されていた内閣府総合科学技術・イノベーション会議において、Society 5.0 が初めて定義されました。その要諦はどのようなものでしょうか。

　柏木　これは、サイバー空間（仮想空間）とフィジカル空間（現実空

間）を高度に融合させたシステムにより、経済発展と社会的課題の解決を両立する、人間中心の社会（Society）のことで、人類史における狩猟社会（Society 1.0）、農耕社会（Society 2.0）、工業社会（Society 3.0）、情報社会（Society 4.0）に続く、人間中心のネットワーク社会を指すものであり、日本が目指すべき未来社会の姿として２０１６〜２０年までの第５期科学技術基本計画において提唱されました。言うなれば、この Society 5.0 の概念と、それによって実現される社会像が、まさに未来へのレガシーとなるわけです。

　その要諦は、最先端の技術を駆使して"システム・オブ・システムズ"の構築を目指すというものです。これは、特定のシステムの構築のみで多様な課題を解決するのではなく、大きなシステムの枠組みの中に個別のシステム分野が内包され、相互関連しあって相乗効果を発揮するという考え方で、各種インフラからＡＩ（人工知能）、エネルギーまであらゆるものを包含する概念です。が、これまで日本は"ワン・オブ・ザ・システムズ"は得意でしたが"システム・オブ・システムズ"については諸外国に後れを取っていました。Society 5.0 により、その遅れを一気に取り戻す可能性があるものと期待されています。

　───"システム・オブ・システムズ"が具体化されたイメージと言うと。

　柏木　都市づくり、まちづくりが分かりやすいと思われます。ビルから工場、一般住居などの各種建屋があり、それら建築群には太陽光発電、蓄電池、熱電供給を行うコージェネレーションなどの仕組みが導入され、さらにはクルマや鉄道などの交通網も含めてＩｏＴ（モノのインターネット）やＩｏＳ（サービスのインターネット）で結びつくことでさまざまなサービスや機能を提供するということです。すなわち利便性、快適性が担保され、そして環境に優しく長期にわたって維持・継続が見込まれる暮らし方、その実現が Society 5.0 の目指すところなのです。

　───**暮らし方、ライフスタイルが大きく変化しますね。**

柏木 はい、ライフスタイルの安全性、多様性を充足させるためにも、IoTやAIなどのサイバーレイヤーと、インフラ設備や乗り物の物理レイヤーを一体化させることで、人間中心の社会を構築する必要があります。例えば現在、E-モビリティの波が急激に進み、クルマ自体がセンサーの塊になると、そこに自動運転技術があいまって、いずれは運転せずとも寝ている間にクルマが目的地に運んでくれるという世界が実現するかもしれません。運転するクルマから運んでくれるクルマへ、今われわれは次の社会の姿が実現される、その大きな転換期を迎えようとしているわけです。これはまさに、サイバーレイヤーと物理レイヤーが融合した一例だと言えるでしょう。

このように、後世につながるゆとりと豊かさのある暮らし方、それが"超スマート社会"なのです。世界は一様にこの社会の実現を目指しているため、日本もまた日本の良さを加味してレガシーとなるべき社会を構築していかねばなりません。

エネルギー需給構造の変化が必要

───それには、先生のご専門であるエネルギー分野での進化が不可欠ですね。ここ数年、電力自由化を機に供給の在り方も従来と比べて大きく変わりました。

柏木 そうですね、これまでの日本は工業立国として生きていく方針を定めていましたので、それには総括原価方式に基づく安定供給が電力政策の大前提でしたし、敗戦から短期間で世界トップクラスの経済大国へ立ち直ったのも、電力の安定供給があったがためにほかなりません。これはエネルギーセキュリティそのものです。その間、われわれは、大量生産により安価な工業製品に囲まれる暮らしを体現してきました。現在は、モノづくりの現場は中国などアジア各国へ、また国内工場は

IoT化が進むなど、以前とは大きく様相を変えましたが、それ故に新たな工業の現場、工場の再構築が求められます。

　それを下支えするためにも、エネルギーの需給構造を変えていく必要があります。これまではピーク時の需要を基準に電源立地を進めてきましたが、一方で１年のうち数日にも満たない最大ピーク時を想定して設備を整えるのはいかにも非効率的であり、まして世界的には環境対策が大きな課題となる一方、国内的には少子化人口減時代に入った現在、われわれは初めて電力の小売全面自由化という需給構造の大きな節目を迎えたわけです。この流れは日本だけでなく欧米を中心に世界においても同様です。この新しい需給構造への転換は、"創出するより育成・発展が得意"と長らく指摘されてきたこれまでの日本社会から一段成長し、"生み育てるのが得意"な社会へ脱皮する好機であるとも言えるでしょう。

───どのような構造への転換が求められるのでしょう。

　柏木　ピークに合わせた供給から、そもそもピークが出ないようなまち・都市、暮らし方をつくっていくことが前提となります。それには自然由来のローカルエネルギーを取り込み、脱CO_2型の建築物をつくったり、内部は第５世代の通信網（５Ｇ）を駆使したエネルギーマネジメントによって必要な時に必要な分だけ熱電供給を可能とする暮らしがコンセプトとなるでしょう。電化率はますます増えていくことになりますが、一方で総括原価方式から市場原理への移行が進めば稼働率の悪い電力は淘汰され、大規模で効率の高い電力が上位系に位置するようになります。淘汰された分に相当する電力量はさらなる省エネルギーと地域特有のローカルエネルギーや熱電供給システムなどにより賄われる。そこへさらにＩｏＴ、ビッグデータ、ＡＩが取り入れられることによって、人間のゆとりと豊かさを阻害しないようにＡＤＲ（オート・デマンド・レスポンス）という、高度・先進的なデマンド段階でのコントロールが

可能となります。ここに電力を融通するワイヤー&ファイバー（自営線と通信線）や統合型のインフラも加わり供給のネットワークがつながれば、まさに時評社で過去数年来書籍化してきたスマートコミュニティ、スマートシティの出現そのものとなるでしょう。

この仕組みが構築されると、供給系統としてはピークに合わせた立地をする必要がなくなります。広域での需要がピークを迎えそうになったらデマンドサイドに形成されたスマートコミュニティから電力供給を受け、ピークを抑えればよいのですから。結果として高効率・低CO_2型の大規模発電所のみが残り、それらの稼働率が上がります。

ベースロード電源と再生可能エネルギーのベストミックスを

───温暖化対策の観点からすると、石炭火力など既存の電源立地はどうなるでしょう。

柏木 ベースに原子力が位置するとしても、石炭火力に対しては近隣に大きなスマートアグリやケミカルファクトリーなどを併設して、コ・プロダクション（Co-production）的体制を構築していくのが望ましいですね。発電に伴う排熱や排ガス中のCO_2を利用して農産物のビニールハウスに供給したり観葉植物などを育てれば、同時に地域の新たな産業創出にもつながります。高齢化が進む地域においては病院や介護施設の暖房、温浴施設なども考えられます。また工場に大型のコージェネ（熱電供給発電所と呼ぶべきと考えている）が入ると、ガス会社や地域内のコミュニティエネルギーマネージメント（CEMS）を行うケーブルネットの会社などが入ってきて地場産業コンソーシアムを組んで地域電力会社をつくる道が開けてきます。こうした熱の有効利用を実現するためにもデマンドサイドで上手く電圧や周波数を一定に保つようにきめ細かな調整機能が必要不可欠となります。

―――電圧の増減の調整と言いますと。

柏木 よく電圧は人体の血圧に例えられます。電気の需要と供給のタイミングがずれると、人体が低血圧を起こすのと同じように電圧が低下し停電して稼働不能となります。また需要量以上の電気が系統に供給されると高血圧状態となって送電網がパンクする危険があります。さらに、電気の供給量が乱高下すると周波数が安定せず、あたかも不整脈状態となるなどいずれにしても健全とは言えず、やはり必要な時に必要な量だけ供給される、つまり需要に合わせた適切な発電が前提となります。

―――適切な発電を可能とするには。

柏木 バッテリーを入れることです。前述のE-モビリティのようにデマンドサイドの中に入る、あるいは系統の変電所に蓄電システムとして組み込まれる。またメガソーラーで余った電力は水素に変換し備蓄することも可能です。そこで日本のお家芸たるエネファーム（家庭用燃料電池）の出番となります。今後、デマンドサイドにメガソーラーが普及していった場合に、余剰電力を水素に変えてタンクに貯め、ソーラーからの供給が不安定なときにタンクから供給すれば家庭で再生可能エネルギーからの水素をもとに電気とお湯が使える、こういうスマートグリッド（制御機能を付加した電力網）化したパイプラインが実現されていくと考えられます。

―――そうすると、再生可能エネルギーへのシフトが図られることになるのでしょうか。

柏木 直ちにそれが可能となるわけではありません。一般的なイメージとして、太陽光や風力は確かに環境にやさしくCO_2も出さずクリーンなエネルギーと思われますが、それらを大量に導入し、日常的に使えるようにするには、いくつもの技術や系統内での需給システムの整備、コストなど各種条件があまねく構築されてからの話になります。それを具体化して初めて基幹電源としての再生可能エネルギーの活用が見えて

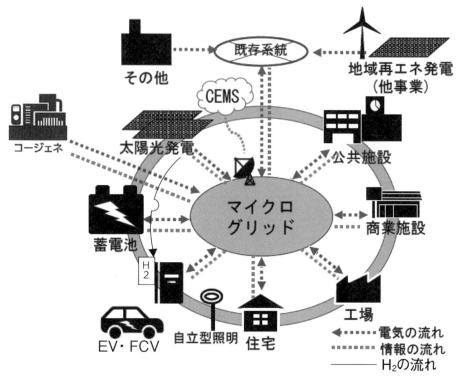

スマートコミュニティ導入設備イメージ

くるわけで、その段階に達するまでにはやはり、原子力がベースロード電源として一定の比率を占めるのが極めて現実的です。電力の大量・安定供給が可能で、運転中にはCO_2を排出しない原子力の重要度は、工業国への進展を目指すアジア各国などがこぞって原子力の整備に注力していることでも明らかです。

　フランスのマクロン大統領はCOP23での演説において、石炭火力の全廃目標を1年前倒しし、2021年とする方針を示したそうですが、基本的に農業国ですし、現実に電力の7～8割を原子力に頼っているので、石炭火力から代替しても再生可能エネルギーの比率は極端に大きくなるわけではありません。ことにEU加盟国は広域連携で電力を融通し

あえる状況にあり、常に連合全体で利益の最大化を図っているため、個々の国のエネルギーに対するスタンスを見るだけでは全体を捉えることはできません。

——— **先生にはたびたびお聞きしていますが、ドイツの旧東西における固定価格買い取り制度のあらましをお願いします。**

　柏木　統一後も農業国だった旧東ドイツと工業国の旧西ドイツとの経済格差は大きく、そこで導入されたのが風力を中心とした再生可能エネルギーの固定価格買い取り制度です。旧東ドイツでは農業用風車が少なからず残っていて、これを使って発電した電力を政府が公定価格の3倍というプレミア価格で買い取り、電力の消費地である旧西ドイツで使った分だけ課徴金として払うという仕組みです。私も導入当時、現地を視察して上手い仕組みを考えたものだと思いました。その結果、風が吹けば農家の収入がかなり上向くことになり、東西間で所得の再配分が行われるようになりました。農業地域が再生可能エネルギー供給地域に変貌したというわけです。その後、ドイツの同制度もいろいろな問題が浮上して曲がり角に差し掛かっていますが、この理念と仕組みは応用されてしかるべきかと思います。

オリパラ開催時にモデルを提示できれば

——— **それでは、総括をお願いします。**

　柏木　まとめると、上位系に位置する従来型の大規模電源は自由化と共に淘汰され、ベース電源としては原子力と石炭火力が今後も担う。石炭火力はコ・プロダクションの形態をとって他業種と電気、熱、CO_2までも有効処理できるような提携を組む。そのためには需要地であるデマンドサイドの中に分散型を中心とした需給構造を構築することが必須要件です。構築できれば進展著しいＩＣＴが組み込まれＩｏＴをベー

スにIoSへと発展させ、人間がゆとりと豊かさ、安全と安心を担保できるような暮らしや社会活動の実現に資する、こういう地域がスマートコミュニティ・タウン・シティとなるのです。まさにレガシーそのものであり、まさに今、われわれが後世にレガシーを遺せるかどうか、その岐路に立っている、今この時の取り組みにかかっている、と言っても過言ではありません。

―――すぐに実現するのは難しそうですね。

　柏木　もちろん、一定の時間はかかります。しかし、２０１１年の東日本大震災および福島第一原子力発電所事故の影響から被災地が徐々に立ち直りを見せている中、そこにスマートタウンを構築し固定価格買い取り制度などをうまく活用すれば、電力供給によって都市部から被災地へお金が再配分される仕組みが実現できます。既に福島県では新地町をはじめ五つの町村がスマートコミュニティとして着々と実装を始めています。最近になり葛尾村がスマートタウンの候補地として審査が始まっており、私もその審査の一員として現地を視察してきました。ここでは固定価格買い取り制度を入れていませんが、自分たちの電力は自分たちで確保したいとの考えのもとメガソーラーが入っており、いずれは東北電力のエネルギーと地元産のエネルギーをブレンドして使うことを構想しています。これを先駆としてこれから同様のまち、地域ができてくることを願っています。それがすなわち、世界に通じる日本型のエネルギービジョンとなり、コンパクトタウン＋ネットワークとして広域的に超スマート化した国土となっていくでしょう。

―――２０２０東京オリンピック・パラリンピックの段階ではどのような状態にあるのが望ましいでしょうか。

　柏木　この機に、まずスマートコミュニティのパッケージを世界に対して提示できれば何よりです。ここまで述べてきた構想は日本だけにとどまりません。日本発のパッケージ型モデルが世界にスピルオーバーす

る、その先駆となることを目指すべきです。その契機となる世界的イベントの開催が迫っている現在、快適で、環境対応で、エネルギーが無駄なく利用されていて、被災地の復興や地域振興にも役立ち、経済性も成り立っている、しかもIoTを駆使しながらも人間中心の暮らしが体現されている、そのモデルを提示するのが、レガシーに向けた当面の目標となるのではないでしょうか。

―――少しずつ実現に向かっているのを実感します。本日はありがとうございました。

第2章 次代への贈り物

オープンデータの広がりによる、新しい概念がレガシーに

坂村　健 氏

INIAD東洋大学学部長（工学博士）
1951年東京生まれ。工学博士。2017年度よりINIAD（東洋大学情報連携学部）学部長。東京大学名誉教授。専攻はコンピュータ・アーキテクチャ（電脳建築学）。1984年からTRONプロジェクトのリーダーとして，オープンなコンピュータ・アーキテクチャを構築。現在、TRONは携帯電話をはじめとして家電製品、デジタルカメラ、FAX、車のエンジン制御など世界中で多く使われており、IoT（Internet of Things）環境を実現する重要な組込OSとなっている。2002年1月よりYRPユビキタス・ネットワーキング研究所長を兼任。2015年　ITU（国際電気通信連合）創設１５０周年を記念して、情報通信のイノベーション、促進、発展を通じて、世界中の人々の生活向上に多大な功績のあった世界の6人の中の一人としてITU150Awardを受賞。IEEEライフ・フェロー、ゴールデンコアメンバー。第33回市村学術賞特別賞受賞。2001年武田賞受賞。2003年紫綬褒章。2006年日本学士院賞受賞。

"レガシー"にそぐわない、ICTの世界

———一般に"レガシー"と聞くと、現在あるものを未来にわたって有用できるようなコトや取り組み、といった内容を想起する場合が多いと思われますが、先生の専門である情報通信の分野で、レガシーという場合はどのようなイメージとなるでしょうか。

坂村　実は、ICT、つまり情報通信の分野ではレガシーというと、

あまり良いイメージには捉えられていません。というのも、ICTの技術やシステムは文字通り日進月歩で進化・変化しているため、過去の普及してしまった技術が足かせとなって新しい技術の普及を妨げるというような意味合いで「レガシー」という言葉を使うことが多いからです。

確かに、パソコンやインターネットが普及してから現在まで、長らく同一のスタンダードが使われている例も少なくありませんが、これはあまりに広く普及してしまったからモデルチェンジするのが困難なだけで、意図的に後世まで伝えることを企図したわけではないものが多いのです。例えば、現在のパソコンのキーボードの基本配列であるQWERTY配列ですが、実は人間工学的にはあまり望ましくない配置であるとわかったにもかかわらず、世界的に広まってしまったから今さら変えられないため使われているだけなのです。

その観点に基づくと、コンピュータやICTの分野の技術は、実現した瞬間から過去の遺産になり、多くの場合未来に対する制約になってしまうと言ってよいでしょう。

———そうすると、まして継続という概念とICTは非常に相容れないものですね。

坂村 コンピュータにおいてできるだけハードウエア化せずソフトウエアだけ入れ替えて機能を変えていく、クラウドのソフトウエアを変えればサービスが変わるといった、時代に合わせて機能を進展させていくことについては関係者一同強い関心を持っており、特に近年はファームウエア（firmware＝ハードウエアを制御するためのソフトウエア）を変えれば新しい機能が追加されるという機器があります。そういう意味では未来に向け、ICT機器のライフタイムを伸ばしていこう、できるだけ長い期間使っていこうという努力はなされています。そうなると、未来に向けた進化に対する阻害要因とならないよう配慮して技術開発に取り組んでいく、それが未来志向のレガシーに通じることになると思います。

ソースコードからＡＩまでオープンに

―――分野を問わず、公共性の高いものほど長期にわたって多くの人が使い続ける傾向が強いと思われますが、これからＩＣＴが社会・生活にさらに浸透していく時代、先生が推進されているオープンデータが一つのポイントになると思われます。

坂村 そうですね、近年"オープン"が情報通信の世界では重要なキーワードになりつつあります。ここでいうオープンとは、文字通り自分が持っている情報や仕組みを、広く公開するということです。一昔前は、情報に限らずハイテク分野などでも、技術を囲い込み秘匿して同業他社などライバルに差をつけるのが一般的でした。が、近年ＩＣＴのトレンドは、こうした囲い込みは古い考え方だと認識されていて、データもアーキテクチャーもどんどんオープンにしていこうという動きが高まっています。

―――オープンにして得られるメリットと言いますと。

坂村 最先端のＩＣＴは非常に複雑ですので、これを１人の人間、１つの組織で十分活用しきるのが難しくなっているのです。むしろ特定の技術を、他の人、組織、分野に開示して、それをもとに多くのプレイヤーと連携した方が、より良い進化、活用法が得られると考えられるようになってきました。言わば、書籍を校正するときに、限定された人間だけでチェックしても間違いを見過ごす可能性がある、より多くの人の目を通すことで正誤確認の精度が向上するというイメージに近いでしょう。

そこで、どのように関係者と連携するのかが問われることになりますが、そこでカギとなるのが情報の共有です。そして共有するには、情報の所有者が相手にその内容を教えない限り始まりません。具体的には、コンピュータ内部のソースコードなど、以前は秘密にしておくのが当たり前だったものを、積極的に公開した方がいいという方向へ変わってい

ます。実際に、私が長年取り組んでいるトロン（TRON＝リアルタイムアーキテクチャ構築プロジェクト）プロジェクトにおいても、ソースコードを対外的に公開しています。その過程でチェックする人が増えるほど、プログラム上の問題点が見つけやすいし、また別のアイデアが生じる機会が増えることになるからです。その観点に立ち、内部回路やソースコードだけでなく、最先端のアプリケーション、さらにAI（人工知能）のシステムなども、どんどん公開の対象になっています。

——オープン化が広がるようになった発端は。

坂村 TRONを始めとしてUNIXなどOSと言われている基幹ソフトウエアの世界ではオープン化自体の動きは以前からありましたが、ネット時代の今日、ビジネス的に流れが変わったのは、グーグルがあるときから方針を大転換して、自社の持つシステム、さらにデータもフリーで使用可能という方針のもとオープン化し、それがビジネスによい影響を与えたことが明確になったためでしょう。これで一気に広がりました。活用の幅が広がり新たな可能性に通じるのはもちろん、システム改良などがなされれば結果的にコストも下がります。特にデータのオープン化に関しては全世界の注目が集まっていると言っても過言ではありません。近年では民間企業に限らず、政府・行政においても蓄積してきた統計データなどをオープンにしていく方向へ発展しつつあります。

——政府によるオープンデータの取り組みも、やはり米国からでしょうか。

坂村 最初に提唱したのはオバマ前米国大統領です。政府に対する国民からの要望が増える一方、国の予算はむしろ漸減気味、であるならば政策に関するデータをオープンにすることで住民参加を促し、皆の力で問題解決に導いていく方針を打ち出しました。いわゆる"ガバメント2.0"と呼ばれる取り組みで、効果も大きかったことから、米国から欧州へその波が伝わり、2013年のG8サミットにおいて、日本を含

む先進8カ国は協力してオープンデータによる行政改革を推進する旨、憲章としてまとめられています。以後、日本政府および霞が関各省庁はこの憲章に基づきオープンデータに向けて鋭意努力しているところです。

未知なるイノベーションの創出を目指して

――オープン化を進める上でのポイントはどのような点でしょう。

　坂村　単に情報公開するだけではなく、公開されたデータは膨大な量に上るためコンピュータが読める――つまり機械可読であることが必須要件です。分かりやすいようにグラフ化して公開するなどは逆効果です。逆に機械可読であればデータベース化し検索やグラフ化などが可能となりますので、それによりこれまでなかなか認識されなかった数字の傾向などが、新たな発見や気づきとして明確化するでしょう。それをもとに行政サービスの手薄なところや資源配分の非効率な面などが明らかになるかもしれません。

　既に米国では、オープンデータに基づく官民連携を行っています。例えばインフラの補修について、これまで行政が全部行っていたのに対し、住民から要・補修個所の指摘を受け、それをオープンデータ化すると、それを見た事業者が見積もりを出し、行政がそれを見て委託し、その落札価格もオープン、補修後の状況もオープンにするという具合に、一連の流れをすべて公開することで公共事業のブラックボックス化を防ぐ――しかもすべてコンピュータ上で処理できる、こうしたオープンベースの行政がなされるようになっています。

　さらに近年はもう一歩進み、IoT（Internet of Things）によってモノとモノがネットでつながるようになったことで集まる大量のデータに、それを解釈するための背景情報としてオープンデータを加え、それ

をAIが利用するという図式が構築されつつあります。AIはむしろ大量のデータを学習しないと正しい解を導き出せないという特質がありますから、AIの有効活用の面でもオープンデータは不可欠となります。このように、オープンデータは、それを利用することで新しい考え方や概念を創出・形成するベースとして捉えられ、そして形成された概念こそ、技術の進展如何に関わらず後世に残り社会の基盤になっていくという意味で、まさしくレガシーだと言えるのではないでしょうか。

───ご指摘の通り、ネットを介在するとデータや情報を皆で共有することが可能になりますね。

坂村　共有、そして連携が、以前と比べて重要視されています。そのために今、マッシュアップ（Mashup）───これはもともと音楽での異なる曲の異なるトラックをミックスして新しい曲のようにするという手法を表す言葉なのですが───ネットの中で多様なサービスを自動連携させることで新たなサービスを構築するという流れが進んでいます。まさに、イノベーションを起こしていくことがオープン化を進める最大の理由であり、そして革新的なアイデアの発生は事前に予測ができない以上、環境を整備してイノベーションが起こり得る確率を高める必要があり、参加する人が多いほど機会が増え確率が高まるのです。

───日本における環境整備のために、必要と思われる要件はどのような点でしょう。

坂村　法体系における、いわゆる英米法と大陸法の違いをどう乗り越えるか、ですね。英米法が、法律で規制されていること、ネガティブリスト以外は行っていい、というスタンスであるのに対し、日本が拠って立つ大陸法は、法律で許可が明記されていること以外は行ってはいけないという考え方ですから、両者の間には相当な違いがあり、イノベーションを起こし推進する自由度が大きく異なります。選挙活動におけるインターネット利用がそのいい例で、米国では法による規制が無かった

ためにいち早くネット活動が進み、日本では法による許容が示されていなかったため、つい最近法改正されるまで長らくネット活動ができませんでした。ことほどさように法規制が、自由な発想や改革の足かせになる場合があることを留意しておくべきでしょう。

———オープン化の流れは、行政機関だけでなく民間においても？

坂村　はい、政府が進めているオープン化の流れを民間でもより円滑に活用できるよう、２０１７年に個人情報保護法が改正され、個人情報であっても匿名加工すれば本人の同意がなくても第三者提供ができるようになりました。例えば個人が電車の乗り降りに使うＩＣ乗車券のデータから駅の利用頻度を、また個々のクルマに搭載されたＧＰＳで移動経路など容易にビッグデータ化することが可能となり、これを集約・解析することで新たなサービスの提供や渋滞緩和対策などに役立てることが可能となります。これらのデータはもともと誰に帰属するものか、プライバシーはどうなるのか等について以前は議論されてきましたが、法改正によって個人の履歴に基づくデータを匿名加工すれば民間会社も含めて活用可能になり、また政府も利用のためのガイドラインを策定しています。そして、国にならって地方自治体も順次、データをオープンにする流れになっています。

来たるべきＩoＳの時代へ

———先生もこれら行政のオープンデータ化に関わり活動されていると聞きました。

坂村　はい。東京都の「ＩＣＴ先進都市・東京のあり方懇談会」の座長を務めており、懇談会で取りまとめた提言においてもオープンデータの在り方について言及しています。オープンになったデータを使って住民サービスの向上などを図るよう、都だけではなく民間もともに参加し

て進めていくべきだと指摘していますが、その場合に前提となるのは、データのガバナンス——つまり誰がどのような権限で使えるかを明確化すること、そしてセキュリティです。

———先生は、２０２０東京オリンピック・パラリンピックのような国家的イベントがその国のＩＣＴ発展にどう影響するとお考えですか。

坂村 これは非常に大きなインパクトをもたらすことになるでしょう。例えば、公共交通に関するオープンデータ化を推進するため、私は民間交通各社に声をかけ、「公共交通オープンデータ協議会（ＯＤＰＴ）」を立ち上げましたが、この推進には２０２０が大きな力になっています。日本では関係者が多いため公共交通に関するオープンデータ化は非常に難しいのですが、多くの方が協力していただけた一つの理由は２０２０のためにということだと思っています。「公共交通オープンデータ協議会」では、鉄道にまつわるあらゆるデータ、駅構内の模様からリアルタイムな電車の運行状況などをオープンにすることでどんなことが可能になるか、そのアイデアを広く募るためアプリやソフトを作るコンテストを行っています。東京都では、公共交通だけでなく他の行政サービスにもこの手法が応用できるのではないかと考えて前記のような取り組みを進めている、というわけです。

———オープンな連携を可能にするというのは具体的にはどうするのですか。

坂村 オープン化を技術的に実現するための重要なキーワードとなるのが、「オープンＡＰＩ（Application Programming Interface）」という考え方です。つまりオープン化によってＡＰＩが全部つながる、連携するという考え方です。

その上で私は近年、モノ、人、組織などの属性に関わらず、すべてのサービス同士がネット経由で接続される、言わばサービスとサービスの連携、ＩｏＳ（Internet of Service）の実現を提唱しています。

───あらゆるモノから、あらゆるサービスがネットでつながる時代への移行ですね。

　坂村　ことに２０２０東京オリ・パラのような機会においては、ＩｏＳの考え方を強化することにより、都市機能をワンランク向上させていくべきだと思います。そのときは、およそサービスという言葉の範疇に入るあらゆることが大きく変容していくでしょう。現金決済から電子決済への移行はもちろん、訪日外国人旅行者に対する保険でも、安全性の高い旅行ルートの時は保険料を安く、多少トラブルの可能性が見込まれるときは高くするなど柔軟な料金設定を可能としたり、いろいろな物事がネットをベースとなるよう考え方を改めていく必要があります。ＩｏＳにより容易に高度なサービスがいつでも得られるなら、所有は必要ないというように所有の概念も変わるかもしれません。いま盛んになっているシェアリングという流れもその変化を示しています。日本のＩＣＴ、ネット社会の在りようが、２０２０東京オリ・パラを契機に一つの転換期を迎えているのではないでしょうか。

───新しい時代の到来が予感されます。本日はありがとうございました。

オープンデータの広がりによる、新しい概念がレガシーに

第2章 次代への贈り物

日本洋食文化発祥の地で、家族の絆と母親の愛情を洋菓子に具現化

かをり商事株式会社
代表取締役社長
板倉　敬子 氏

　横浜市・日本大通りにたたずむ「かをり」は、横浜有数の老舗洋菓子店として知られる。本店（横浜市中区山下町７０番地）のほか、ＪＲ東海道新幹線新横浜駅構内やＪＲ横浜駅に隣接する横浜高島屋、横浜そごうなど横浜の玄関口と呼ばれる場所で店舗を運営する。店先には、主力商品のチョコレート菓子「トリュフ」や「レーズンサンド」「桜ゼリー」のほか５０種類ものバラエティに富む洋菓子が並べられている。最近は、横浜のみならず首都圏や全国各地のデパート、高速道路のサービスエリアなど取り扱い店も増えてきた。「お菓子を通じて、皆さんに喜んでいただけるのが何よりうれしい」と板倉敬子社長は、優しくほほ笑む。

　本店が位置する場所は、日本洋食文化発祥の地。１８６０年（万延元年）、開港直後の横浜で、オランダのフフナーゲル氏が「横浜ホテル」という洋式ホテルを創設。わが国初の西洋食を紹介した。ホテル内部に

は食堂、酒場などが設けられ、数年後にはフランス人シェフによるレストランがオープンし、洋菓子も販売されたと言う。シーボルト親子やクラークなどの著名文化人も多数、宿泊した記録が残されている。

　本店の外観はツタが絡まり、その瀟洒（しょうしゃ）な雰囲気は、港町・横浜の彩りを添える。休日になると、店先でシャッターを切る観光客も少なくない。板倉社長は「横浜は、１８５９年（安政６年）に開港し、西洋の文化が横浜から、日本中に伝わりました。まさに、この洋食文化発祥の地で、洋菓子を販売させていただいている幸せを実感しています」と熱く語る。

現在の「かをり」本店

＝喫茶店からスタート。レストランへの進出でビジネスが軌道に＝

　「かをり」の屋号は、板倉社長の父、板倉富治氏が考案した。富治氏は、江戸時代中期の国文学者、本居宣長の「敷島の大和心を人問はば　朝日に匂ふ山桜花」という歌から「匂い」を「かをり」に派生して、世界に羽ばたく店舗にしたいとの願いを込めて名付けたと言う。

　開業は、１９４７年（昭和２２年）で、板倉社長の母、板倉タケ氏によって喫茶店としてスタートした。「祖父・作治郎が日本郵船の豪華客船・龍田丸の司厨長（船舶で料理を担当する統轄責任者）を長らく務め、父・富治も同社で船乗りをしていた関係で、戦後間もない食糧難の時代にも

板倉　敬子／いたくら　けいこ

1938年横浜市生まれ。横浜雙葉高校、聖心女子大学卒業、1988年かをり商事代表取締役社長。横浜商工会議所第１号議員、日本赤十字紺綬会常任委員、（財）尾崎行雄記念財団評議員、神奈川芸術文化財団常務理事なども務める。

初代社長・板倉富治氏と「かをり」創業者のタケ氏

かかわらず、わが家にはコーヒー豆と砂糖がたくさんありました。そこで、母が喫茶店を始めることにしたのです」(板倉社長)。店舗は、現在の日本大通りではなく、横浜橋(横浜市南区)の一角にあった。

当時は、甘味料にサッカリンが使われることも珍しくない時代で、本格的なコーヒーを飲ませる喫茶店は、「横浜にはほとんどなかった」(同)。そのため、喫茶店「かをり」はまたたく間に評判を呼び、大変繁盛した。板倉社長は、「母は、それまでビジネスをしていた経験は全くありませんでした。ですから喫茶店の成功は、大きな自信になったはずです」と言う。タケ氏にとって、喫茶店経営の成功によって、夫・富治氏の協力が得られるようになったことが何より大きかった。

喫茶店の成功で、富治氏は一念発起し、それまで勤めていた日本郵船を辞め、「かをり」社長に就任。同社は、飲食業ビジネスに本格的に船出する。「父の全面的な協力が、母にとってどれだけ心強かったことか、計り知れません」と板倉社長。

1948年(昭和28年)には、伊勢佐木町5丁目(横浜市中区)に30坪ほどの土地を購入して本格的なレストランを開業する。作治郎氏も全面協力することになり、作治郎・富治・タケ三氏によるトロイカ体制が出来上がった。

◎会社概要

かをり商事株式会社

所在地(本社):
〒231-0023
横浜市中区山下町70番地
TEL:045-681-4401
URL:http://www.kawori.co.jp

代表者:代表取締役社長 板倉 敬子
設 立:1947年創業
　　　　1969年2月法人設立
資本金:1000万円
従業員数:70名

作治郎氏は、「龍田丸」の司厨長をしていた人脈をフルに生かして、部下だった日本郵船の一等船のシェフたちを集めた。「当時、横浜には、レストランが米軍に接収されて、ほとんどない状態でした。そんな時に祖父が声を掛け『作治郎さんがやるのであれば』と、はせ参じてくれました」（同）と説明する。きら星のごとく名だたるシェフが集まったレストラン「かをり」は、横浜指折りのレストランの地位を確立した。

「龍田丸」司厨長時代の
板倉作治郎氏

　１９５５年（昭和３０年）になると、当時の横浜の目抜き通り、伊勢佐木町２丁目（横浜市中区）に５０坪の土地を購入。鉄筋コンクリート３階建てのビルをオープンさせた。外観はアクリル樹脂を多用し、全面ガラス張りのような感覚。１階から２階への移動は、当時は珍しかったらせん階段を用いた。京都から竹をふんだんに取り寄せ、お座敷席も設けた。和洋折衷のモダンな雰囲気は、人々の心を捉え、両店舗とも連日満員の大盛況。同社のビジネスのかじ取りはまさに順風満帆と言えた。

＝現在の山下町に店舗がオープン。雌伏の時代を迎える＝

　１９６９年（昭和４４年）に、タケ氏がアメリカに視察に行き、庭を活用した郊外型レストランのビジネスを学んで帰って来た。「両親は、庭を活用した借景のあるレストランを開きたかったようです。しかし、気に入った土地がなく、探しているうちに今の土地が見つかりました。もちろん、当時はここが日本洋食文化発祥の地だとは全く知りませんでした」（笑）。

　１９７０年（昭和４５年）８月に、現在の場所に「レストランかをり」がオープンする。ところが、開店当初は、客足が伸びず、大変苦労したそうだ。作治郎氏が連れてきたシェフたちは、既に大手ホテルのシェフ

として独立。すっかり代替わりしていた。板倉社長は「当初のコンセプトは『自然を生かす』でした。現在はこの界隈の観光名所にもなっていますが、最初はビルがポツンと立っている感じで、私は『本当にビジネスが成り立つのかしら』と思っていました」と述懐する。確かに「日本大通り」は、今でこそ、横浜の代表的な街路として名高く、横浜スタジアムや県民ホールから多くの人が行き交う。だが、当時はまだこうした大型施設は建設されておらず、閑散としていた。

そこで、新たな顧客のターゲットとして、目を付けたのが、神奈川県庁だった。「官庁街という地の利を生かして新規顧客を獲得する」一心で、日替わりのビジネスランチをメニューに追加した。採算は度外視し、金額を３００円に設定した。

当時の事情を、板倉社長は「私は主婦として子育てに専念していたので、ビジネスに関わる気は毛頭ありませんでした。その代わり、主人がそれまで勤めていた会社を辞めて、本格的に『かをり』のビジネスに関わるようになっていたのです。ところが、オープンしてみると、お店は閑古鳥の状態が続き、主人はシェフたちの独特の雰囲気にもなじめず、『ママ、お願いだから手伝って』となりました」と打ち明ける。

オープンから既に３年の月日が経過し、両親や夫の苦労を目の当たりにしていた板倉社長は、「何とかして役に立ちたい」一心でビジネスの世界に飛び込んだ。とにかく新規顧客を獲得し、売り上げを伸ばさなければならない。そのためにさまざまなアイデアを出した。その一つにケータリングが挙げられる。「レストランは、お客さまに足を運んでもらうビジネスですが、むしろこちらからお客さまのもとへ伺おう、と。早速、母校の聖心女子大の同窓会会長に頼んでケータリングを始めました」（同）。

今でこそ、ケータリングは、外食産業のビジネスモデルの一つになっているが、１９７０年代ではまだ珍しかった。朝日新聞が「ケータリングの時代が来る」との見出しで「かをり」の記事を大きく掲載したほどだ。

日本洋食文化発祥の地で、家族の絆と母親の愛情を洋菓子に具現化　かをり商事株式会社

板倉社長は、「ケータリングは、お客さまに、広く『かをり』の味を知っていただくきっかけになりました」と振り返る。

=洋菓子部門がビジネスの主力に=

　ケータリングに次いで、板倉敬子社長が目を付けたのが、洋菓子の販売だ。これは、彼女自身のおもてなしの心から端を発した。

　1975年（昭和50年）に、神奈川県・長洲一二知事（当時）が顧客として店舗を訪れるようになっていた。就任直後の長洲知事は、ブランデーを少しばかり入れた紅茶を飲み、仕事の疲れを癒す場として活用していたようだ。ある日、板倉社長は、たまたまパティシエが作った試作品のチョコレート菓子「トリュフ」を知事に差し出した。「トリュフ」は、世界三大珍味のトリュフ（西洋松露）をかたどり、ブランデーに浸した大人向けのチョコレート菓子だ。長洲知事は、「トリュフ」を「美味しい」と言って食べ、残りを紙に包んで持って帰った。すると、間もなくして長洲知事夫人から30箱ほどの注文が入った。

　それまで「かをり」では、デザートとして、ケーキやチョコレートを作っていたが、商品販売はしていなかった。そこで、夫人の注文には、手作りで間に合わせることにした。「『トリュフ』は、松露をかたどって作ったものでございます。常温では28℃くらい以上になると溶けます」という説明書きも作成し、箱も中で転がらないように間仕切りを作った。

　板倉社長は、「ケータリングが一定の成果を出し、多くのお客さまに喜んでいただけることが分かりました。さらにお菓子であれば、プレゼントや贈答で一度に多くの皆さんに召し上がっていただけます。長洲知事の奥さまにご注文いただいたことで、『これはいける』と確信しました」と目を輝かせる。

　1981年（昭和56年）に、1階駐車場横に洋菓子販売部門を設立。

レジの横に冷蔵庫を設置し、「トリュフ」の販売をスタートさせた。徐々に、口コミで「トリュフ」の評判が広がり、売れるようになっていった。板倉社長はパティシエに「もっとたくさん作って」と要請したが、パティシエは「そんなに作れない」と及び腰だった。作り方を尋ねてみても、一向に教えてもらえない。結局、板倉社長が自分で作ることにした。「材料は、仕入れで分かっていました。そこで、店が終わった後、母にも協力してもらい頑張って作りました。チョコとカカオバターを削り、ブランデーやエバミルクの入れ方も試行錯誤して…。何度も挑戦し、ある時、私自身の『トリュフ』が完成したのです」（同）と力を込める。

やがて「トリュフ」は、西武百貨店の催事担当の目に止まり、同百貨店の船橋支店で販売するチャンスが舞い込む。また、同百貨店の主力店舗、渋谷支店担当者からも声が掛かった。ただし出店の条件は「『トリュフ』以外にもう一品、レーズンの入ったクリームをビスケットで挟んだお菓子『レーズンサンド』も出してほしい」というものだった。

もちろん、「かをり」では、「レーズンサンド」のような商品を作ったことはない。板倉社長は「皮になるビスケット作りが特に難しかった」と吐露する。皮のビスケット生地は、梅雨時になると、湿気でべとべとになってしまう。なかなか歯ざわりの良いサクっとしたものができなかった。ようやく１年がかりで完成し、出店にこぎ着けた。

＝横浜を代表する洋菓子店に成長＝

これまで長らく「かをり」を支えてきた板倉富治氏が１９８２年（昭和５７年）に他界し、夫人のタケ氏が社長を継承した。その頃には、洋菓子部門が、レストランの売り上げを追い抜き、同社のビジネスを支える屋台骨になっていた。

タケ氏は、娘の敬子氏を後継に指名。「かをり」は、現在の洋菓子経

日本洋食文化発祥の地で、家族の絆と母親の愛情を洋菓子に具現化　かをり商事株式会社

営に大きくかじを切っていく。「そもそも当社は母のタケが創業し、本店購入も母のビジネス視察がきっかけでした。つまり、母の行動力を父と祖父がサポートする形で成長してきたわけです。私自身、主婦からこの世界に飛び込んで、母親という立場でビジネスに邁進してきました。まさに、女性パワーですね」と屈託なく笑う。実際、「かをり」の社員の9割は女性。女性の力によって支えられているとも言えよう。「社員に女性パワーを存分に発揮してもらって、手作り洋菓子をお客さまにお届けしたいと思います」(板倉社長)と強調する。

タケ氏が1988年(昭和63年)に他界。遺言により、板倉敬子社長が3代目社長に就任する。現在はレストラン部門を一時閉鎖し、洋菓子部門だけでビジネスを展開中だ。「かをり」の洋菓子の特長を尋ねると、板倉社長からは即座に「お母さんが子どものために真心を込めて作る素朴な味」という答えが返ってきた。

1991年(平成3年)には、蜜漬けにした八重桜をゼリーにした「桜ゼリー」が考案され、アメリカ合衆国・ホワイトハウスにも届けられた。当時のクリントン大統領夫妻が食し、夫人のヒラリー・クリントン氏からの礼状が届けられた。「国や社会的立場を超えて、同じ母親同士、心が通じ合えたようでうれしかったですね」と板倉社長は語る。

「桜ゼリー」は、2008年(平成20年)に北海道・洞爺湖で開催された第34回主要国首脳会議でも採用され、各国VIPに振る舞われた。2010年(平成22年)には、横浜市で開かれたアジア太平洋経済協力会議(APEC)において「レーズンサンド」が地元の洋菓子として各国閣僚にも提供された。かつて、西洋料理で横浜を席巻した「かをり」は、洋菓子の分野でも横浜を代表するパティスリーに成長した。

ただ、あくまで「かをり」が追求するのは、母親が子どものために作る昔懐かしいお菓子の味——。日本洋食文化発祥の地で、洋菓子に込められた「かをり」のレガシーは、家族の絆と愛情の証と言えるだろう。

環境変化と電気事業の変容
～未来における新たなライフラインの姿～

東京電力ホールディングス株式会社
技術・環境戦略ユニット　技術統括室長
　兼経営企画ユニット企画室（技術担当）
　兼経営企画ユニット総務・法務室
東京五輪・パラリンピックプロジェクト準備室長
北島尚史 氏

はじめに～電気事業のパラダイムシフト～

　電気事業はインフラ事業であり、発電から送配電にいたる設備の大多数は数十年にわたって使用される。従って、設備の形成においては将来の社会を想定して、それに適った設備を作っていくことが求められる。しかしながら、電気事業は現在、大きな環境変化への対応が迫られている状況にある。すなわち、規制緩和（自由化）、分散電源の大量導入、あるいは低炭素化といったグローバルな情勢、加えて少子高齢化やさらには急速な人口減少といったわが国独自の状況といった、どれをとっても事業へのインパクトが大きい変化が同時に起こっている。

　このような環境変化に伴い、電気事業というビジネスモデルは「変容」していく。その本質を図示したのが図1である。

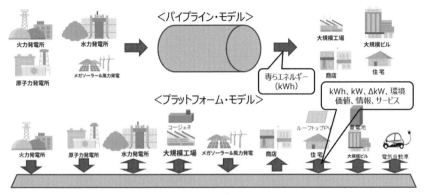

図1　電気事業のビジネスモデルの変容

　図の上段が従来の電気事業モデル、下段がこれからの電気事業モデルのイメージである。従来の電気事業モデルは、「パイプラインモデル」、つまり一方通行のエネルギー供給であり、電気事業者はお客さまのところまで電気を安定的にお届けすることが仕事であった。

　しかしながら、これからの電気事業は、「プラットフォームモデル」に変容する。すなわち、お客さま設備の中に太陽光発電設備（PV）、電気自動車（EV）や蓄電池といった、発電したり電気を貯めたりできる設備が大量に導入される状況において電力システムを安定的に運用することを考えると、エネルギーの流れだけではなく、制御のための情報や、さらにはお客さまへのサービスも「双方向」が基本となってくる。このため、電力システムに連系してくるすべての「モノ」をつなげるためのプラットフォームが必要となる。またこのことは、これまでお客さまの「入り口」までしか考えていなかった電気事業のビジネスが、お客さまの内側まで領域を拡大していくことを意味する。

北島　尚史／きたじま　たかし

1987年早稲田大学理工学部電気工学科卒。同年東京電力株式会社入社。97年ワシントン大学電気工学修士修了、2003年技術部系統計画グループマネージャー、07年技術部電源計画グループマネージャー、10年多摩支店設備部長、12年技術部部長代理、15年技術統括部長、同年技術・環境戦略ユニット技術統括室長。

第2章 次代への贈り物

　こうした環境変化の中で、電気事業のインフラはどのような変貌を遂げていくのであろうか。
　以下、新たなインフラ構築のポイントとなる「電化」「デジタル化」「レジリエンス（強靱性）」について簡単に触れる。

＜ポイント（1）電化～低炭素社会と電気エネルギーの役割＞
　ＣＯＰ２１で採択されたパリ協定や国連に提出した「日本の約束草案」を踏まえ策定された「地球温暖化対策計画」では、２０３０年度に２０１３年度比で２６％温室効果ガスを削減するとの中期目標について、各主体が取り組むべき対策や国の施策を明らかにし、削減目標達成への道筋を付けるとともに、長期的目標として２０５０年までに８０％の排出削減を目指すことが位置付けられている。これらの目標に対してキーポイントとなるのが、エネルギー消費における「電化」へのシフトと、電気エネルギー供給における低炭素化である。
　現在、わが国の一次エネルギー消費量のうち、電気は２５％を占めるに過ぎない。従って、残りの７５％のエネルギー消費における熱需要を電化すること、加えて省エネならびに供給側の低炭素化（再生可能エネルギー、高効率火力、原子力などによるポートフォリオ）により目標を追求していくことが必須である。これに伴い、電力システムにおいても、こうした需要側の変化、供給側の変化を受け入れられるよう、システムの構築や制度設計を整備する必要がある。

◎会 社 概 要

東京電力ホールディングス株式会社

所在地（本社）：
　〒100-8560
　東京都千代田区内幸町1-1-3
TEL：03-6373-1111（代表）
URL：http://www.tepco.co.jp/index-j.html

代 表 者：代表執行役社長　小早川智明
設　　立：1951年5月1日
資 本 金：1兆4009億円
従業員数：42060人（2016年度末）
　　　　　　　　　当社及び連結子会社人数

環境変化と電気事業の変容～未来における新たなライフラインの姿～　東京電力ホールディングス株式会社

＜ポイント（２）デジタル化～電気事業の変容における「デジタル化」のもたらす効果＞

　近年のＩｏＴ技術やＡＩ技術の著しい進歩を背景として、あらゆる産業に「デジタル化」の波が押し寄せているといっても過言ではないが、電気事業もその例外ではない。すなわち、従来は莫大な設備を多くの人手を介して運用・維持をしてきた事業形態が、デジタル化の適用によって根本的に変貌を遂げる可能性があるということである。

　電力システムの運用において扱うデータは膨大であり、かつ発電から送配電、販売に至るまで多岐に亘る。これまでは大量のデータゆえに活用そのものが困難であったり、部門間の相互の連携がなかったり、あるいはリアルタイム性が実現できないといった「弱み」も内在していたが、その大量のデータがデジタル化により、「見える化」され、分析ができるようになる可能性がある。すなわち、大量のデータを蓄積・分析しノウハウにしたり、さらには最適化につなげたりすることも可能となる。

　図２は、デジタル化を導入した電力ネットワーク、すなわち「デジタル・ユーティリティ」のイメージを示したものである。あらゆる機器が

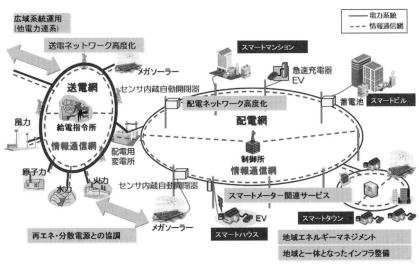

図２：デジタル・ユーティリティのイメージ

IoT技術によって情報通信網を通じてつながり、新たな監視・制御や運用の効率化、新たなビジネスモデルを可能とするプラットフォームの構築などが行われる。

デジタル・ユーティリティへの変容におけるいわば基盤となるのが、お客さまに設置しているメーターのデジタル化である。わが国においては、電力システム改革の進捗に合わせて、２０２４年度まで（東京電力パワーグリッドは２０２０年度まで）にすべてのメーターを「スマートメーター」に取り替え、３０分値の電力量を計測するシステムが構築される予定となっている。

＜ポイント（３）：レジリエンス～ライフラインとしての「強靱性」の具備＞

ポイント（１）で挙げた電化、すなわちわれわれの生活における電気エネルギーへの依存度が高まるということは、その供給が途絶えたときの影響も大きくなるということである。

昨今、日本のみならず世界全体でも、自然災害の激甚化が顕著になりつつある。また、物理テロやサイバーテロといった危険性も、世界情勢を鑑みると、電気事業としても決して無視することはできない。

「頻度は低いが、いったん発生すると長期・広範囲に大きな影響を与える事象」に対するシステムの強靱性を表す単語として"Resiliency"（強靱性）という言葉が、特に米国の電力業界においてクローズアップされ議論がなされている。わが国の電力システム構築においても、ライフラインという面でこの観点が必須のものとして具備をしていく必要がある。

電気事業の「未来」につながる検討事例

電力インフラの未来につながるような新しい事業の可能性について、

現在、電気事業者、メーカー、大学等で多くの検討が進められている。その中から、東京電力グループで検討・公表されている事例をいくつか紹介する。

＜検討事例（１）：ドローンハイウェイ～データをつなぎ、新たなサービスにつなげる＞

東京電力ホールディングス株式会社と株式会社ゼンリンは、両社が保有する設備・地図情報などのインフラデータを組み合わせ、ドローンの安全飛行をインフラ側から支援する「ドローンハイウェイ構想」の実現に向けた業務提携に基本合意した（２０１７年３月２９日発表）。この取り組みは、東京電力グループが保有する変電所、送電鉄塔・電柱、架空送電線などのインフラデータと、ゼンリンが開発を進める空域情報を３次元化した"空の３次元地図"を組み合わせ、ドローンを安全に航行できるようなルートを電力インフラから提供するというアイディアを検討するものであり、２０１９年度の「ドローンハイウェイ構想」実現を目指している。

＜検討事例（２）：ＶＰＰ～：データを収集し、新たなサービスにつなげる＞

バーチャル・パワー・プラント（Virtual Power Plant, VPP：仮想発電所）とは、小規模な再エネ発電や蓄電池、分散型電源等の設備と電力需要をまとめて管理し、需給バランスを最適化したり、電力ネットワークの安定運用のために送配電事業者が必要とする需給バランス調整機能を提供したりといったビジネスを行う概念である。

東京電力ホールディングス株式会社他８社は、経済産業省が一般財団法人エネルギー総合工学研究所を通じて公募する実証事業「バーチャル・パワー・プラント構築事業費補助金（アグリゲーター事業）」に採択された。本実証は、バーチャル・パワー・プラントの構築とそれを通じたリソースアグリゲーション事業の実現を目的として実施中である

(2016年8月1日発表)。

　また、上記の一環として、横浜市、東京電力エナジーパートナー株式会社および株式会社東芝の3者は、横浜市内におけるバーチャル・パワー・プラントの構築に向けた事業「スマートレジリエンス・バーチャル・パワー・プラント構築事業」に係わる基本協定を締結した(2016年7月4日発表)。地域防災拠点に指定されている横浜市内の小中学校(各区1校、全18校)に、10kWhの蓄電池設備を設置し、東芝が開発した蓄電池群制御システムにより、平常時には電力需要の調整(デマンドレスポンス)のために東京電力エナジーパートナー株式会社が活用、非常時には防災用電力として横浜市が使用する。

＜検討事例(3)：見守りサービス〜既存の設備を、まったく新たなやり方で活用する＞

　渋谷区と東京電力ホールディングス株式会社は、IoT技術を活用した見守りに関する社会実証を開始した(2017年5月17日発表)。この取り組みでは、株式会社ottaの持つIoT技術を活用した見守りサービスをお客さまに提供し、ビーコン(電波受発信器)を搭載したキーホルダーなどの専用端末を持つ高齢者や子どもの位置情報履歴を、家族や保護者などがスマートフォンやパソコンで把握するなどの機能を検証する。サービスの対象エリア内では、基地局を公共施設や民間施設、東京電力グループの設備に設置することとしており、電力インフラを活用した新たなサービスとして、将来の電気事業の姿を描く一例となる。

おわりに〜電気事業の未来は、お客さまとともに〜

　図3に、従来の電気事業とこれからの電気事業を対比した表を示す。「エネルギーや情報の流れの双方向化」「環境負荷のない電源が主流に」

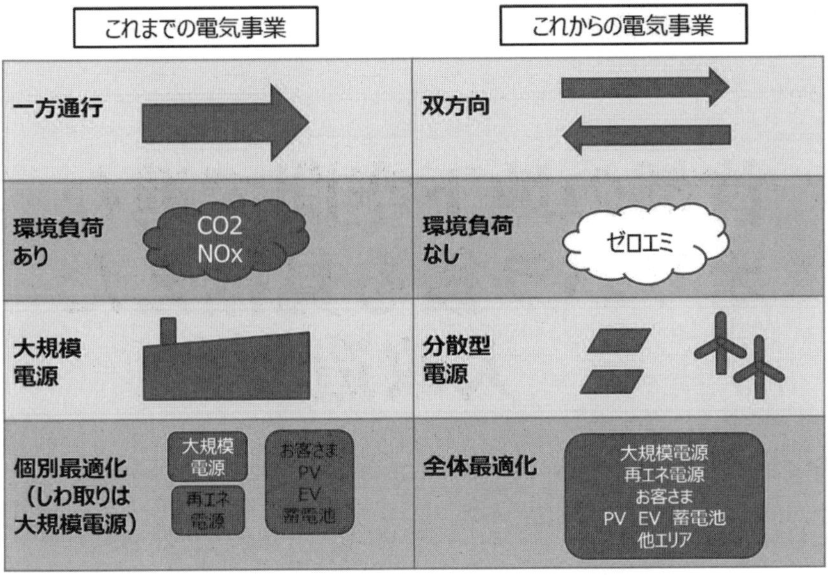

これまでの電気事業	これからの電気事業
一方通行 →	双方向 ⇄
環境負荷あり（CO2 NOx）	環境負荷なし（ゼロエミ）
大規模電源	分散型電源
個別最適化（しわ取りは大規模電源）：大規模電源／再エネ電源／お客さまPV EV 蓄電池	全体最適化：大規模電源／再エネ電源／お客さまPV EV 蓄電池／他エリア

図３：従来の電気事業とこれからの電気事業

「分散型電源の大量連系」そして「全体最適化の必要性」という流れは、着実に進んでいくものと考えられる。

冒頭に述べたように、こうした環境変化に対応すべく電気事業のビジネスモデルは、「プラットフォームモデル」となり、発電から送配電、小売に至るまで、あらゆるデータがつながっていくことになる。

IoT技術の進歩と大きな環境変化が相まって、電気事業は「デジタル・ユーティリティ」に急激に変貌を遂げている段階にある。とはいえ、デジタル化は手段であり、本来の目的である「お客さまのよりよい暮らし」や「社会の課題解決」のためであることを忘れてはならない。現実には、地域ごとの状況や課題は多岐に亘り、その解決策もそれぞれに異なってくると考えられる。そうした「地域ごとのカスタマイズ・サービス」を「お客さま一人ひとりのカスタマイズ・サービス」と同時並行的に進めていくこと、加えて「どんな時も人々の生活を守るライフライン」を考えていくことが、電力インフラの新たな形につながっていくこととなるだろう。

第2章 次代への贈り物

首都の地下空間で進む オリパラ後も見据えた 大改造

東京地下鉄株式会社
取締役　経営企画本部経営管理部長
株式上場準備室長　企業価値創造部長
小坂　彰洋 氏

東京メトロの原点である銀座線を全線リニューアル ◉

　全9路線195.1キロメートル。相互直通運転先を含めれば、そのネットワークは532.6キロにおよぶ。首都の地下空間に長大なインフラを張り巡らせるその東京メトロは今、大改造の真っただ中にある。「多くの工事が、東京2020オリンピック・パラリンピック競技大会開催前に完了することを目標としていますが、それ以降も続く工事はあります。できるだけ東京2020大会前に終わらせて、完成形で世界中からのお客さまをお迎えしたいと考えていますが、一部完成がそれ以降になる場所は、大会期間中の工事を中断し、お客さまが安全にご利用できるような形態で、暫定供用しようと考えています。それほどに今回のリニューアルは規模が大きいのです」と話すのは、東京地下鉄経営企画

本部経営管理部長の小坂彰洋氏。

　東京メトロの歴史は１９２７年（昭和２年）、浅草駅〜上野駅間に東洋初となる２.２キロの地下鉄が開業したことに始まる。２０１７年には地下鉄開通９０周年として、さまざまなイベントが催された。東京メトロの原点といえる銀座線は、浅草駅〜渋谷駅間の全駅でリニューアルが進められている。「まず銀座線全体の路線コンセプトを作りました。それが、【伝統×先端の融合】です。まさに東洋初の地下鉄として、長年の歴史を持つ路線であることと、先端の機能を取り入れ発信することの融合を表しています。さらに、銀座線を五つのエリアに分けて、それぞれにエリアコンセプトを設定しました。鉄道は路線全体のイメージのほかに地域によるイメージの違いも大きいものです。下町にお住まいのお客さまは、銀座線は下町を走る路線だというイメージを持っていますし、表参道駅や渋谷駅付近をご利用のお客さまは、トレンディな路線というイメージを持っていると思います」と小坂氏。

　同社では、これらのデザインの審査員に美術大学の教授や照明デザイナーなど外部者も起用し、デザインコンペを行ったという。「提案は素人でも玄人でもいい。各々のエリアに最もふさわしいデザインを採用し、

小坂　彰洋／こさか　あきひろ

昭和61年4月	帝都高速度交通営団入団
平成14年3月	総合企画室課長
平成16年4月	東京地下鉄株式会社秘書室課長
平成23年6月	経営企画本部経営管理部次長
平成25年4月	東京地下鉄株式会社経営企画本部投資計画部長兼渋谷駅基盤整備担当部長
平成28年4月	経営企画本部企業価値創造部長兼まちづくり連携担当部長
平成29年6月	取締役 経営企画本部経営管理部長兼株式上場準備室長兼企業価値創造部長（現職）

可能な限り忠実に、リニューアルに反映しています。また、駅構内にはパブリックアートも展示しています。浅草駅〜上野駅間の開通９０周年を迎えた２０１７年１２月には、上野駅にてステンドグラス作品、末広町駅にてレリーフ作品をお披露目しました。これらは第２２代文化庁長官の宮田亮平先生が手掛けられた作品です。末広町駅の作品は、神田神社にもスポンサーになっていただいています。実は神田神社にも宮田先生の作品が飾ってあり、本殿とともに宮田先生の作品へもお賽銭を投げる方がいらっしゃいます」（小坂氏）。今まで取り組んできた駅改良についても、小坂氏は自信を込めて語る。「三越前駅は、道路事業として地下１階コンコースが拡幅され、三井不動産等による両サイドの再開発と一体となった広大な地下空間が出来上がりました。それに合わせて三越前駅もいろいろ手を入れることができ、とても素敵な空間になりました。鉄道というのは、もちろん速さや安さも大事ですが、利用するだけで気分がいいとか、目に見えない価値も大きいと考えています。そのような思考で銀座線のリニューアルを進めています」。

再開発に伴って銀座線渋谷駅が生まれ変わる

　銀座線のなかでも特に大きな改造として注目されているのが、渋谷駅だ。ホームを東側の表参道駅方向へ約１３０メートルも移設するという。

◎会 社 概 要

東京地下鉄株式会社

所在地（本社）：
〒110-8614
東京都台東区東上野三丁目
19番6号
URL：http://www.tokyometro.jp/index.html

代 表 者：
設　　立：2004年4月1日
資 本 金：581億円
従業員数：9475人（2017年3月31日現在）

銀座線渋谷駅移設工事　断面図

銀座線渋谷駅移設工事　パース全体図

「ホームを移設した形で、２０２０年を迎えたいと思っています。ただし駅全体の工事は２０２０年以降も続きます。渋谷は一見しただけではどのような工事をしているのか分からないかもしれませんが、実は三つの工事が同時並行で行われているのです。外観上すぐに分かるのは、ビ

ルを建設していることです。既に完成したヒカリエを含め、五つほどのプロジェクトが動いています。当社も参画しているのが『渋谷駅街区開発計画』で、ここにビルが三つ建ちます。一番大きいものが、高さ約２３０メートル、地上４７階建てで、渋谷エリアで最高クラスとなります。またこれだけの再開発が同時に進むのに合わせ、鉄道も改良を進めます」。それにしても、なぜ銀座線のホームを移設させるのだろうか。「今の銀座線のホームは百貨店の中に抱え込まれていて、そのままでは大きな改良ができないからです。それに加えバリアフリー設備は整備されておらず、東京メトロで唯一トイレがない駅なのです」(小坂氏)。

　昭和初期、地下鉄路線の延伸に伴って沿線デパートとのタイアップが図られた。駅から雨に濡れずに店内に直接入れるというメリットを重視したため、銀座線渋谷駅も今の姿に作られたのだった。小坂氏はさらに「移設したホームは明治通りの真上に来ます。それが地上３階で、ＪＲとの乗り換えフロアにもなります。銀座線の改札を出たら、同じフロアでＪＲへ。同様にＪＲから来たら同じフロアで、銀座線のホームに入れます。また、ヒカリエ側にも改札があって、直接ヒカリエに行けます。ホームの両端に改札があることで、各方面へスムーズに行けるようになるわけです。井の頭線からは遠くなりますが、もちろん動線はきちんと確保します」という。

　渋谷駅の改造は、一部が区画整理事業として実施されている。「渋谷駅の改造に区画整理事業から費用を一部負担していただいています。なぜかというと、銀座線には昔のままの橋脚がたくさんあり、明治通りの車線の間にも橋脚があるため、車で通る人はけっこう緊張しながら走ります。区画整理事業で行う駅前広場整備に、この橋脚が支障になることから、橋脚移設に関わる費用の一部を区画整理事業に負担いただいています」(小坂氏)。

新しいバスターミナルにつながる虎ノ門新駅(仮称)

　東京メトロには、2020年を目標に新たに誕生する駅もある。それが、日比谷線虎ノ門新駅(仮称)だ。どのような駅になるのだろうか。「虎ノ門ヒルズの隣接地である虎ノ門一丁目地区計画では交通結節機能の強化として、バスターミナルが作られ、バスターミナル接続や周辺開発と連携したネットワークの整備の一環として、日比谷線新駅が計画されました。バスターミナルと新駅とは地下通路でつながります」(小坂氏)。それに合わせて、銀座線虎ノ門駅からもバスターミナルに通じる地下歩行者通路が作られる。

　小坂氏は続ける。「虎ノ門新駅(仮称)は、UR都市機構が事業主体となり、整備を進めています。新駅事業と隣接地で計画されている再開発事業とが連携し、一体となった空間が構築されます」。

　この新駅は、どのような工法で作られるのだろうか。

　「地下鉄の駅間トンネルに新駅を作るため、まず駅間トンネルの両サイドに土留め杭を打ち、上から掘って、駅間トンネルの両脇に空間をつくります。掘り上げたトンネルの上部には、もう一層のフロアを作るスペースがないため、降車されたお客さまは一度ホーム階から下の階に降りていただき、そこから地上に上がります。実はこの形式の駅は、既にいくつかあります。たとえば銀座線・半蔵門線の表参道駅は、銀座線が地上から浅い位置にあったところに、後から半蔵門線を付け足してできた駅です。そのため、両路線のホームを並べるために、ホーム階から一度下階に下りていただき、それから地上に上がる構造となっています。また、赤坂見附駅の南側に新しく出入り口を造りましたが、そこも下階に行く構造です」と小坂氏。既設営業線トンネルを抱えながら新駅を作ることの難しさが伝わってくる話である。

　東京2020大会のある2020年には、地下1階から直接出る仮

日比谷線虎ノ門新駅（仮称）の整備

の出入り口を建設する予定だという。つまり、東京２０２０大会開催時に虎ノ門新駅（仮称）の暫定開業を予定している。最終完成予定は２０２２年度である。

「銀座線虎ノ門駅も隣接するビルと一体的に地下で接続し、渋谷方面に向かうホームが大きく広がります。このような駅と一体型のビルには先例があります。例えば、南北線六本木一丁目駅は、泉ガーデンタワーと接続しています。民有地と道路との境界に改札があり、改札を出たら泉ガーデンタワーの土地を通って地上へ出ることになります」と小坂氏。

バリアフリーの完備や安全性向上を目指して

東京メトロ全体のバリアフリー化や、安全に向けた取り組みについても、進捗状況を教えてくれた。「これはもちろん東京２０２０大会の開催が決まる前から取り組んできたことですが、開催が決まってさらに取り組みを加速してまいりました。２０１４年度には１ルート整備率（段差解消）１００％を達成しました。つまり、車椅子をご利用のお客さまは全駅でプラットホームから地上まで上がることができます。ただし、一部の駅では階段昇降機を利用しなければならない箇所もあります。これは使用時に駅員を呼び出す必要があるため、お客さまにとってはまだまだ負担の大きいものだと思います。このような場所へエレベーターが設置されれば、駅係員を呼ぶことなく、独力で地上とホームの行き来ができ

ます。２０１６年度では整備率８３％でしたが、大規模改良工事駅等を除き、２０１９年度までにすべての駅への設置を目指しているところです。一方、多機能トイレの整備は渋谷駅を除き２０１８年度に完了予定です。ホームドアは従前の計画よりさらに前倒しして整備を進めています。現在整備率は５０％を超え、全駅への整備は２０２５年度完了予定です」。

　訪日外国人の数も増加の一途にあり、サービス面の向上も欠かせない。「多言語サービスは、どの言語を利用している訪日外国人のお客さまが多いかを考慮して取り組んでおり、日本語に加えて英中韓を表記することが原則になっています。十分なスペースがない場合は英語優先になりますが、中国語や韓国語だけでなく、最近は券売機でフランス語、スペイン語、タイ語も導入し始めています。海外ではもっと多くの言語を出している国もあります。また、無料 Wi-Fi も基本的に全駅でご利用可能になりました。現在は車両内でもご利用いただけるように、新型車両への導入を順次進めています。銀座線、日比谷線では既に Wi-Fi の利用が可能な車両が運行しています」と小坂氏。

　２０２０年を超えると、東京メトロはやがて誕生１００年を迎えることになる。小坂氏は最後に、地下鉄の今後について自らの展望を語ってくれた。「東京という都市は、鉄道と鉄道のつながりは比較的シームレスです。例えば弊社の地下鉄が私鉄と直通であるとか。逆に足りないところとしては、鉄道とバスとか、鉄道と自転車とか、交通モード間のつながりが弱い街だと思います。それが一つの課題ではないでしょうか。世界ではいろいろなサービスが出始めていて、Ａ地点からＢ地点まで動きたいとアプリに打ち込んだら、こうやって行けばいい、トータルいくらでご提案しますというような、モードを問わない統合したモビリティ産業の動きが出てきています。モード間のつながりをもっと良くして、交通というものをバスだ鉄道だという事業者目線ではなくユーザー目線で統合する。そのためのインフラ整備を進められたらと考えています」。

人と環境と地域の つながりを育む 「みなとアクルス」

東邦ガス株式会社

用地開発推進部長
神谷泰範 氏

用地開発推進部
港明開発グループマネジャー
今枝　薫 氏

石炭ガス工場跡地から未来を描くスマートタウンへ

　名古屋地区を中心として総合エネルギー事業を展開している東邦ガスが、名古屋市港区で新たなスマートタウン「みなとアクルス」の開発計画を進めている。開発コンセプトは「人と環境と地域のつながりを育むまち」というもので、環境と省エネへの取り組みにより、総合エネルギー事業のモデル地区となる先進的なまちづくりに取り組んでいる。
　この開発事業の予定地は、東邦ガスグループの工場跡地で、名古屋

駅から南へ約７.５キロメートルの地点にあり、面積は約３３ヘクタール（ナゴヤドーム６個分）という広さである。同社の用地開発推進部の神谷泰範部長は次のように語る。「昔は石炭からガスを造っており、かつてここには、当社の港明工場がありました。１９４０年に操業、１９９８年６月に廃止されるまで主力工場として稼働していました。私たちは、この土地を有効活用することで地域貢献につなげられないかと考え、構想を温めてきました。時間はかかりましたが、このたび夢が実現することとなりました」。

　同社は、省エネやクリーンエネルギーの供給など環境への取り組みを会社の経営方針の大きな柱の一つとして、これまでもさまざまなプロジェクトにおいて、スマートシティに欠かせない地域冷暖房やコージェネレーションなどを推進してきた。そこで培ってきた知識や経験を生かし、自らが保有する土地を活用して、先進的なエネルギーシステムを備えたスマートタウンの開発に至った。「場所と環境、ノウハウ、時代の要請などがマッチしたわけで、機が熟したということだと思います」（神谷氏）。

特色のある四つのゾーンで構成される「みなとアクルス」

　この開発事業は２０１５年に名古屋市の開発許可を得てスタートし、２０１６年にスポーツ施設と「エコステーション」が開業、２０１７年

神谷 泰範／かみや　やすのり

昭和61年4月　東邦ガス株式会社　入社
平成28年6月　用地開発推進部長

今枝　薫／いまえだ　かおる

平成11年4月　東邦ガス株式会社　入社
平成27年6月　用地開発推進部　港明開発グループマネジャー

2015年5月	開発許可取得
2016年2月	スポーツゾーン施設開業
2016年5月	エコ・ステーション開業
2017年3月	エネルギーセンター竣工
2018年9月	ららぽーと開業

地区	施設用途（事業者）・規模
エンジョイ ゾーン（E）	商業施設ららぽーと（三井不動産） 4階建 物販店舗：約45,500 ㎡ 飲食サービス店舗：約9,100 ㎡ エネルギーセンター（東邦ガス） 4階建 延床面積 4,532 ㎡
ネクストライフ ゾーン（N）	【第Ⅰ期開発】（JR熱田線東側） 集合住宅（三井不動産レジデンシャル） 7～10階建 住戸数 約500戸
ウィルゾーン （W）	エコステーション（東邦ガス G） 水素ステーション、CNG・LPG St を併せ持つエコステーション 防災活動拠点 広域災害時の復旧活動拠点 複合事業施設【未定：第Ⅱ期開発】 研究開発・教育・医療・福祉等の業 務施設の誘致を計画
スポーツゾーン （S）	ゴルフ練習場「昭和みなとゴルフ」 ベーカリー＆喫茶「チェリー」 （東邦不動産） エクステリア事業所「昭和グリーン」 （東邦不動産） 昭和スポーツランド（既設施設） （東邦不動産）

<公共施設>

アクルスロード　キャナルウォーク　オーバルウォーク

施設計画概要

にはエネルギーセンターが竣工、そして2018年9月に商業施設の「ららぽーと名古屋みなとアクルス」がオープンする。これに合わせて第Ⅰ期の「まちびらき」となる運びだ。

この「みなとアクルス」は、エリアの中心にエネルギーセンターが配置され、これを囲むように敷地の東西南北が、エンジョイ、ウィル、スポーツ、ネクストライフという各ゾーンに区分されている。ちなみに、ゾーンの頭文字EWSNは、東西南北を表しており、外国人も含め、まちの中でのおおよその位置が分かるように配慮されている。

各ゾーンはまちとしての性格がそれぞれ異なり、ネクストライフゾーンは、住宅エリアに位置付けられている。ここには、第Ⅰ期開発で三井不動産レジデンシャルが500戸の集合住宅を建設する。

「名古屋市の港区は、純然たる工業地帯。そこに500戸の集合住宅を建設し、エネファームを導入する予定で、最新のエネルギーの使い方を含めた先進的なまちづくりを行い当地区のイメージアップを目指しています」（神谷氏）。

エンジョイゾーンには、前述の商業施設「ららぽーと」ができる。東海3県においては初めての進出となり、周辺住民からの期待値も高い。

◎会社概要

東邦ガス株式会社

所在地（本社）：	代 表 者：代表取締役社長 冨成 義郎
〒456-8511	設　　立：1922年6月26日
愛知県名古屋市熱田区桜田町19-18	資 本 金：330億7200万円
TEL：052-872-9325	（2017年3月末現在）
URL：http://www.tohogas.co.jp	従業員数：2886人（2017年3月末現在）

スポーツゾーンはエリアの南側に配置されており、ここには、ららぽーとの建設予定地にあったゴルフ練習場「邦和みなとゴルフ」と喫茶店「チェリー」、エクステリアの設計・施工をする「邦和グリーン」を移転させている。また昭和５０年代に作られた「邦和スポーツランド」という複合型のスポーツ施設もある。体育館やプール、スケートリンクなどの設備が整っており、地域住民に広く利用されている。スポーツゾーンは、この邦和スポーツランドと一体となって、地域住民のスポーツ振興を担う。

　ウィルゾーンは第Ⅱ期開発の対象エリアである。複合業務地区として、研究開発・教育・医療・福祉等の業務に関わる施設の誘致が計画されている。先行して、ゾーン西側の一角には「エコステーション」が既に開業している。水素や圧縮天然ガス、ＬＰＧをクルマに提供するスタンドだ。これらの三つの燃料を１カ所で供給するスタンドは、日本初である。

先進的なコンセプトによる環境とエネルギーへの取り組み

　「当地区の事業計画のコンセプトでは、『環境と省エネルギーへの取り組みによる先進的なまちづくり』『地域防災に資する災害に強いまちづくり』という２点を掲げています。これは総合エネルギー事業者の責務であると考えています。それを踏まえて、今回のエネルギーシステムを構築しています」と今枝薫グループマネージャーは語る。

　まずは、「環境と省エネルギーへの取り組みによる先進的なまちづくり」の視点でみなとアクルスを見てみよう。

　ここでは、東邦ガスが電気と熱とガスを一括してエネルギーセンターからエリアの各建物に供給するシステムになっている。エネルギーセンターはまちの中心に位置し、エリア全体に構築するスマートエネルギーネットワークをコントロールする中核施設である。

環境と省エネルギーへの取り組みによる先進的なまちづくり

電気については特定供給の許可を取得し、集合住宅も含め、各建物に電気を送る。

このエリアの電気の負荷想定は約5000〜8000キロワット(kW)。エネルギーセンターに設置した、分散型電源であるガスコージェネレーション(2000kW)、太陽光発電(350kW)、大型蓄電池のNAS電池(600kW)、バイナリー発電機(20kW)に加え、オフサイトから木質バイオマス電力(1000kW)を受け入れ、お客さまに供給する。不足分は系統電力で補う予定だ。エリアの隣には災害時に防災拠点となる港区役所があり、災害停電時には非常用電気を供給する。

この他、熱の高度利用もみなとアクルスのエネルギーシステムの特徴だ。主要発電設備であるコージェネレーションから出る排熱を極力活用する工夫を施している。排熱はガス炊きジェネリンクと蒸気吸収冷凍機で利用し、各お客さまに送る冷水・温水を作り出す。大型商業施設による冷熱需要、邦和スポーツランドの温水プールなどの施設による温熱需要は豊富だ。ただし、需要量が減る中間期を中心に、排熱が余る時も想定されるため、75〜90℃の低温水により発電が可能なバイナリー発電機を導入している。発電量は20kWと少なめだが、この発電機を導入することで、排熱利用率が95％に達する。同社の用地開発推進部・港明開発グループマネジャーの今枝氏によれば「コージェネレーションの排熱温度は88℃。この排温水によりバイナリー発電機を稼働させることで、排熱を最大限活用することができます」とのことだ。

みなとアクルスには、かつて石炭などの荷降ろしに使われた中川運河支流の港北運河があるが、この運河も未利用エネルギーとして活用され

ている。運河水は夏になると外気より冷たく、冬には外気より温かい。この特性を生かした運河水利用ヒートポンプによって、効率よく熱を取り出している。徹底的な熱利用の効率化には、驚かされる。

エネルギー事業者の視点で防災対策も強化

「地域防災に資する災害に強いまちづくり」の点でも、きめ細かな配慮がなされている。各施設は耐震設計となっており、液状化対策も施されている。また、このエリアは南海トラフの地震想定で０．５～１．５メートルの津波被害が懸念されているため、用地をかさ上げ造成し、さらに重要設備はすべて２階より上に配置するという念の入れようである。

「災害時のエネルギー供給の継続を確保するため、コージェネレーション用のガスは中圧Ａで供給されています。ガスの供給圧力は、高圧、中圧Ａ、中圧Ｂ、低圧と４段階に分かれており、一般のお客さまには低圧で供給されています。中圧Ａのパイプラインは溶接鋼管で形成されており、東日本大震災、阪神大震災のときも被害がなく、ガスの供給が継続されました。そうしたことを考慮し、みなとアクルスのコージェネレーションには中圧Ａで直接供給していますので、災害時でもガス供給を継続できると考えています」(神谷氏)。

コージェネレーションの運転には冷却水も必要になるため、断水時に備えて、地下ピットに雨水を貯留し、活用できるようにしている。さらに運河水の引き込みや、井戸水も用意し二重、三重の対策を施している。こうした対応を見ていると、「災害時でもコージェネレーションシステムを動かす」という並々ならぬ決意が感じられる。

他にもＮＡＳ電池があり、日射があれば太陽光発電も利用でき、災害時における機能維持電力供給については、かなり安心できる。このような危機への取り組みは、やはりエネルギー事業者ならではと言える。

第2章 次代への贈り物

自然豊かな都市空間の形成と交通アクセスの利便性

　住みやすさという面でも、さまざまに工夫されている。港北運河沿いの区画には「キャナルウォーク」という緑道空間を設けている。住民がくつろげる場所を提供しようという狙いだ。今枝氏によれば「名古屋はウォーターフロントの整備が進んでいないので、この地の特色を活化した緑陰空間作りは意識しています」とのことである。こうしてエリア全体の緑化率２５％以上を確保できるように努めている。

　また、名古屋市は中川運河での水上交通整備に取り組んでおり、２０１７年の１０月から、「ささしまライブ２４」のオープンに合わせて実証実験をスタートさせた。「ささしまライブ２４」とは、名古屋駅の南に広がる大規模再開発エリアである。この「ささしまライブ２４」からスタートして名古屋港、そしてレゴランドがある金城ふ頭に至るルートで、週末に船便が運航されている。今年の秋のまちびらき以降は、みなとアクルスにも立ち寄る予定になっている。

　交通アクセスについては、地下鉄名港線の「港区役所駅」と「東海通駅」という二つの駅が近隣にある。両駅からみなとアクルスは、８００メートル圏内の距離だ。公共交通に限れば、これがメインの"足"になる。

　「ららぽーとに市バスも乗り入れるので、交通の便は非常に良いと言えます。公共交通機関のみをご利用いただいて、このエリアに来ていただくことが十分に可能です。名古屋市からは、低炭素化へのさまざまの取り組みと持続可能なまちづくりへの開発の取り組みが評価されて、２０１７年２月、低炭素モデル地区事業第１号に認定されました」（今枝氏）

「スマートエネルギー」から「スマートライフ」へ

　総合エネルギー事業のモデル地区として、エネルギー関係のインフラ

は整ったので、今後はお客さまと一体となってエネルギー効率的な利用方法を考え、実践していくことが課題となる。

「私たちが中心となってスマートエネルギーシステムを構築してきましたが、よりスマートに使っていただくという目標は、お客さまの協力なくしては達成できないと思っています。そのため、私たちのＣＥＭＳというエネルギーマネージメントシステムとお客さま側のＢＥＭＳやＨＥＭＳが連携して、見える化や省エネアドバイスなど積極的に情報を提供し、省エネ活動につなげていけるよう検討していきます」（今枝氏）。

その一つがデマンドレスポンスだ。まちで定めた電力や熱のデマンドがひっ迫しそうな時、また環境意識を啓発するために、ＣＥＭＳからお客さまにデマンドレスポンスの要請を行い、それに応諾してもらうという形でこのエリアに働いている人や住民に、積極的に省エネ活動に参加してもらう。そしてこの省エネ活動に参加してくれた人には、インセンティブを還元していくというのが今枝氏らの目指す方向である。

「みなとアクルスに住んでいる意義を感じながら、かつ生活をしていただくことがすべてのスタートになると思います。それがやがて、『スマートライフ』につながっていくはずです。スマートエネルギーの実践から発展して、ここに住んでいる人や働いている人が自分なりのスマートライフを形成すること。そのための情報発信などができるスキームづくりをしていきたいと思っています」（今枝氏）。

スマートライフには、いろいろな形がある。例えば、自然が好きな人がこの場所に住んで、屋外で自然を楽しんで過ごせば、自宅で使うエネルギーが節約され、自ずと省エネに結びついていく。「お客さまをそうした消費行動へ誘うことも総合エネルギー事業者の使命」と神谷氏と今枝氏は強調する。やはり、エネルギーを賢く使うこと、これがスマートタウンづくりの原点と言えるかもしれない。

第2章 次代への贈り物

水素エネルギーと FCVの普及で 低炭素社会の早期実現へ

JXTGエネルギー株式会社
取締役常務執行役員
新エネルギーカンパニー・プレジデント
桑原 豊氏

究極のクリーンエネルギーとしての魅力を発信

　横浜市港北区綱島の「Tsunashimaサスティナブルスマートタウン」（綱島ST）が2018年3月にまちびらきを迎えた。これは、約3万7900平方メートルの広大な敷地にJXTGエネルギー、パナソニック、野村不動産など10を超える異業種企業団体による協業で建設された次世代都市型スマートシティ。自治体と共に先進的な知恵と技術とサービスを結集させてイノベーションを育むことで「より良い未来を求めて人々が集う持続可能なまちづくり」を目指している。まち全体でのエネルギーの効率的な利用などの先進的な取り組みも進められ、CO_2排出量40％削減、生活用水使用量30％削減、新エネルギー等利用率30％以上という環境目標が掲げられている。

ここに大型商業施設、集合住宅、研究開発施設等と並ぶ基幹施設として「横浜綱島水素ステーション」がまちびらきに先駆けて２０１７年３月にオープンした。目に見えない水素ガス火炎を検知するため紫外線識別技術を用いた水素炎検知器を設置するなど、燃料電池自動車（ＦＣＶ：Fuel Cell Vehicle）へ水素を安全に供給する新たな技術が取り入れられている。また、純水素燃料電池を用いて水素から発電した電気をステーション内で利用する取り組みも検討されている。

しかしなんといっても、この施設の大きな特徴は、未来の水素社会に

横浜綱島水素ステーション内ショールーム配置

桑原　豊／くわはら　ゆたか

昭和56年（1981年）	3月	京都大学 法学部 卒業
昭和56年（1981年）	4月	日本鉱業株式会社（現：JXTGエネルギー㈱）入社
平成24年（2012年）	7月	執行役員 基礎化学品本部 基礎化学品総括部長
平成26年（2014年）	4月	執行役員 基礎化学品部長
平成28年（2016年）	4月	ＪＸエネルギー株式会社（現：JXTGエネルギー㈱）取締役 常務執行役員 新エネルギーカンパニー・プレジデント
平成29年（2017年）	4月	ＪＸＴＧエネルギー株式会社※ 同上

現在に至る
※ＪＸエネルギー株式会社と東燃ゼネラル石油株式会社が合併し、ＪＸＴＧエネルギー株式会社設立

向けた情報発信拠点としてショールーム『スイソテラス』が併設されている点だろう。「見る」「体験する」をコンセプトに、水素の特性や同社の取り組みを紹介するシアター、水素充填の模擬体験コーナー、水素ステーションに関する模型などを展示し、楽しく学びながら水素の力を身近に感じ、水素への親しみの向上を図ることができるスペースとなっている。「スマートタウンとの連携によるイベントの開催などを通じて、来たるべき水素社会の在り方を皆さまとともに考えていきたい」と話す同社桑原豊常務。「こうした取り組みを通じて、使用時にCO_2を排出しない究極のクリーンエネルギーである水素の可能性を広く発信していくことを目指しています。特に水素の安全性についてのPRには力を入れていく予定です」。さまざまな企業や各地の自治体はもちろん、桑原氏の狙い通りに家族連れをはじめとする地元住民も数多く訪れており、水素に対する理解を深めている様子が見て取れる。

　こうした関心の高まりからも分かる通り、水素は次世代を担うエネルギーとして今最も大きな注目を集めている。クリーンであるだけでなく、燃料電池と組み合わせれば高いエネルギー効率を実現することができ、将来的にはCO_2フリーとなる特性を生かして地球温暖化防止に寄与し、同時にエネルギー自給率の向上をも図る切り札として期待されて

◎会 社 概 要

JXTGエネルギー株式会社

所在地（本社）： 　大手町本社 　　〒 100-8162 　　東京都千代田区大手町 1-1-2 　品川本社 　　〒 108-8005 　　東京都港区港南 1-8-15 Wビル	TEL：0120-56-8704（JXTG お客様センター） URL：http://www.noe.jxtg-group.co.jp 代　表　者：代表取締役社長　杉森 務 設　　　立：1888 年（明治 21 年）5 月 10 日 資　本　金：300 億円（JXTG ホールディングス株式会社の 100％出資） 従業員数：単体 9137 人 　　　　　　　　　　　（2017 年 4 月 1 日現在）

水素エネルギーとＦＣＶの普及で低炭素社会の早期実現へ　ＪＸＴＧエネルギー株式会社

いる。

　日本は２０１４年６月に公表した『水素・燃料電池戦略ロードマップ』で、水素利用の飛躍的拡大、水素発電の本格導入、CO_2フリー水素供給システムの確立など、水素社会の実現に向けた中長期の取り組み目標を示している。２０１７年４月には再生可能エネルギー・水素等関係閣僚会議を開催。安倍晋三首相は「日本は世界に先駆けて水素社会を実現させていく」と宣言し、政府一体で取り組むための基本戦略が同年１２月に策定された。この中で、水素と酸素を反応させて電気、熱を供給する燃料電池は家庭用のみならず業務用、産業用にも幅広く使われることを目指している。車の分野では、ＥＶに比べて走行距離が約２倍と長く、既存ガソリン車と同程度の利便性が期待されるＦＣＶの用途を大型車にまで拡大させている。さらには燃料電池バス・タクシーやフォークリフトの普及も視野に入れている。

　自動車メーカーやエネルギー企業もＦＣＶの販売やＦＣＶに水素を供給する水素ステーションの整備を進めている。２０２０年以降には宅配便トラックなど日常生活への普及拡大も進むことが見込まれ、それに合わせて水素ステーションのニーズも急速に増加することが予想される。桑原氏も「ＦＣＶの車両価格も下がって普及がスピードアップすることを期待している」。

　こうした流れを受けて、ＪＸＴＧエネルギーでも４大都市圏を中心に商用水素ステーションの積極的な展開を進めてきた。２０１８年２月現在で全国に９２カ所ある水素ステーションのうち、同社の運営するステーションは横浜綱島水素ステーションを含めて合計４０カ所にのぼる。桑原氏は「石油精製事業で蓄積した水素の取り扱いに関するノウハウと日本最大のサービスステーション網を活用しながら、安定的にお客さまへ水素をお届けできるように努めています」と語る。

　２０１６年には横浜市に「水素製造出荷センター」を設置し、首都圏

における水素ステーション向けの供給体制を強化した。水素は石油や都市ガスなどからつくることができ、このセンターではＬＰＧを原料にしている。このように製造から輸送、販売まで、一貫したサプライチェーンを構築していることは、水素事業における同社の最大の強みである。

エネルギーとしての水素

「地球温暖化防止に向けたCO_2排出量の削減は待ったなしの状況で、わが国においても長期的視野に立った高い削減目標を自主的に定めていることは周知の通りです。また、日本の運輸部門におけるエネルギーは、ハイブリッド車や、ＦＣＶ・ＥＶなど使用時にCO_2を排出しない電気へのシフトがますます進むことは間違いありません」と、桑原氏の言葉は、おのずと熱を帯びる。「しかし、現行のＥＶは、バッテリーのエネルギー密度が低いために長距離走行ができず、充電にも時間がかかるという問題があります。また、長く使うと電池が劣化するので更新コストがかかり、電池の廃棄問題も生じることから、ＦＣＶの利点が改めて注目されているところです」。

水素は燃料電池の燃料として使われると、空気中の酸素と結びついて水となり、高効率で電気を発生させる。大きな体積を圧縮して小さくすることができ、貯めやすく運びやすい。同じ力を出すためのガソリンと比べると非常に軽いという特性もある。

水素の製造方法は多様で、水や化石エネルギーなど多種多様な原料から取り出すことができる。製鉄所などの工業プロセスで発生した副生水素を有効利用することも、太陽光・風力やバイオマスなど再生可能エネルギーで得られる電力で、水を電気分解してつくることも可能だ。酸素との反応により排出された水は自然界に戻り、環境への影響はない。

「日本のロードマップでは、水素製造時に化石燃料から発生したCO_2

を地中に貯留させる技術の組み合わせ、または再生可能エネルギー由来の水素を活用することで、水素の製造から消費まで、完全にCO_2が発生しない供給システムを確立すると書かれています。当

- 水素を漏らさない
- 水素漏れを検知して止める
- 漏れた水素を溜めない
- 周辺に火種となるものを置かない
- 火災発生時も類焼を阻止及び最小限にする

水素安全対策の基本的な考え方

社としても、さまざまな水素源の可能性を検討していきたいと考えています」と桑原氏は中長期の展望を語る。

　水素に対して「引火しやすい」「爆発するのでは」といったイメージを持つ消費者も多いかもしれない。もちろん使い方を間違えれば危険だが、水素は、耐久性があり高度な密閉性を備えた貯蔵容器を使うなどすれば一般に使われているガソリンや天然ガスなどと同様に安全だ。空気より軽く、拡散のスピードが非常に速い性質があるので、漏れても瞬時に上方に拡散するため、引火の可能性は低い。「こうした水素の安全性に対する認識をもっと広めていきたいというのが当社の願いです。そうすれば水素への抵抗感も払拭されて需要も増え、結果的にコスト削減にもつながるわけですから」と桑原氏。

　燃料に水素を使うＦＣＶには、エンジンの替わりに燃料電池とモーターが搭載されている。水素と空気中の酸素を化学反応させて電気をつくり、その電気でモーターを回して走る。排出するのは水だけという究極のエコカーである。モーターで走るため、静かで乗り心地が良いのも特長である。２０２０年代後半にはＦＣＶの価格も手軽に購入できるほどにまで下がり、もはや"特別な車"ではなくなるだろうといわれている。

「当社は水素製造や自動車用燃料供給に関するノウハウの活用により、

水素の製造、輸送、販売の効率的なビジネスモデルを構築し、水素社会の実現に向けて貢献していく所存です」と桑原氏は力強く宣言する。

オリ・パラ後の選手村を最先端の水素タウンに

　こうした水素ステーションの戦略的な整備や効率的な運営は一企業単独では困難だ。そこで、同社をはじめとするインフラ事業者や自動車メーカー、金融機関など計１１社が参画し、オールジャパンの新会社「日本水素ステーションネットワーク合同会社（ＪＨｙＭ：ジェイハイム）」が２０１８年２月に設立された。２０２１年度までの４年間で計８０カ所の新規水素ステーション整備を目標としている。「今までは各社それぞれが単独で進めていたわけですが、ＪＨｙＭの設立により、コスト削減や規制緩和に向けた取り組みなどは、これまで以上のスピードで進めていけると思います。水素やＦＣＶの普及ＰＲも推進していきます」と桑原氏はその意義を強調する。

　２０１７年１１月に発足した『Ｔｏｋｙｏスイソ推進チーム』にも同社は参画している。これは「水素が動かす、東京の未来」をスローガンに、水素エネルギーの普及に向けて官民一体による普及啓発活動を展開すべく、東京都の呼びかけで結成されたもの。水素ステーションの整備を進め、ＦＣバスの都バスへの導入拡大、住宅街での水素供給、羽田空港での水素活用などを推進するとともに、２０２０年オリンピック・パラリンピックの開会式・閉会式の４日間は都内で排出されるCO_2をゼロにするといった取り組みも検討されている。

　同社は東京２０２０オリンピック・パラリンピックのゴールドパートナー（石油・ガス・電気供給）として、東京２０２０大会を契機に利用拡大が見込まれる水素エネルギーの供給を通じて大会運営をサポートする。また、選手村地区のエネルギー事業へも参画し、同社の水素ステー

ションが設置される予定。「水素の利点や安全性を世界に向けてアピールする良い機会になるのではないでしょうか」と桑原氏。

オリンピック・パラリンピック終了後には選手村は住宅地区等として再開発されるわけだが、この居住ゾーンを水素を活用したスマートタウンにする計画も進行中であり、ここでも同社は事業者として東京ガスやパナソニックと並ぶ計画の中心的存在になっている。

2020東京オリンピック・パラリンピックのゴールドパートナーとして

同社は2020東京オリンピック・パラリンピックのゴールドパートナー（石油・ガス・電気供給）として積極的な活動を展開している。東京大会に出場する選手、また応援する人に熱いエネルギーを届ける、というのがエネルギー企業である同社の基本的な考え方だ。スポンサードコンセプトには、同社の想い、国民の想い、オリンピズム・パラリンピズムの三つの想いを満たしているものとして、「ＥＮＥＲＧＹ　ｆｏｒ　ＡＬＬ」を掲げ、東京大会の開催、そして日本代表選手団を全面的に応援していく。

国民的な人気ポップバンド、DREAMS COME TRUE の新曲「その日は必ず来る － SINGLE VERSION －」がＥＮＥＯＳエネルギーソングとして２０１７年７月２５日に配信リリースされた。力強い応援ソングとして、東京大会への機運を高めていくことだろう。

東京大会において大会関係車両・競技場・施設・非常用発電機へのエネルギー（石油・ガス・水素・電気）供給を通じて大会運営をサポートするほか、国内最大となる１万３０００カ所のサービスステーションネットワークを拠点に大会開催までのムーブメントを盛り上げていくことになる。

ポスト2020は人間がインターネットを介してテクノロジーと融合する「IoA」で社会課題を解決

凸版印刷株式会社

情報コミュニケーション事業本部
ソーシャルイノベーションセンター
社会基盤構築推進本部デジタル事業企画部長
山浦秀忠 氏

情報コミュニケーション事業本部
ソーシャルイノベーションセンター
社会基盤構築推進本部デジタル事業企画部課長
名塚一郎 氏

人間がテクノロジーとサイボーグのように融合するIoA未来社会基盤

　世界最大規模の総合印刷会社である凸版印刷は、印刷テクノロジーを核に従来の印刷領域を超えてマーケティングやコンテンツ、セキュリティ、エレクトロニクスなどさまざまな事業展開を図ってきた。さらに2018年1月に社会課題解決を目的とした「ソーシャルイノベーショ

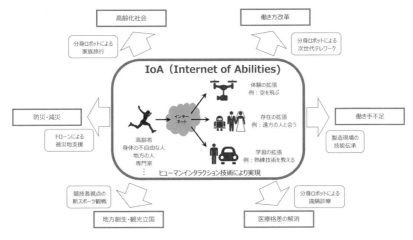

IoAとは

ンセンター」を新設。ヘルスケア、地方創生、地域産業振興、公共サービス高度化など社会課題解決のため、産官学連携で数多くのテーマに取り組んでいる。ここでは、産学連携から開始させているIoA（Internet of Abilities）に関する取り組みを紹介しよう。

あらゆる物がネットにつながるIoT（Internet of Things）の次に来る概念として脚光を浴びているのがIoAだ。能力のインターネットの名の通り、人間やロボットの持つ能力をネットワークで共有するというもので、人間とテクノロジー、AIが一体化し、時間や空間の制約を超

山浦　秀忠／やまうら　ひでただ

1992年凸版印刷入社。文字組版や紙面編集のシステム開発から、得意先の企画工程システム化まで印刷工程全体のデジタル化に従事。その後、デジタルコンテンツ配信やネットプロモーションなどの消費者向けシステム開発を主導した後、ソーシャルイノベーションセンターにてデジタル事業企画を担当。

名塚　一郎／なづか　いちろう

1999年凸版印刷入社。液晶ディスプレイ素材開発を経て、得意先向けのシステム開発に従事。通販システムのような業務システムから、スマホやICタグなど先進的なデジタル機器を用いたシステム開発を主導した後、最先端技術による新事業・新ソリューション開発担当として、山浦氏と共にデジタル事業企画を担当。

えて相互に能力を強化し合う、未来社会基盤である。いわば人間がテクノロジーとサイボーグのように融合し、人間の意識や能力を拡張することで、高齢化社会、医療格差の解消、働き手不足などのさまざまな社会課題を解決できるという夢の構想だ。

　この新しい概念は、東京大学大学院情報学環の暦本純一教授が提唱しているもの。凸版印刷はこの暦本研究室との共同研究を２０１６年７月からスタート。暦本教授は、ヒューマンインタラクション（人間と機械の接点における相互作用に関する研究領域）の世界的研究者。モバイルＡＲやマルチタッチなど世界初の発明を多数しており、ＳＦの世界を実現してしまう世界的人物だ。暦本研究室が理論、技術検証、基盤技術開発を担当し、凸版印刷が仮設立案、実証実験、社会実装を担当。研究成果をもとに遠隔観光や遠隔就労などＩｏＡを活用したビジネス実証を２０１７年から段階的に開始している。

暦本純一（れきもと じゅんいち）

- 東京大学大学院情報学環教授（ソニーCSL 副所長 兼任）
- IoA 提唱者、ヒューマンインタラクション研究の世界的研究者
- コンピュータ科学分野の国際学会などで数多くの受賞実績
- 文科省ＪＳＴさきがけ「人とインタラクションの未来」研究総括

◎会 社 概 要

凸版印刷株式会社

所在地（本社）： 〒110-8560 　東京都台東区台東 1-5-1 TEL：03-3835-5111（大代表） URL：http://www.toppan.co.jp	代 表 者：代表取締役社長　金子眞吾 創　　業：1900 年（明治 33 年） 資 本 金：1049 億 8600 万円 　　　　　　　（2017 年 3 月末現在） 従業員数：連結 5 万 705 人 　　　　　　　（2017 年 3 月末現在）

5Gによる仮想テレポーテーション

分身ロボットによる仮想テレポーテーション

　凸版印刷は、このIoAの具体的事例として、2017年11月にNTTドコモと共同で分身ロボットを用いた仮想テレポーテーションのプロトタイプを公開した。共同研究の中核となっているのは、あたかもその場にいるような感覚「遠隔実在感」という技術。自分の分身となる遠隔地のロボットに乗り移ることで、高齢者や障害のある人が家にいながら旅行先の家族や友人と会話しながら体験を共有することができる。遠隔地にある分身ロボットの視覚情報、センサー情報などを受けて、2020年に実用化される第5世代移動通信システム（5G）回線を通して、高精細伝送ルームからリアルタイムにロボットを制御することにより、あたかもその場にいるような臨場体験を持つことが可能だ。将来、自宅にいながら、ルーブル美術館、大英博物館のような世界の観光スポットへの旅行ができるようになるわけだ。

　これを活用してどんな社会課題解決ができるのだろうか。山浦秀忠部長はこのように説明する。

　「働き方改革では、分身ロボットを使った次世代型テレワークが実現

できます。遠隔地のオフィスの分身ロボットに乗り移ることで、航空機や電車などで移動することなく、あたかもその場にいるかのように自由に動き回り、現地の人とコミュニケーションが可能です。瞬間移動したかのように出張ができるようになるのです。従来のテレビ会議システムでは遠隔会議など適用領域が限られていました。日本人の特性として、どうしてもフェイストゥフェイスのコミュニケーションを重視する。その意味で"あたかもその場にいるのと同じ感覚で"というこのシステムは、受け入れられる余地は大きいと考えます。出張の代替だけでなく、テレワークの適用範囲を大きく拡大できる。健常者だけでなく、高齢者や身体の不自由な方への新しい働き方も提供できるでしょう」。

別の社会課題での活用ではどうだろうか。

「医療格差の解消にも有効な手段となります。例えば過疎地の診療所に分身ロボットを設置し、都市部の病院から、内科、皮膚科、心臓外科など各科の専門医が分身ロボットに乗り移って、診療、健康診断をすることも可能です」と山浦氏は語る。

他の用途では、各地の祭りやスポーツイベント会場、音楽会場などに分身ロボットを配置すれば、実際に現地にいるかのような体験ができたりもする。観客が入っていけない会場内にロボットを動かせば、演者や選手目線で楽しむこともできる。地域活性化・観光立国にもつながるわけだ。

次に技術的な特長を名塚一郎課長が語る。「ヘッドマウントディスプレイなどを装着するＶＲと違って、大型有機ＥＬディスプレイがぐるりと身の回り１８０度を囲み、複数人が同時に桁違いの没入感が味わえます。そのディスプレイには遠隔地のロボットに取り付けられた４Ｋカメラの全周囲映像がリアルタイムに映し出されていて、とても臨場感が高い。分身ロボットの曲面ディスプレイに操作者の上半身が投影されることで、対面者へ自分の存在を強調することもでき、双方向のリアルタイ

ムコミュニケーションも可能です」。

さらに名塚氏は、さらなる今後の進化を語る。

「現在はロボットの動きをコントローラーで遠隔操作していますが、いずれは操作する人の意思や身体の動きをセンサーが自動的に察知し、その場にいるのと同じような感覚で同期して自在に動くというかたちにしていきたいと考えています」。

まさにＳＦ映画のような完全な"人機一体"が夢ではなくなるわけだ。

未来社会基盤としてのＩｏＡに大きな可能性

同社がこのＩｏＡに取り組むようになった背景とは何か。

「当社は印刷物によるコミュニケーションから始まり、デジタル化の進展と共に、ＷＥＢやスマホ、ＶＲなどのデジタルでのコミュニケーションへと領域を拡大してきました」と山浦氏はベースとなるビジネスノウハウの蓄積を解説した上で、これらリアルとデジタルの両面からの知見、実績をさらに進化させるために、ヒューマンインタラクションとヒューマンオーグメンテーション（人間拡張）研究の第一人者である暦本教授との共同研究を始めたのだ、と語る。

「なんといってもその世界観に大きな可能性を予見したんです。ＩｏＡは社会を大きく変える、という確信があったわけです」という山浦氏の言葉を受けて、名塚氏もこう補足する。「ＩｏＡこそ、次世代のコミュニケーションのかたちだと考えたんですね。暦本研究室のオープンハウスに飛び込みで参加し、暦本先生と新しい取り組みについて議論させていただいたのがきっかけでした。その方向性について意気投合し、共同研究へとつながることになりました。非常に貴重な機会をいただき、そして形にすることができました」。

IoAからSociety5.0へ

　IoAは存在の拡張、体験の拡張、学習の拡張の三つの拡張に分類される。まず、存在の拡張。仮想テレポーテーションのように自分の場所による束縛を取り払い、遠隔地での作業を可能にする。次に体験の拡張。ドローンやスター歌手、動物の視点のような自分では体験できないようなことが共有できる。最後に学習の拡張。何かを理解したり習得したりするプロセスそのものを拡張する。「例えば新しいことを学ぶときに、本で学ぶのではなく、いきなりその世界に入り込んでしまう。プロスポーツ選手のようなうまい人の中に入りこんでしまうと、うまい人ってこういう風になるのかと理解が進む」と山浦氏は語る。

　学習の拡張は適用範囲も広い。熟練技術者の動きそのものをアーカイブしたり、対外離脱したかのような第三者視点で自分の動きを観察したりすることもできる。この能力のアーカイブ化と能力伝承もIoAの重要な概念のひとつ。製造現場で大きな課題となっている熟練工のスキル継承などにも活用できる。さらに遠隔診療の領域では、熟練医師の手術ノウハウを記録した能力アーカイブから能力そのものを分身手術ロボットへダウンロードし、若手医師がAIとの協調作業のもとで高度な遠隔手術を代行することも将来的に可能だ。

　IoAの取り組みを通じて凸版印刷が目指しているのは、サイバー空間（仮想空間）とフィジカル空間（現実空間）を高度に融合させたシステムによって経済発展と社会的課

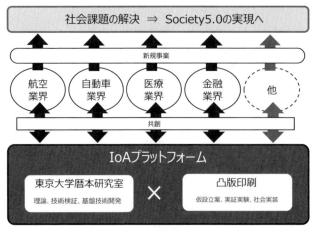

IoAプラットフォームと共創による社会課題解決

題の解決を両立させる人間中心の社会Society5.0の実現である。少子高齢化、地方の過疎化、貧富の格差などの課題が克服され、社会の変革を通じて希望の持てる社会、世代を超えて互いに尊重し合あえる社会、一人ひとりが快適で活躍できる社会となることをこの技術が可能にする。
「２０２０年に商用サービス開始の５ＧによりＩｏＡの実現へのスピードがさらに増すことになります」と名塚氏。山浦氏ともども、同社が目指す社会課題解決への手ごたえをしっかりと感じているようだ。

社会実装と新事業の共創に向けて

共同研究は、暦本研究室が主として研究開発を受け持ち、広汎な業界に多くの取引先を持つ凸版印刷がそれを生かして社会実装を受け持つという分担で進められてきた。

「サービス開発を加速させるためにも、共同研究の成果をプラットフォームとしてあらゆる業界のさまざまな企業へ提供したいと考えています」（名塚氏）。

同社は、すべての業界、業種との３万社におよぶ巨大なネットワークを活用して、自社が持つさまざまなソリューションとＩｏＡを組み合わせて、遠隔観光、遠隔就労、遠隔医療などの社会実装、新事業の共創を推進していくという。

「法人企業だけでなく、公共自治体との実証も進めていき、積極的に社会課題解決に取り組んでいきたい。ＩｏＡ主導でSociety5.0を早期に実現したい」と山浦氏は意気込む。

高齢者や障害者の行動範囲を広げ、新しい働き方も実現できる。地方創生や少子高齢化対策の大きな推進力になる。地方の医療格差も解消できる。凸版印刷の取り組みは、現在の日本社会が抱えるさまざまな課題の解決、Society5.0の早期実現の起爆剤となるだろう。

世界に誇れる、後世に残せる文化を、ソフト面でも普及啓発

富士通株式会社
執行役員常務
東京オリンピック・パラリンピック推進本部長
廣野充俊 氏

"心のバリアフリー"の普及活動に注力

　オリンピック・パラリンピックは、スポーツを通じて世界中の人・情報・インフラが密に交わり、大きなイノベーションを起こす場であり、富士通が掲げる「顧客価値・社会価値を実現するヒューマンセントリック・イノベーション」の企業理念と合致する。そうしたことから同社は、東京２０２０スポンサーシッププログラムの中で最高位の「ゴールドパートナー」契約を公益財団法人東京オリンピック・パラリンピック競技大会組織委員会と締結し、ＩＣＴ技術などを通じて円滑な大会運営の実現に向けたサービス提供に寄与している。その活動の中核となっているのが、廣野常務が本部長を務める東京オリンピック・パラリンピック推進本部である。

世界に誇れる、後世に残せる文化を、ソフト面でも普及啓発　富士通株式会社

　同社が推進・展開しているのは、文化・ムーブメントのソフトレガシーと科学技術・イノベーションのハードレガシーの両方のプログラムだ。業種から後者は言わずもがなであるが、前者についてはやや意外に感じられるかもしれない。

　「何が日本のレガシーになるべきだと思いますか、文化として何を残していきたいと思いますか、と聞かれたら、私は、国立競技場のようなハコモノもさることながら、障害者や高齢者を含めたすべての人々が助け合い支えあう共生社会の実現に向けた意識の向上や文化の醸成でしょう、と答えます」と廣野氏は語る。「前回のリオデジャネイロ・パラリンピックは２２競技が行われましたが、金メダルの数が一番多かったのが中国で１０７個。対して日本はゼロです。日本ではまだ障害者スポーツが活性化していません」。

　とはいえ、障害者スポーツの振興だけが目的というわけではない。

　「リオの場合、治安の面もあり、競技を見に来る障害者が少なかったと聞いております。しかし、東京は安全だから、各国からたくさんの障害者がパラリンピックの観客として訪れることが見込まれています。日本では障害者を迎え入れるためのインフラが整備されつつありますが、一方、障害者に声を掛ける文化が欧米に比べ成熟しているとは言えません」（廣野氏）。

　東京２０２０大会は障害者だけでなく高齢者に対しても、さらには文

廣野　充俊／ひろの　みつとし

1956年生まれ。1979年慶応義塾大学法学部卒業後、富士通に入社。2010年、同社執行役員に就任。クラウドコンピューティンググループ　副グループ長、2012年マーケティング部門　副部門長。2013年、マーケティング部門 イノベーションビジネス推進本部長、2015年４月より、東京オリンピック・パラリンピック推進本部長、スポーツ・文化イベントビジネス推進本部長、現在に至る。

■心のバリアフリーとは

> 様々な心身の特性や考え方を持つすべての人々が、相互に理解を深めようとコミュニケーションをとり、支え合うことである。
> 「ユニバーサルデザイン2020行動計画」（ユニバーサルデザイン2020関係閣僚会議決定）より引用

■東京2020大会に向けた経済界における「心のバリアフリー」普及活動

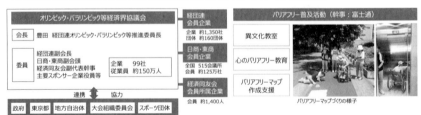

　化の異なる一般の外国人の方に対しても、その置かれた状況や心境を理解し、共感するとともに、率先したサポートが必要だ。そのためには、ハード面の施設整備だけではなく、そうした人々の苦労や困難を自らの問題として認識し、積極的に協力する"心のバリアフリー"が重要となる。"心のバリアフリー"とは、さまざまな心身の特性や考え方を持つすべての人々が、相互に理解を深めようとコミュニケーションをとり、支え合うことである。

　こうした観点から、同社は"心のバリアフリー"普及活動を積極的に展開している。「このような意識が国民の間に広く浸透していき、文化として定着していくことを目指しています。２０２０年のパラリンピックはそういう意味でも重要なイベントであり、成功を収めることが必要だと考えています。大切なのはパラリンピックに出場する選手やそれを

◎会 社 概 要

富士通株式会社

所在地（本社）：
〒105-7123
東京都港区東新橋1-5-2
　　　汐留シティセンター
TEL：03-6252-2220
URL：http://www.fujitsu.com/jp/

代 表 者：代表取締役社長　田中達也
設　　立：1935年6月20日
資 本 金：3246億円（2017年3月末現在）
従業員数：約15万5000人（グループ全体）

世界に誇れる、後世に残せる文化を、ソフト面でも普及啓発　富士通株式会社

　見に来る観客だけではなく、そうした人々を迎え入れるわれわれの気持ちの用意ができているかどうか、だと思います。バリアフリーマップや車椅子対応の施設を増やすといったハードの整備に加え、われわれにそうした人々を迎え入れる心がつくれるかどうかが重要なんです。これができないと社会の多様性も実現できないし、日本が直面しつつある超高齢化社会への対応も叶わない。パラリンピックを成功させることが、日本が世界から認められ、将来を切り開く意味でも非常に重要になります。それを認識できる一番大きなイベントと考えています」と指摘する廣野氏の口調は熱い。

　こうした基本認識のもとに、同社では心のバリアフリーの社員教育の取り組みにも積極的だ。２０１７年４月には新入社員、７月には新任幹部社員全員を対象に集合研修が行われた。続いて１２月には、社長を含めた全役員向け集合研修を実施し、現在、グループ会社を含む全従業員を対象にした「ｅラーニング」が展開されている。

　さらに、経団連、日商・東商および経済同友会などで構成される「オリンピック・パラリンピック等経済界協議会」には同社をはじめとするスポンサー企業を含め約１００社がワーキンググループをつくって、"心のバリアフリー"などに関する各種講演や障がい者スポーツの体験イベントなどを展開しており、これまでの２年間で４００回近くイベントを実施している。この協議会の中で、同社はバリアフリーのワーキンググループの幹事を担い、"心のバリアフリー"の普及に尽力している。

３Ｄセンシングや多言語翻訳ソフトを多彩に提供

　次に、もう一方のハードレガシーについて。スポーツにどのようなかたちでＩＣＴ技術を活用していくか――こちらは、いうまでもなく、同社が自家薬籠中の物とするところである。

第2章 次代への贈り物

「富士通の技術で、スポーツの世界を変える！」をテーマに、複雑な体操競技の採点を正確でもっとわかりやすくするというミッションを果たすべく開発しているのが、世界初となる３Ｄセンシングによる採点支援システム。「体操競技の未来を変える可能性を秘めている」と高い評価を集め、２０２０年東京オリンピックでの正式採用を目指している。

選手の動きを３Ｄで捉えるレーザーセンサーは富士通および富士通研究所の独自技術。１秒間に２００万回程度のレーザーを照射し、センシングしたデータから富士通独自のアルゴリズムにより各関節位置を特定、その動きを演技中に捉えることで動作として認識、さらには状態を数値で表すことができる。また、技のデータベースと高速でマッチングさせるデータ処理技術により、リアルタイムにＣＧ映像を作成することが可能になる。モデルデータには１０００以上の体操演技の技を構成する動き（エレメント）が格納されている。

システムでの採点支援によって公平性を担保し、ときとして「どうしてこの採点になるのか、判断に窮する」ケースを減少させるとともに、審判員の負荷軽減につなげ、判定までの時間短縮も実現する。また、選手にとっては身体に何も付ける必要がないため、試合、練習を通じてデータを取得し、そのデータを活用した効果的な練習ができる。さらに、自分の感覚をデータ化することや、蓄積データを活用した動きのシミュレーションも可能になる。コーチにとっても選手への伝え方がスムーズになり、パフォーマンスの向上を図ることができる。さらに、観客にとっては技名や難易度が画面上でリアルタイムに表示されるようになる。

「体操競技は小数点以下第３位までのわずかな点差でメダル獲得が左右されるスポーツだからこそ、選手たちは難易度の高い技に果敢にチャレンジする。そのエキサイティングな演技を観客や視聴者に最大限の魅力を持って伝えるためにはリアルタイム性の実現は不可欠だと考えます。しかし、従来の採点はルールブックそのものがアナログであり、足が

体操ニッポンと創るスポーツの新しい世界

- コーチの技術指導の向上、選手のパフォーマンス向上
- 自分の目で見てわかる、"凄さ"の実感
- 審判員の負荷軽減、判定までの時間短縮

富士通独自の技術である、選手の動きを3次元でとらえるレーザーセンサー技術、センシングしたデータから骨格の動きを推定し数値化するデータ処理技術、およびそれを映像化する技術を活用し、「する」「観る」「支える」の観点からスポーツの新たな世界を実現します。

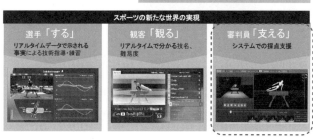

ちょっと開いていたら何点減点、大きく開いていたらもっと減点とか、身体が少し曲がっていたら何点減点など、審判員の主観や感覚に負うところが大きく、それが判定を難しくする要因になっていた。それがデジタル化されると、角度が何度で何回転しているか、腰が何度曲がっていたかといった身体の精密な情報が数値で確認できる。何センチ開いていたら何点減点、角度が何度だったら何点減点と、全審判員が同じ規準で採点できるわけです」(廣野氏)。

夏季オリンピックでは体操、飛び込み、乗馬といった採点競技が13競技に及ぶ。それらにもこの技術を幅広く活用できるのではないかと語ったあと、廣野氏は「もちろん将来的には、スポーツだけでなく他分野への応用も見込まれます」と目を輝かせる。

次に廣野氏が開発の実例として挙げたのが、多言語音声翻訳システムである。訪日外国人の増加に伴い、言葉の壁を超えたコミュニケーションの実現を目指して、各方面で自動翻訳システムの実用化が進められている。例えば、総務省の「グローバルコミュニケーション計画の推進（多言語音声翻訳技術の研究開発および社会実証）基本計画書」に基づき、さまざまな研究開発や各種分野での実証実験の取り組みが進められている。また、東京都は2020年オリンピック・パラリンピック大会に向けた多言語対応協議会を設けて、多言語対応に有用なＩＣＴの情報を広く共有・発信し、先進的な取り組みのサポートを推進しているところだ。

ハンズフリー音声翻訳端末装着イメージ

　そうした中で、同社の研究所が世界初の開発にこぎ着けたのは、端末に触れずに会話が可能なウェアラブル型のハンズフリー音声翻訳端末である。自動翻訳する際、ＡＩが前後の文脈を判断するので、例えば「お腹が痛いので病院へ行きたい」と言った場合の「びょういん」を「びよういん（美容院）」と誤訳してしまうような恐れがないし、ただ単語を直訳するのではなく、文脈の整合性を図ることもできる。廣野氏は「そもそもは、近年の訪日外国人の増加に伴って病院を訪れる外国人患者も増えており、多言語による会話の支援が課題となっていることを受けて、医療現場での診察、看護など両手が塞がりやすい業務にも最適な端末として考案されたものなんです。もちろん病院だけでなくホテル、空港、レストラン、タクシーなどさまざまな場所での応用が考えられます」とその汎用の広さを指摘する。

　適用領域を広げるために、音道形状の工夫により小型無指向性マイクを用いて人の音声や話者の位置を認識し、雑音に強い発話検出技術の精度を向上させ、端末に触れずに適切な言語に自動で切り替える。既に２０１７年１１月から、ＮＩＣＴ（国立研究開発法人情報通信研究機構）が開発した医療現場における日本語、英語、中国語の高精度な翻訳に対応した音声翻訳システムを用いて、東大病院など全国の医療機関で臨床試験を実施中だ。この結果を踏まえ、対応言語と利用場所を拡大していく予定になっている。

　「今後は、この技術を適用した音声翻訳システムを観光での接客や自治体の窓口業務などさまざまな分野への展開を検討しています」と廣野氏は２０１８年度中の実用化を目標に掲げている。

　もう一つ、同社ならではのツールとしてダイバーシティ・コミュニケーションツール「LiveTalk」がある。これはイベント会場での情報保障を

支援する「公開イベント字幕配信サービス」ともども、２０１７年１１月に販売開始された。

　国際的なイベントなど多様な人々が集まる場における情報保障が急務となっているが、「LiveTalk」はこうしたニーズに対応するため、発話者の発言を音声認識し、即時にパソコンやスマホなど複数の端末にテキスト表示することで、聴覚障がい者や言語の異なる人を含む、その場にいる全員のリアルタイムなコミュニケーションを可能にする。１９カ国語の認識と多言語翻訳が可能で、あらかじめ話す言語を選択すれば、設定された中から任意の言語に自動翻訳されるので、使う側は何語で話そうかを悩むことなく多言語コミュニケーションが可能になる。

　昨今、企業では個人のライフスタイルに合わせた「働き方改革」が推進されており、場所や時間に縛られず円滑にコミュニケーションのとれる環境づくりが求められている。開発はこうした社会的背景を受けている面もあり、パブリッククラウド上に中継サービスを構築することで、従来の同一アクセスポイント、同一セグメント内という枠を超え、離れた場所でもリアルタイムに多言語翻訳とテキスト表示が可能な遠隔地連携機能が特長だ。これにより、在宅勤務者も本社や海外拠点と発言のタイムラグや使用言語を気にすることなくテレビ会議を行うことができる。また、公開イベント字幕配信サービスを利用すれば、イベント会場において来場者個人のスマートデバイスに講演者や展示員の発言内容をテキスト表示できる。アプリが不要で、来場者はＱＲコードから専用ページにアクセスするだけで手軽に閲覧することが可能だ。

　「今後は、活用シーンをさらに広げていくことで、より幅広い層に向け、言語や障がいに垣根のない円滑なダイバーシティ・コミュニケーションを実現していくことを目指しています」という廣野氏の言葉にも、やはり"心のバリアフリー"の精神が息づいている。

第3章

わが国の未来へ

省・庁

- ○総務省 …………………………………………………………… 196
- ○スポーツ庁 ……………………………………………………… 206
- ○文化庁 …………………………………………………………… 214
- ○国土交通省 ……………………………………………………… 222
- ○観光庁 …………………………………………………………… 232

自治体

- ○東京都都市整備局 ……………………………………………… 240

  ２０２０東京オリンピック・パラリンピックに向け、各種の準備が急ピッチで進む中、大会の成功はもちろん、バリアフリーの整備や安全・安心な都市の実現など後世に受け継がれる要素も数多い。

- ○京都市長 門川 大作 氏 ………………………………………… 252

  千古の歴史を有する京の都。日本有数の古都に息づく伝統と、それを守り伝えてきた市民に浸透する、継承の哲学。そこに新たな歴史をどう加えていくべきか、門川大作市長に語ってもらう。

- ○高知県高岡郡梼原町長 吉田 尚人 氏 ………………………… 262

  高知県の山あいに位置する梼原町は、同地域に隈研吾氏の手掛けた建築物が多数あることから大きな注目を集めている。矢野富夫市長をはじめ、自然と建築が融合した街の魅力を紹介する。

- ○熊本市経済観光局 熊本城総合事務所 所長 津曲 俊博 氏 …… 270

  先年の震災で被害を受けた熊本城は、後世へ以前と変わらぬ雄姿を伝えるべく、全力を挙げて修復の最中にある。大西一史市長は、西南戦争以来の危機をどう乗り越えようとしているのか。

総務省
２０２０年に向けた社会全体のＩＣＴ化

１．２０２０年に向けた社会全体のＩＣＴ化推進

「２０２０年東京オリンピック・パラリンピック競技大会（以下「２０２０年東京大会」）は、わが国全体の祭典であるとともに、ＩＣＴ（情報通信技術）を世界に発信する絶好のチャンスとして期待されています。

総務省では、２０２０年東京大会および２０２０年以降のわが国の持続的成長も見据えて、社会全体のＩＣＴ化推進のため、２０１４年１１月より「２０２０年に向けた社会全体のＩＣＴ化推進に関する懇談会」（座長：住友商事 岡素之相談役、幹事会主査：東洋大学 坂村健教授）」を開催しています。

２０１５年７月には、本懇談会において、２０２０年東京大会を盛り上げるとともに、大会を契機に日本の最高水準のＩＣＴ環境を世界に発信し、さらに大会以降の日本の持続的成長を促すことを目的とした「２０２０年に向けた社会全体のＩＣＴ化アクションプラン（第一版）」をとりまとめ、公表しました。本アクションプランは、高度なＩＣＴ利活用および世界最高水準のＩＣＴインフラにより世の中の「壁」を取り除くことなどを目指す、次項以降に詳述する八つの分野ごとのアクションプランと、二つの分野横断的なアクションプランから構成されています。

本懇談会では、他の関係主体等と連携してアクションプランを着実に実施していくとともに、２０１７年１２月には、２０２０年東京大会まで１０００日を切ったことから、２０２０年にフォーカスした重点テーマ（「ＩｏＴおもてなしクラウド」による都市サービスの高度化、「VoiceTra」技術の社会実装、サイバーセキュリティの確保（東京大会関係者向けの人材育成）、テレワーク/サテライトオフィスの推進）について提言を取りまとめる方向で検討も開始しています。

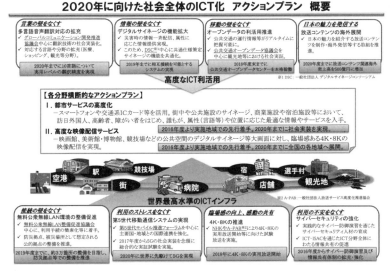

図1　2020年に向けた社会全体のＩＣＴ化　アクションプラン

２．分野別アクションプラン

【ＩＣＴを活用した多言語対応（「グローバルコミュニケーション計画」の推進）】

訪日外国人対応において課題となっている「言葉の壁」をテクノロジーで乗り越える取り組みとして、例えば日本語を吹き込むと、他の言葉に翻訳してくれるような多言語音声翻訳システムの開発を行っています。

このシステムをスマートフォンアプリ VoiceTra として一般に公開し技術を広く試用できる環境を整えているほか、システム自体の翻訳精度を実用レベルに引き上げ、実際の社会で利用する上で不可欠な雑音抑圧技術等の研究開発を、病院、商業施設、観光地等での実証実験を行いながら実施する施策を２０１５年度から実施しています。同技術は広く民間企業等にライセンスをすることで技術移転を実施しており、個別ニーズに応じてカスタマイズした翻訳システムやウェアラブル（身につけられる）翻訳システム等の製品・サービスが生まれる等、ビジネス化が進展しつつあります。

これらの取り組みを継続し、研究開発では訪日外国人客が多く使う１０言語[1]で実用レベルの翻訳精度の実現を行い、実際の社会で使う上で必要不可欠な各技術を確立させていくほか、さらに広く技術移転を行うことで、民間企業等による製品・サービス化をさらに進めていく予定です。

【デジタルサイネージの機能拡大】

２０２０年東京大会に向けて、訪日外国人に対するきめ細やかな情報提供が求められており、その情報提供手段として、デジタルサイネージの活用が期待されています。総務省では、現状では、同一コンテンツを異なるサイネージシステムへ配信することが困難であること等を踏まえ、デジタルサイネージの標準化を進めています。

一般社団法人デジタルサイネージコンソーシアム（ＤＳＣ）では、２０１６年４月に「デジタルサイネージ相互運用ガイドライン（1.0版）」を策定しました。同ガイドラインでは、災害・観光情報等の一斉

1　日本語のほか、英語、中国語、韓国語、タイ語、インドネシア語、ベトナム語、ミャンマー語、フランス語、スペイン語

配信やスマートフォン連携、言語等の属性に応じた情報提供の機能実装に向けた指針を提示しています。

２０１６年度の「ＩｏＴおもてなしクラウド事業」では、同ガイドラインに基づき設置されたデジタルサイネージにより、複数地域における災害情報等の一斉配信や、言語等の個人の属性に応じた情報提供の実現等の実証を実施しました。ＤＳＣでは、実証の結果を踏まえ、２０１７年５月に同ガイドラインの改訂版（２.０版）を策定しました。

今後、同ガイドラインに沿ったデジタルサイネージの普及展開を推進するとともに、ＩＴＵ－Ｔ（国際電気通信連合の電気通信標準化部門）や国際標準化団体Ｗ３Ｃを通じた国際標準化を目指します。

【オープンデータ利活用環境の整備（公共交通情報等）】

国、自治体によるオープンデータの推進は、新事業・新サービスの創出、行政サービスの高度化等を実現し、地域の経済活性化、課題解決等に寄与するものと期待されています。政府においても２０２０年度までに、自治体のオープンデータ取り組み率１００％とする政府目標を掲げているところです。

２０２０年東京大会においても、公共交通情報をはじめとするオープンデータの利活用により、例えば膨大な数の訪日外国人や観光客等のスムーズな移動の実現等に大きく寄与することが期待されます。総務省ではこれまで、２０１６年度にオープンデータを活用した訪日外国人への観光情報等発信モデルの実証事業等を実施するなど、オープンデータの利活用推進に取り組んでいます。

今後、これまでの取り組みを踏まえ、「公共交通オープンデータ協議会」や、「一般社団法人オープン＆ビッグデータ活用・地方創生推進機構」と連携し、オープンデータの利活用を促進する環境の整備等に取り組んでいきます。

第3章 わが国の未来へ

【放送コンテンツの海外展開の促進】

「放送コンテンツの海外展開」は、日本の技術、産業、地方の魅力などを分かりやすく伝えるだけでなく、周辺産業と連動して展開することによって、外国人観光客の誘致、地域経済活性化への貢献といったさまざまな分野への波及効果が期待されています。

総務省では、これまで、放送コンテンツを制作する民間事業者等と、他分野・他産業（観光業、地場産業等）、地方公共団体等の関係者が幅広く協力し、日本の魅力を発信する放送コンテンツを制作、発信等する取り組みを支援する事業を実施してきました。

放送コンテンツの海外展開については、「２０１８年度までに放送コンテンツ関連海外市場売上高を現在（２０１０年度６６.３億円）の約３倍（約２００億円）に増加させる」ことを目標としていましたが、２０１５年度に３年前倒しでこれを達成したことを受け、「２０２０年度までに放送コンテンツ関連海外売上高を５００億円に増加させる」ことを新たな目標に掲げ、取り組みを一層強化しています。

【無料公衆無線ＬＡＮ環境の整備】

公衆無線ＬＡＮは、２０２０年東京大会に向けて増加が予想される訪日外国人からのWi-Fi環境に対するニーズが高いこと、災害時に電話回線が輻輳のために利用できない場合でも効果的に情報を受発信できる通信手段として有効であるといった側面があり、早急な整備が求められています。

総務省は、２０１８年１月に「防災等に資するWi-Fi環境の整備計画」を更新しました。この整備計画に基づき、防災拠点等における無料公衆無線ＬＡＮ環境の整備を推進し、２０１９年度までに、官民が連携しながら、約３万カ所の整備を完了することを目指します。

また、総務省が２０１６年２月から４月に実施した無料公衆無線ＬＡ

Nサービスの簡素化・一元化に関する実証実験の成果を踏まえ、同年9月に一般社団法人公衆無線ＬＡＮ認証管理機構が設立され、同機構が実用化した認証方式を利用したサービスが同年１０月に関西広域連合で開始されています。

【第５世代移動通信システム実現に向けた取り組み】

　第５世代移動通信システム（５Ｇ）は、「超高速」だけでなく、「多数接続」、「超低遅延」といった特徴を持つ次世代の移動通信システムであり、本格的なＩｏＴ（モノのインターネット）時代のＩＣＴ基盤として、早期実現が期待されています。総務省では、２０２０年の５Ｇの実現に向け、要素技術を確立するための研究開発・総合実証実験の推進、国際的な標準化活動を進める観点からの国際連携の強化、５Ｇ周波数の具体化と技術的条件の策定などに取り組んでいます。２０１７年度からは、５Ｇ実現による新たな市場の創出に向けて、具体的な利活用を想定した、さまざまな分野の関係者が参加する六つの実証プロジェクトを、東京だけでなく地方においても実施しています。総務省としては、２０２０年の５Ｇ実現を目指し、交通、医療、防災をはじめ、具体的な利活用が期待されるさまざまな業界と連携しながら、これらの取り組みを加速していきます。

【４Ｋ・８Ｋの推進】

　４Ｋ・８Ｋの推進に当たっては、グローバルな市場を創出しながら、国際競争力を持って先導することが必要とされます。そのような中、２０１６年８月から衛星による４Ｋ・８Ｋ試験放送が開始され、２０１７年１月には、２０１８年１２月からの衛星による新４Ｋ８Ｋ衛星放送開始に向けて、放送事業者の認定を行いました。中でも８Ｋについては、わが国が世界に先駆けて放送を行っているものであり、政府と

しても、2020年東京大会における8Kパブリックビューイングの実施に向けた取り組みをサポートするなど、超高精細で臨場感あふれる映像を通じて世界に日本の技術力を発信していきます。

また、4K・8Kの普及を図るためには、魅力的な4K・8Kコンテンツの充実とともに、放送の受信に必要な機器や視聴方法について、十分な周知・広報を行うことが重要です。そこで、2017年4月14日には、関係団体・事業者と連携して取り組むための新たな枠組みとして、「4K・8K放送推進連絡協議会」を設置し、2017年11月2日には、「4K・8K放送に関する周知・広報計画（アクションプラン）」を取りまとめ、公表しました。2017年12月1日にはアクションプランに基づく取り組みの一環として「新4K8K衛星放送開始1年前セレモニー」が開催され、サービス名称やロゴの発表のほか、推進キャラクターとして深田恭子さんを任命するなど、メディアを通じた周知・広報活動を行いました。

加えて、総務省では、全国の過半数の世帯が加入するケーブルテレビについて、2017年度当初予算にて、条件不利地域等の自治体または第三セクターの事業者に対して、大容量の4K・8K番組の伝送に必要となるケーブルテレビ網の光化を促進する補助金を新設しました。

これらの普及啓発策や支援措置を組み合わせることにより、2020年に全国の世帯の約50％で4K・8Kが視聴可能となることを目指します。

【世界一安全なサイバー空間の実現】

サイバー空間における脅威が悪質化・巧妙化し、その被害も甚大なものとなっている昨今、官民が一丸となって対策を推進することが必要です。

IoTの普及や2020年東京大会を控え、2017年10月には、

IoTに関するセキュリティ対策の総合的な推進に向けて取り組むべき課題を整理した「IoTセキュリティ総合対策」を公表し、関係府省と連携して必要な施策に取り組んでいます。特に、サイバーセキュリティの確保を担う人材の育成については、同年４月、国立研究開発法人情報通信研究機構に「ナショナルサイバートレーニングセンター」を組織し、実践的サイバー防御演習（CYDER）、２０２０年東京大会の適切な運営に向けたセキュリティ人材の育成（サイバーコロッセオ）、若手セキュリティ人材の育成（SecHack365）を行っています。このほか、２０１６年３月に設立された一般社団法人ICT-ISACと連携し、IoT機器に関する脆弱性調査等を行っているほか、国内のサイバー攻撃等の情報をISP（インターネット接続サービス提供事業者）等の関係者間で迅速に共有する基盤を構築しています。

今後も関係府省・団体・企業との緊密な連携の下、サイバーセキュリティ政策を推進し、安心・安全な社会の実現を目指します。

3．分野横断的なアクションプラン

【都市サービスの高度化】

２０２０年には４０００万人と見込まれる訪日外国人が快適に滞在でき、さらには日本人を含め誰もが利便性を実感できるような「都市サービス」の実現を目指し、交通系ICカードやスマートフォンとクラウド基盤等を連携し、言語等をはじめとした個人の属性に応じた最適な情報・サービスを提供するための「IoTおもてなしクラウド事業」を推進しています。

具体的には、クラウド上に旅行者の属性情報を登録した上で、一枚あれば電車、バス、タクシー、買い物等が可能になる交通系ICカードや、誰もが持ち歩くスマートフォンなどをトリガーとしてこの属性情報とひ

第3章 わが国の未来へ

も付け、ホテルや百貨店などで、個人に最適な情報・サービスを提供することを目指します。

　2017年度「IoTおもてなしクラウド事業」では、2016年度の事業で構築したIoTおもてなしクラウドの機能の高度化を図るとともに、2016年度にも行った首都圏での実証に加え、広島県、会津若松市等の地方におけるおもてなしクラウドを活用したサービスの実証を行っています。加えて、IoTおもてなしクラウドの社会実装に向けて、クラウド間で連携し属性情報をやりとりする際に求められる要件や個人情報の取り扱いに係るルールの検討を進めています。

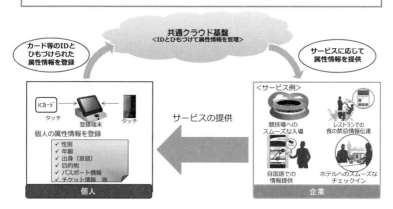

図2　　IoTおもてなしクラウド事業概要

【高度な映像配信サービスの実現】
　2020年東京大会に向け、4K・8Kおよび超高臨場感技術といったわが国の世界最先端の映像技術を組み合わせた高度な映像配信サービスにより、世界各国に対するショーケースとなるような、新しい楽しみ

方、リアルな映像体験を実現することを目指します（図３）。そして、本技術をレガシーとして、地域の子供やお年寄り等の誰もが、４Ｋ・８Ｋで文化・芸術・伝統芸能等の映像を楽しめる環境の構築につなげるとともに、映画館、美術館等への４Ｋ・８Ｋコンテンツ配信に係るビジネス市場の活性化を図ります。

　２０１６年度はライブ型配信やストリーミング型配信、ダウンロード型配信といった配信方法を用いて、スポーツや芸術の４Ｋ・８Ｋコンテンツ、疑似３Ｄ映像を配信する実証実験を国内の１０カ所で実施し、ＢtoＢ（企業間取引）の市場の創出および社会実装に向けた課題解決方策の検討を行いました。

　２０１７年度は、高度映像配信サービスを構築・提供するための技術仕様の策定や、公共施設をはじめとする幅広い施設において高度映像配信サービスを導入・構築する際に参照可能なリファレンスガイドラインの策定といった高度映像配信サービスをビジネスとして開始するために必要な環境整備を行い、高度映像配信サービスの市場創出及び映像配信プラットフォームの社会実装の促進に向けた取り組みを進めます。

図３　高度映像配信事業概要

スポーツ庁

オリンピック・パラリンピック後を見据えたスポーツ庁の施策について

1．スポーツ庁の発足（2015年10月）

2013年9月にアルゼンチンの首都ブエノスアイレスで開催された国際オリンピック委員会（IOC）総会で東京が2020年夏季オリンピックの開催都市に決定されました（パラリンピックの開催も同時決定）。1964年以来56年ぶりの開催、アジアでは初の2回目の開催となります。

これを機にスポーツ庁を設置する機運が高まり、2014年6月、超党派のスポーツ議員連盟が設置したプロジェクトチームが「各省庁のスポーツ施策の司令塔的役割を果たす」機関の創設を提言しました。

これを受け、文部科学省は第189回国会（2015年の通常国会）にスポーツ庁の設置を内容とする「文部科学省設置法の一部を改正する法律案」を提出し、同法案は衆参とも全会一致で可決され、同年5月、法律として成立しました。同年10月、文部科学省の外局としてスポーツ庁が発足。初代スポーツ庁長官にはソウルオリンピックの金メダリスト（100メートル背泳ぎ）で日本水泳連盟会長であった鈴木大地が就任しました。

スポーツ庁は、スポーツを通じて「国民が生涯にわたり心身ともに健

康で文化的な生活」を営むことができる社会の実現を目指し、スポーツ行政を総合的に推進しています。

「地域スポーツの振興」「学校体育の振興」「国際競技力の向上」「スポーツ界のガバナンス強化」といった従来からの施策に加え、新たに「スポーツを通じた健康増進」「スポーツによる国民経済の発展」「スポーツによる地域の活性化」等を政策分野に加え、関係省庁と連携しつつ、スポーツ行政を展開しています。

スポーツ庁による諸施策により今後築かれる社会は、２０２０年東京オリンピック・パラリンピック競技大会（以下「２０２０年東京大会」という）のレガシーともなるものと言えます。

２．第２期スポーツ基本計画の策定（２０１７年３月）

施策の実現には複数年にわたる計画が必要となります。スポーツ基本法（平成２３年法律第７８号）では、スポーツに関する施策の総合的かつ計画的な推進を図るため、スポーツ基本計画を策定することとされています。（第１期スポーツ基本計画：２０１２～１６年度）

スポーツ庁の発足後、２０１６年６月より第２期スポーツ基本計画の策定に向けた検討が始まりました。スポーツに係る幅広い分野の有識者を委員とするスポーツ審議会が設置され、審議会６回、基本計画部会１１回におよぶ審議を経て、２０１７年３月、第２期スポーツ基本計画が策定されました。対象期間は２０１７～２１年度までの５カ年で、２０２０年東京大会後も見据えたものとなっています。第２期スポーツ基本計画のポイントは（図１）（→p.209）のとおりです。

第２期スポーツ基本計画は、「スポーツが変える。未来を創る。Enjoy Sports, Enjoy Life.」をキャッチフレーズに、
①スポーツで「人生」が変わる！

②スポーツで「社会」を変える！
③スポーツで「世界」とつながる！
④スポーツで「未来」を創る！
という四つの観点から、「一億総スポーツ社会」の実現を目指すこととしています。

２０２０年東京大会の前後には、ラグビーワールドカップ２０１９日本大会、ワールドマスターズゲームズ２０２１関西も開催され、今後数年にわたってメジャーな国際競技大会が相次いで開催されます。スポーツへの関心がこれまでにないほど高まり、スポーツの力が最大限発揮される絶好の機会です。

これら一連のビッグイベントを有機的・効果的に生かして、すべての人々がスポーツの力で輝き、活力ある社会と絆の強い世界を創ることが、２０２０年東京大会のレガシーとなることを期待しつつ、「一億総スポーツ社会」の実現を目指して、スポーツ庁は各種取り組みを計画的・戦略的に展開しています。

３．スポーツ実施率の向上

図１が示すように、第２期スポーツ基本計画は、
①「する」「みる」「ささえる」スポーツ参画人口の拡大
②スポーツを通じた活力があり絆の強い社会の実現
③国際競技力の向上
④クリーンでフェアなスポーツの推進
という四つの柱から成り立っています。

一つ目の柱＝「スポーツ参画人口の拡大」では、その最も重要な政策目標は「スポーツ実施率の向上」です。

若年期から高齢期までライフステージに応じたスポーツ活動を推進す

るとともに、その環境整備を進めることにより、成人のスポーツ実施率（週１回以上）を６５％程度（障害者は４０％程度）に、同じく成人のスポーツ実施率（週３回以上）を３０％程度（障害者は２０％程度）に拡大することを目指しています。

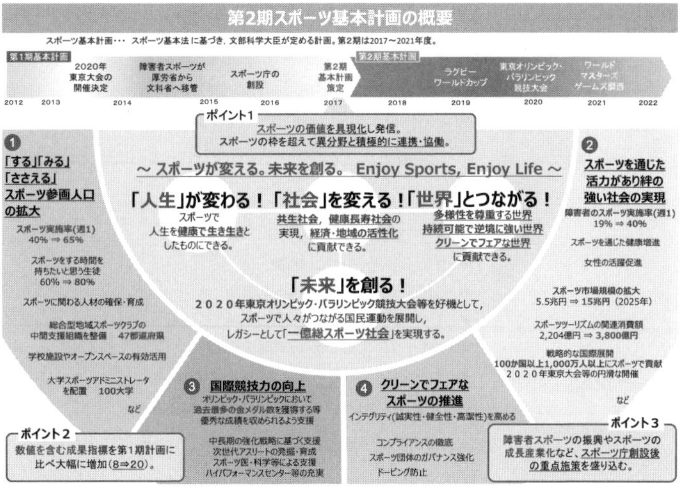

（図１）

その実現に向けて、「女性がスポーツに参画しやすい環境の整備」、「ビジネスパーソンへのアプローチ」をはじめ、「指導者、審判員などスポーツ活動を支える人材の育成」、「運動部活動の在り方に関する総合的なガイドラインの策定」等を進めています。

４．活力があり絆の強い社会の実現

基本計画の二つ目の柱＝「スポーツを通じた活力があり絆の強い社会の実現」では、その重要な政策目標は、スポーツを通じた「地域・経済の活性化」であり、「共生社会の実現」であり、「国際社会への貢献」です。

（１）経済の活性化

とりわけ、スポーツによる「経済の活性化」はアベノミクス第２ステージ「新三本の矢」の「第一の矢」に掲げられた「名目ＧＤＰ（国内総生産）６００兆円」を達成するための新たな有望市場として期待されています。

直近（２０１５年）のスポーツ市場５．５兆円を２０２５年までに１５兆円に拡大することを目標に掲げています。

(図2)

その実現に向けて、「スタジアム・アリーナ改革」、「スポーツ経営人材の育成」等をすすめています。

(2) 地域の活性化

「地方創生」は政権が掲げる主要課題の一つであり、スポーツ庁にとってもスポーツによる「地域の活性化」が重要な政策目標の一つになっています。スポーツツーリズムおよびスポーツによるまちづくりの推進主体である地域スポーツコミッションの数を２０２１年度末までに１７０（２０１７年１月現在５６）に増やし、スポーツ目的の訪日外国人旅行者数を２５０万人程度（２０１５年度現在約１３８万人）、スポーツツーリズム関連消費額を３８００億円程度（２０１５年度現在約２２０４億円）に拡大することを目指しています。

その実現に向けて、地域スポーツコミッションの活動支援やスポーツツーリズムのムーブメント創出等の事業を展開しています。

(3) 共生社会の実現

スポーツをすることで「楽しさ」「喜び」を得られることこそがスポーツの価値の中核です。子供、高齢者、障害者、女性、外国人などを含め全ての人々が分け隔てなくスポーツに親しむことで、心のバリアフリーや共生社会が実現します。

障害者をはじめ配慮が必要な方を含む多様な人々が、スポーツを通じて社会参画ができるよう、社会全体で積極的に環境を整備し、「共生社会の実現」を目指します。

具体的には、スポーツ施設のバリアフリー化及び不当な差別的取扱い

の防止による施設の利用促進、障害のある人ない人が一緒に楽しめるスポーツ・レクリエーションを推進する等により、障害者（成人）のスポーツ実施率（週１回以上）を４０％程度に、障害者（若年層）のスポーツ実施率（週１回以上）を５０％程度に拡大することを目指しています。

（４）国際社会への貢献

スポーツは「世界共通の人類の文化」です。人種、言語、宗教等の区別なく参画でき、国境を越えて人々の絆を育みます。このように、スポーツは「多様性を尊重する社会」の実現に貢献します。

また、スポーツはフェアであることを重んじ、他者への敬意や規範意識を高めます。日本が率先してその範を示すことで「クリーンでフェアな世界」の実現に貢献します。

アスリートは、不断の努力により人間の可能性を追求しており、その活躍は人々に夢と希望を届けます。時には難民、被災者、貧困層など困難にあえぐ人々に生き甲斐や自己実現のきっかけを与えることもあります。

スポーツ庁は、２０２０年東京大会はもとより、ラグビーワールドカップ２０１９日本大会、ワールドマスターズゲームズ２０２１関西等、相次ぐ大規模国際競技大会の開催を支援するとともに、スポーツの価値を１００カ国以上１０００万人以上の人々に広げるべく「スポーツ・フォー・トゥモロー」を展開しています。また、戦略的かつ効果的にスポーツの国際交流・協力を推進するため、スポーツ国際戦略の策定に向けて議論しています。これらの取り組みにより、スポーツを通して「国際社会への貢献」に努めます。

５．国際競技力の向上

基本計画の三つ目の柱は「国際競技力の向上」です。２０２０年東京大会をはじめとした国際競技大会における日本人選手の活躍は、国民に

第3章 わが国の未来へ

夢と希望を与えるものであり、選手の育成・強化などわが国の国際競技力の向上に取り組むことは非常に重要です。

そこで、基本計画では、日本オリンピック委員会（JOC）および日本パラリンピック委員会（JPC）の設定したメダル獲得目標を踏まえつつ、わが国のトップアスリートがオリンピック・パラリンピックにおいて過去最高の金メダル数を獲得する等優秀な成績を収めることができるよう支援することとしており、

①中長期の強化戦略に基づく競技力強化を支援するシステムの確立
②次世代アスリートを発掘・育成する戦略的な体制等の構築
③スポーツ医・科学、技術開発、情報等による多面的で高度な支援の充実
④トップアスリート等のニーズに対応できる拠点の充実

に取り組んでいます。こうした取り組みを通じて、２０２０年東京大会で日本が優れた成績を収めるよう支援するだけでなく、その後もこれらの取り組みを強力で持続可能な支援体制として構築・継承していくことを目指しています。

6. クリーンでフェアなスポーツの推進

基本計画の四つ目の柱は「クリーンでフェアなスポーツの推進」です。２０２０年東京大会に向けて、わが国のスポーツ・インテグリティ[※1]を高め、クリーンでフェアなスポーツの推進に取り組みます。その取り組みにより、スポーツの価値の一層の向上を目指します。

具体的には、「コンプライアンス[※2]の徹底」、「スポーツ団体のガバナンス強化」、「ドーピングの防止」などです。

アスリートは、不断の努力の積み重ねにより人間の可能性を追求しており、その活躍や努力は人々に夢と希望を届け、チャレンジする勇気を社会全体にもたらします。わが国が率先してフェアプレーに徹するアス

リートを守り、スポーツ競技大会におけるドーピングの防止、公正性の確保に努めることにより、「クリーンでフェアな社会」の実現に貢献します。

※1 インテグリティ（integrity）：誠実性、健全性、高潔性
※2 コンプライアンス（compliance）：法令遵守

7．おわりに

前述のとおり、今後数年にわたってわが国では相次いで大規模な国際競技大会が開催されます。スポーツへの関心がこれまでにないほど高まり、スポーツの力が最大限発揮される絶好の機会です。

これらのビッグイベントを生かして、すべての人々がスポーツを楽しみ、スポーツで輝く、活力ある社会と絆の強い世界を創ること、「一億総スポーツ社会」を実現することが、大会のレガシーにもつながります。スポーツを「する」人「みる」人「ささえる」人を増やすとともに、これまでスポーツに無関心であった人も含め、すべての人がスポーツに係わることができるようにしていくことが重要です。

これらを実現するため、スポーツ庁はソーシャルネットワークサービス（SNS）をはじめ多様なメディアを活用して、情報をお届けし、全ての人が何らかの形でスポーツに係わるよう、広報等の取り組みをすすめ、国民の皆さんとともに「一億総スポーツ社会」の実現を目指します。また、関係機関との連携を密にして、着実に施策を展開して参ります。国民の皆さんにおかれましては、引き続きスポーツ庁の施策にご注目いただき、スポーツを通じたより良い社会の実現に向けて、ご自身のできる範囲、係われる範囲から参画していただきたいと思います。

スポーツによる地域活性化の好事例としてスポーツ庁が企画・監修したマンガ事例集（全12巻）

文化庁

「守る文化」から「守って稼ぐ文化」への転換

「文化経済戦略特別チーム」発足

　２０１７年３月、内閣官房に「文化経済戦略特別チーム」という新たな室が設置されました。これまで文化政策というと、主として文化庁における文化の保護・振興が中心でしたが、今般、振興にとどまらず、２０２０東京オリンピック・パラリンピックをはじめ、まち・ひと・しごとや観光など、内閣官房や各府省庁が行う文化関連施策を横断的に取り扱い、統合強化した上で、経済拡大戦略のためのプランを策定していくことが求められる、との観点から、関係府省庁の知見を参集した新しいチームが結成されたのです。今後、同チームは平田竹男内閣官房参与および宮田亮平文化庁長官のもと、文化庁と連携して、①「守って稼ぐ」文化政策への展開、②そのための要望・要求の立案・調整、③省庁横断の戦略の策定、などの主要業務を遂行していくことになります。

　ここで重要なのは、「文化」と「経済」が結合している点であり、これこそまさに新しい文化行政の象徴だと言えるでしょう。従来、文化・芸術分野と経済は相容れない構図で捉えられることが多く、文化活動を稼ぐ手段に使うのは好ましくないという雰囲気もありました。しかし現実に欧米などを見ると、文化が一つの経済分野として多くの収益を確保

したりアート市場が一定の規模に達しているなど、文化と経済は対立ではなく相互に関係しながら発展している状況です。例えば、対ＧＤＰ比における文化芸術産業の経済規模を推計した文化ＧＤＰを諸外国と比較してみると、英国の５．０％、米国の４．３％、フランスの４．０％と比べて、日本は１．８％と低水準にとどまっています。

現状と課題

・文化GDP　諸外国との比較

文化ＧＤＰとは、文化芸術産業の経済規模を推計したもの
我が国の文化ＧＤＰは総ＧＤＰの1.8％（約8.8兆円）で、欧米諸国に比べて低水準

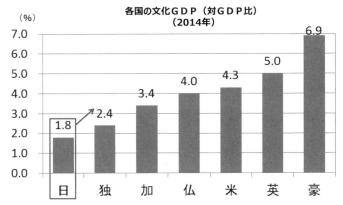

平成27年度文化庁委託事業
「文化産業の経済規模及び経済波及効果に関する調査研究事業」（ニッセイ基礎研究所）より

　文化・芸術に対する考え方はまさしく国民性の反映であり、日本ではもっぱら保存と継承に焦点が当てられてきました。これはもちろん大変重要なことには違いないのですが、欧米では保存・継承した上で、それを内外の人に楽しんでもらい、活発な経済活動が展開されています。日本でも文化・芸術の持つ経済的価値を捉え、産業としての確立・発展を図り、新しい成長の柱として育てていく、そういう見方も必要ではないかと思われます。この「文化経済戦略特別チーム」も、こうした観点を

基盤として、各省庁から多角的な知見を結集し、文化を保存・継承しつつ文化の経済的側面を伸長させるという方向性のもと、発足いたしました。

　文化・芸術で経済振興を図るにしても、従来の"守る文化"から"稼ぐ文化"へ方向性を転換するわけではありません。肝心の文化・芸術が、稼いでいけるだけの魅力あるものでなければならず、そのためには従来のような保存と継承がより一層重要となります。世界的にも固有な歴史、伝統に裏付けられた特色ある文化を、しっかり守った上で、それにプラスしてどう経済に生かしていくかが問われるわけです。言わば、"守る文化"から、"守って稼ぐ文化"へ発展をしていこう、というのが目指すべき方向性であり、そのための政策をどう講じていくべきかが、これから考えていかなければならないテーマとなります。

インバウンドにおける文化・芸術

　他方、周知のとおり日本を訪れるインバウンド（訪日外国人旅行者）は年々右肩上がりで推移し、２０１７年１１月４日時点でその前年の実績である２４０４万人を突破し、２０２０年には４０００万人、２０３０年には６０００万人を目指しています。問題は、多くの外国人旅行者が日本を訪れるとき、日本の文化や芸術関係を目的に来るのか、もしくは観光の際に文化・芸術関連を欠かせない目的の一つに位置付けているかどうか、ということです。

　例を挙げると、パリのルーブル美術館やニューヨークのメトロポリタン美術館は、日本人を含め多くの観光客がぜひ訪れたい、見学したい場所の一つになっていると思われますが、日本の美術館や博物館は、これら世界の著名な美術館、博物館と同様に観光客にとって魅力ある場所となっているかがポイントです。美術館・博物館来館者ランキングを見

「守る文化」から「守って稼ぐ文化」への転換　文化庁

ると、広さや入館料金の有無といった条件もあるので単純に比較はできませんが、日本は第20位にランクされた国立新美術館がトップで262万人、以下、東京国立博物館が31位で193万人、世界遺産にも指定された国立西洋美術館が53位で116万人と、1位のルーブル美術館740万人、2位のメトロポリタン美術館700万人に対し、来館者数の差は大きい状況です。上位ベスト10に入っている海外の美術館・博物館は、入館無料のところを除いてはいずれも東京国立博物館、国立西洋美術館の常設展示より入館料が高く、多くの入館料収益を得ています。

現状と課題

- 美術館・博物館来館者ランキング

	館名	都市	国・地域	総入館者数	入館料
1	ルーブル美術館	パリ	フランス	7,400,000	€15（¥1,944円）
2	メトロポリタン美術館	ニューヨーク	アメリカ	7,006,859	US＄25（¥2,778）
3	大英博物館	ロンドン	イギリス	6,420,395	無料
4	ナショナル・ギャラリー	ロンドン	イギリス	6,262,839	無料
5	バチカン美術館	バチカン	バチカン	6,066,649	€16（¥2,073）
6	テート・モダン	ロンドン	イギリス	5,839,197	無料
7	國立故宮博物院	台北	台湾	4,665,725	NTD250（¥913）
8	ナショナル・ギャラリー・オブ・アート	ワシントン	アメリカ	4,261,391	無料
9	エルミタージュ美術館	サンクトペテルブルク	ロシア	4,119,103	P700（¥1,310）
10	ソフィア王妃芸術センター	マドリード	スペイン	3,646,598	€10（¥1,296）
20	国立新美術館	東京	日本	2,623,156	企画展料金
31	東京国立博物館	東京	日本	1,926,844	¥620
53	国立西洋美術館	東京	日本	1,162,345	¥500

展示面積では、ルーブルが61,000m²、メトロポリタンが59,000m²、大英博物館が57,000m²　　　出典 THE ART NEWSPAPER
東京国立博物館の18,000m²に対して、3〜4倍であることも、総入館者数に影響している

一方、外国人旅行者が過去数年で急速に増えたため、著名な観光地では宿泊施設や交通機関などの受け入れインフラが需要に追い付かず、またすぐには追いつけないのが現状で、大きな課題となっています。にも

第3章 わが国の未来へ

関わらず多くの外国人旅行者が増え続けているということは、受け入れ態勢不足を踏まえてなお日本に魅力を感じていることの証左です。実際に各種のアンケートなどを見ると、やはり日本の文化は魅力的という回答が多く、受け入れの充実の一環として、より一層、文化の発信に力を入れていく必要があります。

　例えば外国語の解説。観光地の表示や案内パンフレットなどにはかなり英・中・韓国語表記は増えましたが、博物館をはじめ歴史や美術を紹介する施設においてはどうか。有名な歴史的名所で日本史における重要な故事が起きた場所でも、表示された名称や用語が単なるローマ字表記のままで、その言葉が意味する内容の英語解説がなされていないというケースがまだ多いのではないでしょうか。増え続ける外国人旅行者に対して交通や宿泊等のインフラ面だけでなく、日本の文化や歴史を理解し

てもらう態勢もまだ十分ではない、ということになります。外国人旅行者の増加は、くしくも国内における文化の発信の在り方を考える契機となり、現在美術館・博物館における外国語の適切な解説を増やしていくよう努めています。

２０２０東京オリパラへ向けて

　インバウンドの増加は、わが国の文化・芸術を取り巻く大きな環境変化の一つですが、同様にその他にも文化・芸術の在り方に影響を及ぼす要素が複数あります。以下、「文化芸術の振興に関する基本的な方針」(第４次基本答申)より列挙、検証してみましょう。

【地方創生】地方においても、その地域の歴史を伝える博物館や資料館があったり、その地域で活動している芸術家の方々などが少なくありません。しかし、人口減社会が到来し、特に地方においては過疎化や高齢化の影響によって、地域におけるコミュニティの衰退や、文化・芸術の担い手が少なくなるという深刻な問題が起きています。だからこそ、文化の保護や存続を図ると同時に、地域活性化にもつながる文化や芸術を軸とした、地方創生、地域活性化を図ることが求められます。

　２０２０東京オリンピック・パラリンピック（オリパラ）はスポーツの祭典ですが、これまでの大会では、開催国の文化を世界中に紹介するような大きなイベントが開催されることが多く、日本としても東京大会を契機に、文化の祭典を成功させることにより、日本の文化の魅力を世界に示すとともに、文化・芸術を通じて世界に大きく貢献するまたとない機会となります。文化・芸術の振興を図る絶好のチャンスだと言えるでしょう。

【東日本大震災】震災発生以後の課題となる人口減少、高齢化、産業の空洞化などの解決策の一つとして、文化・芸術の振興を図り、日本の他

の被災地や世界に対してモデルとなる、「創造と可能性の地」としての「新しい東北」を創造することが期待されています。

【グローバル化の進展】多くの人々が国境を越えて行き交い、国内外の文化人・芸術家などの相互交流が進む中で、文化・芸術による対話や交流を通じて新たな価値を創出し、それを世界へ発信するとともに、国内外の文化的な多様性や相互理解を促進していくことの重要性が一層、高まっています。

【情報通信技術の発展】インターネットなど、情報通信技術の急速な発展と普及は、あらゆる分野において人々の生活に大きな利便性をもたらすと同時に、多様で広範な文化・芸術活動の展開に貢献するものです。具体的な例として、バーチャルリアリティーと芸術作品を組み合わせた新しい表現や展示が増えており、日本古来の国宝の絵画などが組み込まれたバーチャル映像を美術館で楽しむことができるなど、これまでにない芸術の楽しみ方が広がっています。また近年着目されているのが"クローン文化財"です。３Ｄプリンターなどを使って本物そっくりの複製をつくり、保存上の問題などから一般にはなかなか見られない文化財を展示したり、地方の学校などで展示して、都市部の博物館に行かなくても子供たちが地元で文化財に接する機会をつくる、等々の活用が考えられます。これは修理・修復・再現技術の進化にも通じ、貴重な文化財の継承にも役立つものと思われます。

　これら諸々の環境変化事項の中でも、２０２０年に迫ったオリパラがやはり重要な機会となります。まさに日本全体の祭典であり、日本を再興し、レガシーの創出と、日本が持つ力を世界に発信する最高の機会となります。この機会を最大限に生かすべく、以下の各種取り組みを実施していきます。

①「ｂｅｙｏｎｄ２０２０プログラム」を推進。オリパラを契機に、将来へのレガシーを遺し、発展させていくことが重要です。この理念を

前提に２０１８年１月から、レガシー創出に資する取り組みについて、認証を開始しました。日本文化の魅力を発信する事業や活動において、障害者にとってのバリアを取り除く取り組み、外国人にとっての言語の壁を取り除く取り組み、のいずれかを含んだ事業・活動が対象となります。

②内閣官房オリパラ事務局で「オリパラ基本方針推進調査」を実施。日本全国の地域性・多様性に富んだ文化を通じ、盛り上げを図っています。具体的には、上限１０００万円の試行プロジェクトの成果を全国に波及させるもので、２０１６年度実績は３２件、１７年度実績は２１件でした。

③「公共空間を活用したイベントの促進相談窓口」の設置。多様な文化イベントづくりを促進するため、主催者などから相談を受け付ける窓口を、オリパラ事務局、文化経済戦略チーム共同で窓口として設置します。

以上のように、わが国の文化政策は大きな転換期を迎えようとしています。物理面でも２０２１年には文化行政を担当する文化庁が京都に移転することが決まっています。そこで２０１８年内に、移転を念頭に置いた大掛かりな組織改革を予定しています。現在の方向性のもと、文化を保護しつつ、経済と一体となった発展が図られるよう、取り組んでいく所存です。

国土交通省

共生社会の実現に向けた国土交通省のバリアフリー推進施策

1. はじめに

　障害の有無にかかわらず、女性も男性も、高齢者も若者も、すべての人がお互いの人権や尊厳を大切にし支え合い、誰もが生き生きとした人生を享受することができる共生社会の実現に向けて、2020年東京パラリンピック競技大会は、社会の在り方を大きく変える絶好の機会です。

　このため、政府においては、2016年2月に東京オリンピック・パラリンピック競技大会担当大臣を議長とする「ユニバーサルデザイン2020関係府省庁等連絡会議」を設置し、同会議の下に設置された「心のバリアフリー分科会」および「街づくり分科会」において、さまざまな障害者団体や学識経験者等の参画を得て、共生社会の実現に向けた施策を総合的に検討してきました。

　その上で、2017年2月には、関係府省庁等連絡会議を「ユニバーサルデザイン2020関係閣僚会議」に格上げし、同会議において、国民の意識やそれに基づくコミュニケーション等個人の行動に向けて働きかける取り組み（「心のバリアフリー」分野）と、ユニバーサルデザインのまちづくりを推進する取り組み（街づくり分野）についてとりまとめた「ユニバーサルデザイン2020行動計画」を決定しました。

本稿においては、「ユニバーサルデザイン２０２０行動計画」に位置付けられた国土交通省関係の施策について、これまでの取り組み状況と今後の取り組みを記載します。

2．競技会場周辺エリア等におけるバリアフリー化の推進

ⅰ）競技会場周辺エリア等における道路のバリアフリー化の推進

競技会場周辺エリア等における道路のバリアフリー化の状況を公表するとともに、東京大会のアクセシブルルートを含む競技会場等と周辺駅を結ぶ重点整備区間について、都・区等と連携して整備を促進しています。また、大会を契機として、全国の主要鉄道駅周辺等のバリアフリー化を推進するため、防災・安全交付金により重点的な支援を実施しています。その際、利用者ニーズに応じた経路選択ができるよう、幹線道路のバリアフリー化に併せて、その周辺の生活道路についても、地域の安

［オリンピック・パラリンピック競技会場周辺の整備イメージ］

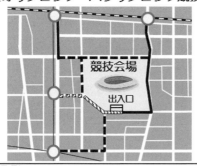

歩道の整備
〈千駄ヶ谷駅周辺〉

駅等における点字ブロックの
連続的な整備（豊洲駅前）

全対策と一体となった整備を推進することとしています。

　さらに、新設・改築時に道路移動等円滑化基準への適合が義務付けられる特定道路の指定を拡大するとともに、バリアフリー化に併せて無電柱化することにより、安全で快適な歩行空間の連続的・面的な整備を推進することとしています。

ⅱ）主要鉄道駅・主要ターミナルにおけるバリアフリー化

　アクセシブルルートに係る鉄道駅をはじめとする東京オリンピック・パラリンピック競技大会の関連駅においては、大会を契機として、バリアフリールートの複数化、エレベーターの大型化、ホームドアの設置等のバリアフリーの高度化を進めることとしており、例えば、新国立競技場の最寄り駅である千駄ヶ谷駅、信濃町駅、青山一丁目駅、外苑前駅において、東京大会までにエレベーターの増設または大型化、ホームドアの整備等を行うなど、高次元のバリアフリーに向けた整備を実施しています。また、新宿駅、東京駅等の大規模駅においては、エレベーターの増設により、移動経路を大幅に短縮することとしており、例えばＪＲ新宿駅においては、２０２０年までに、駅の改良にあわせてエレベーターの増設を行うことで、移動経路を大幅に短縮し、ＵＤタクシーの普及とあわせて、シームレスかつ最短経路での移動を実現することとしています。

　新宿、渋谷、品川、虎ノ門等の都内の主要ターミナル等においては、２０２０年の供用を目標として都市再開発プロジェクトを実施する中でバリアフリー化を推進することとしており、例えばＪＲ新宿駅では、２０１６年３月にとりまとめたバリアフリー等に関する「新宿ターミナル基本ルール」の理念に合わせ、東西自由通路の整備を実施しています。

　また、東京大会を契機として、全国の鉄道駅についても安全性・利便性を向上させる取り組みを実施しており、例えば、車椅子使用者の利用環境の向上に向けて、予約時等の待ち時間の短縮に向けた検討を進める

とともに、ハンドル形電動車椅子の鉄道車両等への乗車要件について、車椅子使用者の人的要件を撤廃し、車椅子の構造要件を大幅に緩和する運用の早期開始に向けた調整を行っています。

　駅ホームの安全性向上については、ホームドア整備の前倒しや駅員による誘導案内などハード・ソフト両面からの転落防止対策を推進しており、ホームドアについては、1日当たりの乗降客数が10万人以上の駅について、車両の扉位置が一定など整備条件を満たしている場合には、原則として2020年度までに整備することとしています。

　ホームドアの整備に併せて、ホームと車両の段差・隙間の最小化も推進しており、2018年度中に施設・車両の構造等を踏まえて車椅子で

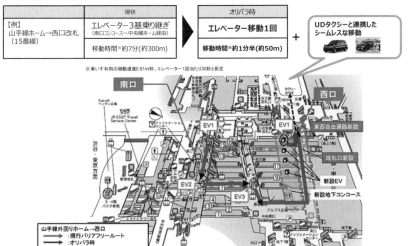

第3章 わが国の未来へ

の単独乗降と鉄道の安全確保を両立しうる段差・隙間の数値化を行い、その結果を踏まえ、単独乗降可能駅をマップ化することとしています。

3．バス・タクシー・空港のバリアフリー化

都内の路線バスについては、2016年度末で90％以上がノンステップバス化されており、引き続き導入を促進することとしています。空港アクセスバスについては、新宿と羽田を結ぶ路線において、リフト付バスの運行を開始するなど、バリアフリー化を拡充しており、さらなるバリアフリー化の推進策や目標について検討をしています。また、都内のタクシーについては、2020年に4台に1台をUDタクシー化することを目指し、支援を実施しています。

なお、リフト付バス、UDタクシーについては、既存の導入支援策に加え、2017年10月から交付を開始した2020年東京オリンピック・パラリンピック競技大会特別仕様ナンバープレートにおける寄付金を活用することとしています。

空港のバリアフリー化については、成田空港、羽田空港、関西空港、中部空港、新千歳空港、福岡空港、那覇空港において、2016年度に

エレベーターの増設やトイレの機能分散等の数値目標を空港ごとに設定し、取り組みの具体化を実施するとともに、タラップや搭乗橋を含め、ターミナルビルから航空機搭乗口まで、切れ目のない円滑な移動経路を確保するための取り組みを推進しています。また、羽田空港国際線ターミナルにおいては、タクシー乗車場と身体障害者乗降場を隣接させ出口前面に再配置することにより、UDタクシー乗車の利便性の向上を図っています。

4．ホテル・旅館、観光地のバリアフリー化

　ホテル・旅館のバリアフリー化については、2017年3月に「高齢者、障害者等の円滑な移動等に配慮した建築設計基準」（以下「建築設計標準」という。）を改正し、国土交通省のホームページに公開したところです[※]。本改正においては、車いす使用者用客室だけでなく、一般客室におけるバリアフリー化も促進するため、バリアフリーに配慮した一般客室の設計標準を追加するとともに、既存客室のさまざまな制約を解決しながら改修を進めるため、合理的・効果的なバリアフリー改修方法を提示しました。また、2020年東京オリンピック・パラリンピック競技大会の開催を契機に、障害者等がより円滑にホテル・旅館を利用できる環境を整備するため、ホテル等のバリアフリー客室数の基準の見直しについて、2017年12月に設置した検討会において検討を開始し、2018年夏を目途に方向性を取りまとめることとしています。

　観光地のバリアフリー化については、観光地のバリアフリー情報の提供促進に向けて、バリアフリー指標の評価を行うマニュアルの作成を2017年度中に行うとともに、利用者が各観光地のバリアフリー評価結果を手軽に比較できるように、2019年度からポータルサイト等による一元的な情報提供を実現することを目指しています。また、既存の

第3章 わが国の未来へ

観光案内所にバリアフリー旅行相談窓口の機能を付加し、正確で分かりやすい情報発信を行える拠点として育成を図っています。

（※URL: http://www.mlit.go.jp/jutakukentiku/jutakukentiku_house_fr_000049.html）

5．公共交通機関・建築物等のトイレのバリアフリー化

　高齢者、障害者等の社会参加や外出等の機会をさらに促進するためには、高齢者、障害者等が支障なくトイレを利用できる環境を整備することが重要です。このため、「建築設計標準」では多機能トイレへの利用集中を避けるため、施設の用途や利用状況を勘案し、必要な各設備（オストメイト用設備や乳幼児連れに配慮した設備等）を個別機能トイレへ分散することを促進する改正を２０１７年３月に行ったところです。また、公共交通機関のトイレについても多機能トイレの機能分散を進めるため、公共交通機関のバリアフリー基準について、２０１７年度中に改

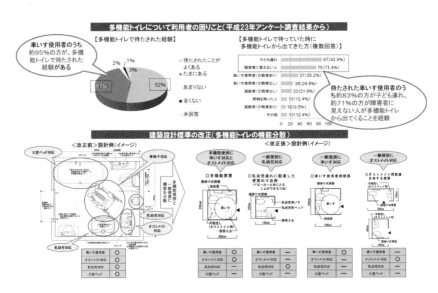

正することとしています。さらに、多機能トイレについて、真に必要な人が必要なときに使用できるように、利用マナーの改善に向けたキャンペーン等の啓発活動も推進しています。

6．ICTの活用によるシームレスな移動の実現

　障害者を含むすべての人が、屋内外を問わず、自分の現在位置や、目的地までの経路等の情報を容易に入手できるよう、GPSの電波が届かない地下街や公共の施設内におけるインフラ（屋内電子地図、測位機器）の整備や施設のバリアフリー情報を含む各種データのオープンデータ化等を推進しています。

7．心のバリアフリーの推進

　心のバリアフリーの推進に当たっては、幅広い分野の企業において、さまざまな障害のある人が活躍しやすい環境づくりに向けて、経営者か

ら現場の社員まで一体となって「心のバリアフリー」に取り組むことが期待されるところで、国土交通省では、交通分野や観光業における接遇の向上に取り組んでいます。

具体的には、交通分野においては、交通モードごとの特性を踏まえ、交通事業者が行う研修の充実も視野に入れ、接遇ガイドラインを２０１７年度中に作成するための検討を進めています。観光業においては、日本観光振興協会をはじめとした関係団体とともに、接遇マニュアル作成に向けた検討を行っています。

また、国民の協力促進やマナー向上に向けて、駅エレベーターへの優先マークの貼付促進、鉄道利用者への声かけキャンペーン、バリアフリー教室等の啓発活動を推進しています。

８．バリアフリーに係る制度・仕組みの見直し

２０１７年３月に、障害当事者も参画した「バリアフリー法及び関連施策のあり方に関する検討会」を設置し、高齢者、障害者等の移動等の円滑化の促進に関する法律（バリアフリー法）および関連施策の見直しに着手しました。同年６月に国土交通省２０２０年オリンピック・パラリンピック東京大会準備本部バリアフリーワーキンググループにおいて、バリアフリー法および関連施策の見直しの方向性についてとりまとめ、バリアフリー法の改正に向けた準備を進めました。

具体的には、交通事業者によるハード対策・ソフト対策一体となった取り組みの推進、市区町村が主体的に行う地域のバリアフリー化の取り組みの促進、バリアフリー法の適用対象の拡大、利用者への情報の見える化の推進等の措置を講ずることとしており、バリアフリー法改正法案を２０１８年通常国会に提出しています。

また、旅客施設・車両等の移動等円滑化基準・ガイドラインでは、駅

等のバリアフリールートの最短化や大規模駅における複数化の義務付け、利用状況に応じたエレベーターの複数化又は大型化の義務付けなどについて改正作業を実施しました。

《Ⅰ》
ハード対策と一体となったソフト対策（人的支援等）

【現行取組】
交通事業者に、
- 旅客施設等の新設等に当たってハード対策を義務付け
- 情報提供・教育訓練の努力義務付け

【課題】
既設のハード対策や人的支援等のソフト対策の取組状況は、事業者ごとにバラツキがある。障害者の利用時にスムーズな移動ができない場合がある

車いす利用者の鉄道利用に係る介助の様子

【原因】
○更なるハード対策・ソフト対策を一体的に推進するという社会的ニーズの高まり

《Ⅱ》
面的なバリアフリー化

【現行取組】
○市区町村が、広く関係者の参画を得て、基本構想を作成。具体のバリアフリー化事業を推進

【課題】
基本構想未作成、フォローアップ不足等により、施設間経路など連携によるバリアフリー化が不十分との指摘

基本構想作成市区町村数
・全市区町村の2割　（294/1718）
・3千人/日以上の旅客施設のある市区町村の約半数　（268/613）
　　　　　　　[H28年度末時点]

【原因】
①基本構想はマスタープランと事業計画の性格を併有。
②利害関係が複雑・調整難航、作成経費・ノウハウ不足
③バリアフリーのスパイラルアップの必要性に対する社会認識の向上

《Ⅲ》
バリアフリー法の適用対象・情報提供拡大

【現行取組】
○公共交通機関、建築物、道路等について、バリアフリー法を適用

※貸切バス、遊覧船は、制定時に日常・社会生活上不可欠ではないと整理され、法適用を見送り

【課題】
・ユニバーサル・ツーリズム、観光地周辺のバリアフリー化等を推進している中で、高齢者等にとって貸切バス、遊覧船が利用しづらい状況
・公共交通事業者等のみに情報提供の努力義務

車いす利用者の利用に適したリフト付きバス

【原因】
○貸切バス、遊覧船につき、バリアフリー法の対象となっていない
○建築物等の情報提供について、バリアフリー法上の規定なし

9．おわりに

　国土交通省としては、２０２０年東京オリンピック・パラリンピック競技大会を契機に、共生社会の実現を東京大会の最大のレガシーの一つとすべく、精力的にまちづくり、心のバリアフリーをはじめとする諸施策に省を挙げて取り組んでいくとともに、大会後も見据え、全国各地における高い水準のバリアフリー化を進めていきたいと考えています。

観光庁

観光先進国の実現に向けた取り組み

1. はじめに

　近年、訪日外国人旅行者数は、急速な拡大を遂げてきました。昨年の訪日外国人旅行者数は、5年連続過去最高を達成し2869万人まで拡大し、またこれに伴い、訪日外国人旅行消費額も4兆4161億円まで拡大して過去最高となりました（図1）。わが国の観光産業は旅行業や宿泊業といった産業のみならず、運輸、飲食、小売、そして農業や製造業など裾野が広く、大きな経済波及効果や雇用創出効果を有する産業分野に成長してきています。

　このような中、2016年3月には、内閣総理大臣を議長とする「明日の日本を支える観光ビジョン構想会議」において、2020年に訪日外国人旅行者数を4000万人、訪日外国人旅行消費額を8兆円とし、さらには2030年にそれぞれを6000万人、15兆円とすること等も踏まえた、その実現のための施策を、「明日の日本を支える観光ビジョン」（以下「観光ビジョン」という。）としてとりまとめました（図2）。観光ビジョンは、観光はGDP600兆円達成への成長戦略の柱であり、「地方創生」への切り札であるとし、国を挙げて「観光先進国」という新たな挑戦に踏み切る覚悟が必要であることを示しました。

観光先進国の実現に向けた取り組み　観光庁

(図1)
訪日外国人旅行者数と訪日外国人旅行消費額の推移

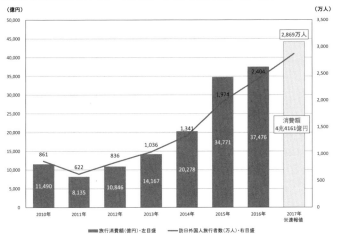

出典：観光庁「訪日外国人消費動向調査」、日本政府観光局（JNTO）

(図2)

明日の日本を支える観光ビジョン　新たな目標値

安倍内閣5年間の成果

戦略的なビザ緩和、免税制度の拡充、出入国管理体制の充実、航空ネットワーク拡大など、**大胆な「改革」**を断行。

（2012年）　（2017年）

- 訪日外国人旅行者数は、**約3.5倍増の2869万人**に　　836万人 ⇒ 2869万人
- 訪日外国人旅行消費額は、**約4倍増の4.4兆円**に　　1兆846億円 ⇒ 4兆4,161億円

新たな目標への挑戦！

訪日外国人旅行者数	2020年：**4,000万人**（2015年の約2倍）※	2030年：**6,000万人**（2015年の約3倍）※
訪日外国人旅行消費額	2020年：**8兆円**（2015年の2倍超）※	2030年：**15兆円**（2015年の4倍超）※
地方部での外国人延べ宿泊者数	2020年：**7,000万人泊**（2015年の3倍弱）※	2030年：**1億3,000万人泊**（2015年の5倍超）※
外国人リピーター数	2020年：**2,400万人**（2015年の約2倍）※	2030年：**3,600万人**（2015年の約3倍）※
日本人国内旅行消費額	2020年：**21兆円**（最近5年間の平均から約5%増）※	2030年：**22兆円**（最近5年間の平均から約10%増）※

※（）内は観光ビジョン策定時である2015年時点との比較

第3章 わが国の未来へ

　このように観光にはこれまで以上に大きな期待が寄せられていますが、その一方で、わが国の観光をめぐる課題は多岐にわたります。今後、これまで以上に多くの訪日外国人旅行者を受け入れるに当たっては、さらなる受入環境の整備が急務です。インバウンドの急増に伴い、宿泊施設の需要が拡大する一方、宿泊業に携わる人材が不足しているといった問題も抱えています。また、これまでのわが国のインバウンドの伸びは、経済発展の著しい近隣の北東・東南アジア諸国に支えられてきましたが、２０２０年から先の１０年間は、インドを含む南アジアやアフリカといった国々が観光市場として成長を遂げると予測されており、こうした市場からの国際観光客の取り込みがこれまで以上に重要になってきます。欧州においては、２０３０年も引き続き世界最大の観光市場と予測されており、こうした地域からの国際観光客の取り込みにも一層力を入れていく必要があります。

　さらに、訪日外国人旅行者の訪問先は依然として東京・大阪等を巡るルートに集中しており、今後、インバウンド増加の効果を全国津々浦々に届けることも課題となっています。加えて、個人旅行の増加等旅行形態の多様化や、「爆買い」とも呼ばれる訪日外国人旅行者の消費行動に代表される「モノ消費」から日本ならではの文化や自然等を体験・体感する「コト消費」への消費スタイルのシフト等、旅行者のニーズは日々変化し続けています。また、ＩＴ化の進展、ソーシャルメディアの普及等により、観光に関する情報収集の形態に劇的な変化が見られます。さらに、観光には、他国の社会経済情勢の変化等の外的要因による影響を受けやすい面もあります。このようなさまざまな観光をめぐる状況の変化に対し、柔軟かつ的確に対応していく必要があります。

2.「観光ビジョン」と「観光ビジョン実現プログラム」

今後、ますます世界中で人の往来が活発化する中で、多くの人から日本が観光のデスティネーションとして選択され、そしてさらに、二度三度と訪れたくなるような「世界が訪れたくなる日本」へと飛躍するためには、さらに高いレベルの観光先進国の実現に向けた取り組みが求められます。

観光ビジョンでは、わが国が世界に誇る自然・文化・気候・食という観光振興に必要な四つの条件をフル活用し、国を挙げて「観光先進国」を目指すべく、2020年に訪日外国人旅行者数4000万人、訪日外国人旅行消費額8兆円等の新たな目標を設定するとともに、その目標実現のため、「三つの視点」を柱とした幅広い分野にわたる具体策に政府一丸となって取り組んでいく方針を打ち出しました（図3）。さらに、政府としてこれを強力に推進するため、観光ビジョンを踏まえた短期的

(図3)

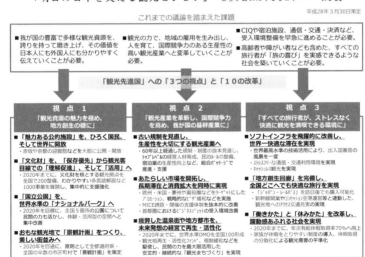

な政府の行動計画として「観光ビジョン実現プログラム」を２０１６年、２０１７年に策定するとともに、それに盛り込まれた施策のフォローアップを通じて、観光ビジョンの確実な実現を図ることとしています。観光ビジョンは、いわば「骨太な施策」を厳選してとりまとめたものですが、「観光ビジョン実現プログラム」は、観光ビジョンに盛り込まれた施策について、短期的な取り組みを具体化したものに加え、観光に対する多様なニーズにきめ細かく対応するため、新規性のある施策や、従来の施策で改善・強化して取り組むものについても、幅広く盛り込んでおります。

3．観光ビジョンの「三つの視点」とその具体的な施策

【視点１】観光資源の魅力を極め、地方創生の礎に

　わが国は、歴史ある文化財や多様性に富んだ自然など豊かな観光資源に恵まれ、魅力的な旅行先として高いポテンシャルを有しています。しかしながら、例えば、魅力ある公的施設や文化財について、公開が限定的であり、多言語で分かりやすい解説や案内が提供されていないなどの課題があります。また、訪日外国人旅行者の多様なニーズを満たすべく、歴史や文化だけにとどまらない新たな観光資源を開拓することも重要です。

　これらを踏まえ、観光ビジョンでは、一つ目の視点として「観光資源の魅力を極め、地方創生の礎に」を掲げています。このための具体的な取り組みとして、赤坂迎賓館・京都迎賓館について、通年の一般公開、季節等に応じた夜間公開や特別開館を実施するとともに、皇居乾通りでは紅葉の時期の公開期間を７日間から土日２日間を含む９日間に拡大したところです。

　また、国立公園を「ナショナルパーク」としてブランド化するた

め、八つの国立公園ごとに策定された「ステップアッププログラム２０２０」に基づき、民間事業者の知恵や資金を最大限活用し、上質なホテルを誘致すること、アクティビティを充実すること、多言語解説の整備やビジターセンターの充実などの、利用施設を整備すること等に取り組んでいるところです。また、地域に残る古民家等の歴史的資源を上質な宿泊施設やレストランに改修し、観光まちづくりの核として再生・活用するため、人材育成や金融・公的支援、海外の発信力のあるタレントやブロガーを起用しての国内外への情報発信、旅館業法の改正等の規制・制度改革等に積極的に取り組んでいるところです。

さらに、「楽しい国 日本」という新たなブランドの確立に向け、歴史、文化だけにとどまらない新たな観光資源開拓の取り組みを促進しています。そのために、ＶＲやＡＲ等の新たな観光コンテンツの拡充・支援の実施や、国立美術館・博物館等の開館時間の延長を推進するなどの受入環境整備、観光資源の多言語解説整備の支援・強化等に取り組むこととしています。

【視点２】観光産業を革新し、国際競争力を高め、わが国の基幹産業に

国際観光客は２０３０年に１８億人まで拡大すると予測される中（２０１０年９．４億人）、これを奪い合う世界各国・地域との熾烈な競争に勝ち抜くため、わが国の観光産業の国際競争力を強化することが必要です。観光産業は、旅行業、宿泊業のみならず、運輸（航空、鉄道等）、飲食、小売など極めて裾野が広く、大きな経済波及効果を有する総合産業であり、観光ビジョンは、これら観光産業の競争力強化や生産性向上に取り組むことで、わが国の基幹産業へと成長させることを目指すこととしました。

このための具体的な取り組みとして、２０１７年６月に成立した「住宅宿泊事業法」により、住宅宿泊事業を営む者に係る届出制度を設け

る等の措置を講ずることにより、健全な民泊サービスの普及を図り、観光旅客の来訪・滞在を促進していきます。また、観光産業の担い手を育成するため、トップレベルの経営人材の恒常的な育成拠点として、２０１８年４月に開学予定の一橋大学および京都大学の観光ＭＢＡのカリキュラム開発等の支援を実施するとともに、地域観光の中核を担う人材の強化を図るためのワーキンググループを実施、さらに現場の人材不足の解消に向けた外国人材やシニア、女性等の幅広い人材確保にも取り組んでいるところです。また、訪日外国人旅行者をはじめとした観光客の各地域への周遊を促進するため、ＤＭＯが中心となって行う、地域の関係者が連携して観光客の来訪・滞在促進を図る取り組みに対して、支援を実施することとしています。

　さらに、観光ビジョンの目標達成のためには、近隣のアジアのみならず欧米豪をはじめとする全世界から、市場特性の違いを踏まえて、インバウンドを効果的に取り込んでいくことが不可欠であるため、訪日プロモーションの戦略的高度化および多様な魅力の対外発信強化に取り組むこととしています。そのために、国別戦略に基づくきめ細やかな市場別プロモーションの徹底や、「訪日グローバルキャンペーン」の実施、ビッグデータを活用した訪日外国人旅行者の動向分析等のデジタルマーケティングの本格導入などを行うとともに、これらの施策を実施するため、ＩＣＴ・マーケティング等の専門人材を配置する等、日本政府観光局（ＪＮＴＯ）の体制の強化等に取り組んでいるところです。

【視点３】すべての旅行者が、ストレスなく快適に観光を満喫できる環境に
　今後、より多くの訪日外国人旅行者を受け入れ、「すべての旅行者が、ストレスなく快適に観光を満喫できる環境」を築くため、観光ビジョンでは、出入国審査の改善、通信・決済環境の向上等により、ソフト

インフラを飛躍的に改善し、世界一快適な滞在を実現すること、観光地へのアクセス交通の充実等により、全国どこへでも快適な旅行を実現すること等を掲げています。

　このための具体的な取り組みとして、車内等を含めたトイレの洋式化や公衆トイレの整備、旅館・ホテルの快適な環境への改善、増加する訪日ムスリム旅客等の多様な宗教・生活環境への対応力の強化等により、ストレスフリーな受入環境の整備を支援します。また、空海港で円滑かつ厳格な出入国審査を高度な次元で実現するため、必要な人員の確保、顔認証ゲートや、高性能な爆発物自動検出機器類をはじめとする先進的な保安検査機器の導入等、人的・物的体制の強化を進めていきます。

　さらに、通信環境の飛躍的向上と誰もが一人歩きできる環境の実現のため、防災拠点、宿泊施設、交通施設、商店街、農山漁村地域等、全国における無料公衆無線ＬＡＮ環境の整備を支援するとともに、「VoiceTra」等の多言語音声翻訳システムを活用した実証事業を推進し、あらゆる観光シーンで活用できる多言語音声翻訳システムの全国的普及に向けた取り組みを推進しています。

4．おわりに

　２０２０年とその後を見据えると、国際観光客がより一層拡大する中で、わが国における観光需要のさらなる増加が見込まれるとともに、旅行者のニーズや旅行動態も変化していくことが予想されます。このような中、観光ビジョンに掲げた目標を確実に達成し、真の「観光先進国」を実現するためには、これらに対する迅速対応が必要となるだけでなく、常に先を読んで対策を講じていくことが求められます。今後とも、政府一丸、官民一体となってより高次元な観光施策を展開していきます。

東京都都市整備局

東京2020大会の成功とその先の東京の未来へ

1．はじめに

　2020年、東京は2度目のオリンピック・パラリンピックを迎えます。1964年大会は、新幹線や首都高速道路など、高度経済成長を牽引するレガシーを生み出しました。東京2020大会では、ゆとりある真に豊かな暮らしの実現など、成熟社会にふさわしいレガシーを残していくことが必要です。

　東京大会の成功と、それをてことした日本の持続的成長に向けて、「2020年に向けた実行プラン」に基づき、安全・安心・元気な「セーフ シティ」、誰もがいきいきと活躍できる「ダイバーシティ」、世界に開かれ成長を続ける「スマート シティ」の三つのシティの実現を目指し、都は施策を展開しています。

　東京2020大会の競技会場や選手村の整備などの大会の開催・運営に不可欠な取り組みに加えて、円滑な輸送やバリアフリー、防災など、来訪者への準備を着実に進めます。

　また、都心等における拠点機能の充実・強化を推進し、多くの人々が快適に訪れることができるまちを創出していきます。このレガシーを都民の貴重な財産として未来に引き継ぎます。さらに、その先の2040

年代を見据えた、まちづくりの取り組みを始めています。

2．選手村整備

東京２０２０大会の選手村は、すべての選手が安心・快適に生活でき、競技に向けた万全の準備やスポーツを通じた国際交流が可能な場となるよう整備を行っています。

そして、大会後は、子育てファミリー、高齢者、外国人など、多様な人々が交流し、いきいきと生活できる約１３ヘクタール、約６０００戸のまちとして生まれ変わる計画としています。

また、環境先進都市のモデルとして水素ステーションを整備し、燃料電池バス等の車両への供給を行うほか、水素パイプラインや純水素型燃料電池※等の新技術を導入することで、実用段階としては日本初となる住宅などの街区への供給を進めていきます。

大会期間中は水素供給システムの一部を稼働するとともに、インフォメーション施設を設置し、水素の有用性や日本の最新技術を世界にアピールしていきます。

※純水素型燃料電池：水素を直接取り込み、CO_2を発生させず高効率で電気と熱を生み出すシステム

3．円滑な輸送の実現

東京２０２０大会に向け、人・モノなどの円滑な輸送を実現するための取り組みが行われています。

【臨海部等における骨格幹線道路等の整備】

都心部と臨海部との連携強化、都心部や臨海副都心で発生する交通の

第3章 わが国の未来へ

出典：2020年に向けた東京都の取り組み－大会後のレガシーを見据えて－

分散などに寄与するため、首都高速道路の一部が延伸され、晴海線（晴海〜豊洲間）約１.２キロメートルが２０１８年３月に開通したところです。これにより、並行する有明通りを利用する場合に比べて、所要時間が短縮されるとともに、交通渋滞の緩和も期待されます。首都高速道路では、ジャンクションの改良も進められており、２０１８年３月には中央環状線のボトルネック箇所の拡幅整備が完了し、引き続き、連絡路の追加等の機能強化を図ります。

また、湾岸地域の広域的なネットワークの形成や羽田空港へのアクセス向上などに寄与する重要な路線として、国道３５７号（湾岸道路）の東京港トンネルの整備が進められています。西行き（海側）については、２０１６年３月に開通し、台場から羽田空港への移動時間が５割短縮（約２９分→約１５分）するなど、臨海部におけるアクセスがスムーズになりました。東行き（内陸側）トンネルについては、２０１８年度の開通が予定されています。

さらに、臨海部の物流交通の円滑化と東京２０２０大会の競技会場へのアクセス確保を図るとともに、震災時における迅速な緊急物資輸送や被災者避難のために、臨港道路南北線の整備を進めています。

【羽田空港の機能強化】

首都東京の玄関口である羽田空港は、東京２０２０大会やその後の航空需要に応え、国際便の就航を増やしていくためにも空港容量の拡大が必要不可欠です。そのため、２０２０年までに、国際線の需要が集中する時間（１５時〜１９時）に限定し、都心の上空を使った新たな飛行経路の導入などにより、国際線発着回数を最大で年間３.９万回拡大（年間６.０万回→９.９万回）する取り組みを国と共に行っていきます。

第3章 わが国の未来へ

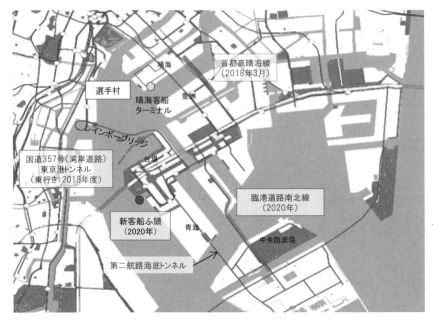

臨海部の都市基盤（道路等）

【クルーズ客船の誘致促進】

　世界的なクルーズ人口の急増やアジアにおけるクルーズ市場の成長などにより、日本への大型クルーズ客船の寄港が増加しています。東京は陸・空の交通アクセスが充実しているとともに、豊富な観光資源を有している一方で、現在客船ふ頭として使用している晴海ふ頭では、レインボーブリッジの桁下高制限により、大型クルーズ客船が着岸できない状況です。そこで、大型クルーズ客船の寄港需要を確実に取り込むため、レインボーブリッジ外側の臨海副都心地域に新たな客船ふ頭を整備します。

【ＢＲＴの導入】

　豊洲市場の開場、競技施設や選手村の整備に加え、周辺地域の住宅開

発などの交通需要の増加に対応するため、新たな交通手段として、都心と臨海副都心とを結ぶBRTを導入することとし、環状第2号線の整備状況に合わせて、順次運行を開始します。BRTの運行に当たり、国が進めている正着制御などの新技術を実証的に導入するなど、従来のバスより進化した交通機関を目指していきます。

【都営大江戸線勝どき駅の改良】

　選手村の最寄駅である勝どき駅では、駅周辺の開発に伴う利用者の増加に加え、選手村は東京2020大会終了後に住宅に転用されることもあり、さらなる駅利用客の増加が見込まれます。このため、混雑を緩和し、利用者の安全性を確保するため、2018年度の新ホーム供用開始に向け、コンコースの拡張やホーム増設などの工事を実施しています。

4．バリアフリー化の推進

　東京は、世界で初めて2回目のパラリンピックを開催する都市として、障害のある人もない人も互いに尊重し、支え合う共生社会を実現するなど、確かなレガシーを残していく必要があります。

　東京2020大会に向けて、競技会場に至るアクセス経路のバリアフリー化については、アクセシビリティ・ガイドライン※を踏まえ、会場ごとに障害者などに配慮が必要な観客の動線となるアクセシブルルート※を設定し、必要な施設改修を促進します。対策箇所の決定や実施内容については、当事者団体との現場視察や意見交換を実施するなどのプロセスを重視しています。

　多くの人々が行き交う、駅のバリアフリーについては、鉄道事業者の積極的な取り組みを支援することで、ホームドアやエレベーターの整備を加速します。特に、ホームドアの整備については、2011年に全国

に先駆けて１０万人以上のＪＲや私鉄の駅を対象に補助制度を創設しました。その後、東京２０２０大会に向け、国の補正予算を活用し、ＪＲ千駄ケ谷駅などの競技会場周辺駅や京急羽田空港国内線ターミナル駅等において整備を加速してきました。引き続き、競技会場周辺駅などにおいて、整備を進めていきます。

道路については、国、都、区市など、異なる主体が管理する施設を横断的に捉え、段差の解消や、車椅子が走行可能な空間の確保等を一体的に進めます。

一方で、新宿駅などの大規模ターミナル駅については、これまで鉄道事業者ごとに表示が異なっていたサインの統一化を進めており、今後、東京２０２０大会に向け、渋谷駅や池袋駅などにも展開していきます。

※アクセシビリティ・ガイドライン：組織委員会が国際パラリンピック委員会の求めに応じて、東京２０２０大会に向けて２０１７年３月に策定した、アクセシビリティに関する指針
※アクセシブルルート：アクセシビリティ（障害者等を含む全ての人々にとってのアクセスのしやすさ）に配慮が必要な観客に対して、競技会場と一部の観客利用想定駅との間に設定する経路

５．安全・安心な都市の実現

東京２０２０大会に向けて、安全・安心への取り組みを推進するとともに、２０２０年以降も持続可能な都市として、首都東京の防災機能を高める必要があります。都は、首都直下地震も想定して、都民の生命と財産の保護および首都機能の確保に向けた取り組みを行っています。

【建築物の耐震化】
震災時の救助活動や復興の大動脈となる特定緊急輸送道路※の沿道建築物の耐震化について、都は、全国に先駆けて条例を制定し、耐震診断

を義務付けるとともに、耐震改修費に対して最大9割を助成するなどの取り組みにより耐震化を促進しています。

　住宅の耐震化については、これまで都は、整備地域※内において、改修等に助成を行ってきましたが、今後、整備地域外においても、所有者への積極的な働きかけなどを行う区市町村を対象に、改修等に対する助成を検討するなど、耐震化を加速させていきます。

※特定緊急輸送道路：緊急輸送道路のうち、全ての第1次緊急輸送道路および区市町村庁舎との連絡や他県の第一次緊急輸送道路との連絡に必要な第2次又は第3次緊急輸送道路
※整備地域：老朽した木造の建物が密集する「木造住宅密集地域」のうち、震災時に特に甚大な被害が想定される地域

【木造住宅密集地域の改善】

　都は、老朽建築物の除却、道路や公園といった公共施設整備などの区の取り組みを支援することや、延焼遮断帯※を形成することにより、特に甚大な被害が想定される整備地域の改善を進めています。

　整備地域の中で、特に重点的・集中的に不燃化へ向けた改善を図るべき地区を、区の申請に基づき「不燃化特区」として指定し、老朽建築物の建て替えなどに助成を行う区への支援や、都税の減免※などを行っています。

　また、整備地域において、不燃化をさらに加速するため、緊急車両の通行や円滑な消火・救援活動および避難に有効な防災生活道路の拡幅整備を事業として進め、沿道の不燃化建て替えを促進しています。

　整備地域の主要な延焼遮断帯については、軸となる都市計画道路を整備するとともに、都市防災不燃化促進事業による沿道建築物の不燃化を進める区への支援や、沿道一体整備事業などによる沿道まちづくりを誘導しながら、延焼遮断帯の効率的な整備を進めています。

※延焼遮断帯：地震に伴う市街地火災の延焼を阻止する機能を果たす道路などの都

第3章 わが国の未来へ

市施設およびこれらと近接する耐火建築物等により構成される帯状の不燃空間
※都税の減免：老朽建築物除却後の更地・建て替え後の住宅が一定の要件を満たす場合に、固定資産税・都市計画税を減免（最長5年間）

【無電柱化の推進】

　無電柱化は、災害時に電柱の倒壊による道路閉塞の防止など、都市防災機能の強化や安全で快適な歩行者空間の確保、良好な都市景観の創出を目的として整備を進めています。東京2020大会までに、重点的に整備する地域であるセンター・コア・エリア※内の計画幅員で完成した都道や、競技会場周辺の都道の無電柱化を完成させるとともに、このエリアを環状7号線の内側エリアに拡大し、今後10年で、整備対象箇所全ての路線※で事業に着手します。

　区市町村道についても、区市町村が実施する無電柱化事業に対して財政・技術支援を行っていきます。また、関係者と連携し、技術開発によるコスト縮減も図っていきます。

　さらに、まちづくりにおける無電柱化の面的展開として、都市開発諸制度※を改定し、大規模開発内の無電柱化を義務付け、区域外の無電柱化を評価して容積率を割り増しするなどの取り組みとともに、土地区画整理事業などの機会を捉えた整備を促進することにより、安全で歩きやすく、美しいまちの形成を目指していきます。

※センター・コア・エリア：おおむね首都高速中央環状線の内側エリア
※整備対象箇所すべての路線：計画幅員で完成している歩道幅員2.5メートル以上の都道
※都市開発諸制度：公開空地の確保など公共的な貢献を行う良好な建築計画に対して、容積率などを緩和する制度

6．魅力的で活力あふれる国際ビジネス拠点の形成

　持続的な経済成長を牽引する国際ビジネス拠点を形成するため、渋谷

駅や虎ノ門駅周辺などで、都市再生による拠点形成が進められています。

渋谷駅周辺では、世界に開かれた文化・交流・発信機能やクリエイティブコンテンツ産業等の先進的な業務機能および産業育成機能を導入します。あわせて、東京２０２０大会までに、東京メトロ銀座線の駅機能強化に併せ、都市基盤やまちを上下につなぎ、地下およびデッキから地上へ人を誘導する円滑な縦のバリアフリーや東西歩行者デッキの整備などにより、歩行者にやさしい都市空間を生み出します。

虎ノ門駅周辺では、良好な住環境を備えた居住機能のほか、国際金融をはじめとする業務・商業・文化・交流・宿泊等の多様な機能を導入します。あわせて、東京２０２０大会までに、地下鉄日比谷線虎ノ門新駅の暫定開業、地下歩行者ネットワークや新たなバスターミナルの整備により、交通結節機能とともに、拠点機能の充実・強化を図ります。

また、２０２０年以降も、品川駅周辺では、国際的なビジネス機能と

多様な地域の将来像と都市機能の充実・強化

出典：２０２０年に向けた実行プラン

これを支える業務、商業、宿泊機能などを備えた新拠点を形成し、池袋駅周辺では、「芸術・文化」を育て発展させる国際性の高い拠点を形成するなど各地で、まちづくりを進めていきます。

複数の国際ビジネス拠点で持続的な経済成長を牽引していくため、都市再生特別地区※や都市開発諸制度を活用した優良な民間開発の誘導に取り組み、質の高い多様な都市機能の集積を促進して、東京の活力を高めるとともに、国際競争力の一層の強化を図っていきます。

※都市再生特別地区：都市再生緊急整備地域内において、既存の用途地域等に基づく用途、容積率等の規制を適用除外とした上で、自由度の高い計画を定めることができる都市計画制度

7．2040年代を見据えた「都市づくりのグランドデザイン」

都は、将来を見据えた長期的な視点を持ち、東京を世界中から選ばれる高度に成熟した都市、「新しい東京」へと生まれ変わらせ、持続的に発展させるため、2040年代の東京の目指すべき都市の姿とその実現に向けた戦略や取り組みを示す「都市づくりのグランドデザイン」を2017年9月に策定しました。

グランドデザインでは「活力とゆとりのある高度成熟都市」を都市づくりの目標として、高度な都市機能の集積やインフラストックなどを最大限活用し、人・モノ・情報の活発な交流を促進し、新たな価値を生み続ける活動の舞台として、世界中から選択される都市を目指します。

グランドデザインが目指す都市を実現していくための戦略として、例えば、道路ネットワークの形成が進むことにより円滑な交通環境が実現する効果を生かして、まちづくりや地域のニーズに応じ、道路空間を再編していきます。その際、自転車や歩行者の快適な通行空間を確保することで、ゆとりやにぎわいなど、新たな付加価値を生み出します。

また、日本橋川の上空に建設された首都高速道路の大規模更新と周辺のまちづくりの機会を捉え、連携して首都高速道路の地下化や水辺のにぎわい創出などに取り組んでいきます。これにより、品格ある都市景観の形成、歴史・文化を踏まえた日本橋の顔づくり、沿道環境の改善を図ります。

　２０４０年代は、東京２０２０大会を小学生・中学生・高校生として迎える世代が社会の中心を担う時代です。この未来を担う次世代に東京を引き継いでいくため、都民や企業、区市町村など、さまざまな関係者と都市づくりの目標を共有して、今なすべきことをなし、より良い東京を創っていきます。

京都市

100年、1000年先も京都が京都であり続けるために

京都市長
門川　大作 氏

――まず、「レガシー2020」において、門川市長がまちづくりにおいて日頃からよく引用される「100年、それから1000年先も京都が京都であり続けるために」という言葉の意味から教えていただけますか。

門川　私は、まちづくりには哲学が必要だと考えています。「行政の長として当然じゃないか」とご指摘を受けるかもしれません。しかし、私が言いたいのは、都市の哲学を意味します。仙台ご出身の哲学者・梅原猛先生（京都市立芸術大学名誉教授、国際日本文化研究センター名誉教授）は、18歳の時に東京と京都のどちらで学ぶかを悩み、「100年の真理は東京で学ぶ、1000年の真理は京都で学ぶ」と決断されて京都で学ぶことを選ばれました。梅原先生は、90歳を超えられた今、「京都で学んでよかった」と仰っています。

――どこの都市にも備わっているというものではないのですね。

門川 そうですね。ただ、その深みには歴史が必要だと思います。そして、何よりもそこに住む人々の暮らしの美学や知恵の集積が大きな要素です。実際に、世界中の歴史都市と呼ばれる都市を思い浮かべてみてください。人口１００万人を超える規模の都市の中で、１０００年を超えて一度も都市の営みが遮断されずに、人々の暮らしの美学や知恵、それらを培う自然やものづくり、その背景の宗教などが継続している都市は、京都しかないと言われています。

――なるほど。世界に歴史都市と言われる都市は数多くありますが、その多くは１０００年単位で見ると、時の政治機構や宗教の変遷、戦争などによって、そこに住む人々の暮らしの美学や知恵継承が分断されていますね。

門川 まちづくりは、１０００年先を展望して、１００年間の明確なビジョンを作り、１０年間の具体的な計画を実行していく。こういう視点が大事やと思っています。

＝京都市民が１０００年を超えて大事にしてきた生き方、本質に戻る＝

――では、貴市におけるまちづくりの要諦、つまり１０００年先を展望した１００年間の明確なビジョンとはどんな施策になりますか。

門川　大作／かどかわ　だいさく

昭和25年生まれ、京都府出身。京都市立堀川高等学校卒業後、44年京都市教育委員会に就職。49年立命館大学２部法学部を卒業し、平成８年京都市教育委員会総務部長、13年教育長、20年に京都市長に当選、現在３期目。現在、世界歴史都市連盟会長、指定都市市長会副会長、世界文化遺産地域連携会議会長、指定都市自然エネルギー協議会会長、「内閣『教育再生実行会議』分科会有識者」などを務める。

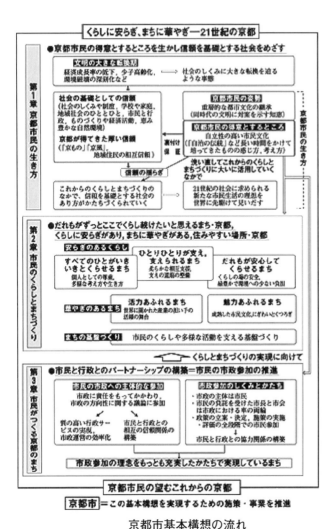

京都市基本構想の流れ

門川　本市では、21世紀を迎える前に市民ぐるみで「京都市基本構想」を作成しました。基本構想の第1章には、京都市民の生き方が記載されています。自治体の基本構想は、10〜20年くらい先を見据えて、第1章には、産業や福祉、教育政策、インフラ政策を書いているのが一般的です。しかし、本市は、「京都市民が1000年を超えて大事にしてきた生き方を大切にしよう」ということを高らかに掲げたのです。そして「京都市民の得意技は何か」という視点で、市民や学識経験者、産業界の皆さんも交えて侃々諤々（かんかんがくがく）の議論をしました。その結果、京都市民には六つの得意技があるという結論に達しました。

──具体的に教えてください。

門川　一つ目は「めきき」、本質を見抜く力。二つ目は「たくみ」、精緻なものづくり。三つ目は「きわめ」、何ごとも曖昧にしない、とこと

ん極めていく。四つ目が「こころみ」、進取という試みですね。常に新たな挑戦をする、新しい挑戦。五つ目が「しまつ」、もったいない。そして六つ目が「おもてなし」、人を受け入れる。この六つが京都に伝わる、人間の生き方の特徴になる。こういう視点を大事にした時に、未来が開けると考えています。

――なるほど。

門川 私は市民と一緒に議論できたことをものすごく誇りに思っています。その当時は、バブル経済が弾けて、都市間競争という言葉が今よりももっとシビアに語られていた状況でした。都市は空洞化し、景観はだんだん崩れていき、文化の発信力の低下が嘆かれた。そういう時に、京都は本質に戻ろうと。歴史を振り返ると、過去にも同じようなことがありました。

――どんなことでしょうか。

門川 ２０１８年は、ちょうど明治維新１５０年に当たりますが、明治維新で天皇陛下が「ちょっと行ってくる」と仰って、東京に行かはった。京都は、遷都宣言がないままに、事実上、都の地位を失ってしまいました。それから、数年の間に人口が３４万人から２３万人に激減したのです。まさしく、都市存亡の危機と言えるでしょう。当時は、「キツネやタヌキの住みかになるんじゃないか」とまで嘆かれたそうです。

その時に、京都の人は何をしたのか。先人は嘆いてばかりでなく、皆でお金を出し合って、１８６９年（明治２年）に６４の小学校を創設し運営したのです。「子どもをしっかりと育てれば、未来は明るい」と子どもを地域の宝として皆で育てようと行動しました。当時は、まだ、文部省もありません。廃藩置県前で、県も府も、さらには市もなかった時に出てきた先人の知恵です。

――地域による人づくりですね。

門川 都の地位は失いましたが、皆の哲学は一致してました。

第3章 わが国の未来へ

１０００年続いた京都を「このままにしてはいけない」という危機意識もあったのでしょう。当時、京都のまちの半分は焼けていたんです。夜露をしのぐのも大変な時に、皆で汗をかいて知恵を出して、子どもを育てたわけです。

――素晴らしいですね。

門川　京都には、「竈金」（かまどきん）という言葉があります。この言葉には、竈（かまど）のある家は、「皆、金を出そう」という意味が込められています。あるいは、竈の数ごとに出し合おうと「竈別出金」とも言われました。例えば、竈が五つ、六つもある大店（おおだな）や家主は５口、６口出す。一方で、路地裏の奥には借家人もいる。そういう人たちの家にも竈が一つはあるわけで、彼らにも１口出してもらったそうです。負担能力に応じて、お金を出し合って、学校の運営を行ったのです。その後、市立芸術大学・美術工芸高校の前身の画学校、さらには工業高校が設立されました。私は、教育、人づくりと文化芸術、ものづくりに京都の未来を託した先人たちの哲学を、今こそ学ばなければならないと考えています。

= 西郷隆盛の長男、菊次郎氏が２代目市長として都市インフラを整備 =

京都市第２代市長
西郷菊次郎氏

――行政機関がまだ整備されていない時に、貴市では人づくりの土壌が出来上がっていたということに驚きを禁じ得ません。

門川　行政が機能し始めるのは、それからずっと後、１８８９年（明治２２年）のことです。ただ当時は、市制特例という法律がありまして、京都市と東京市と大阪市は、事実上、国が直轄し、知事が市長を兼務したので、市役所の開庁も

できませんでした。ようやく1898年（同31年）に、市制特例が廃止されて市役所が開庁したのです。そして、本市が行政として本格的にまちづくりに乗り出したのは、2代目市長に「西郷（せご）どん」こと西郷隆盛の長男、西郷菊次郎氏が就任してからになります。

――維新の英雄でもある薩摩の西郷隆盛は、幕末、京都をたびたび訪れ活躍しますが、明治

琵琶湖第一疏水（そすい）
1890年（明治23年）に琵琶湖と京都（鴨川）を結ぶ「琵琶湖第一疏水（そすい）」が造られた。

10年、西南の役で反乱士族のリーダーに押し立てられてしまいます。この「レガシー2020」では、熊本地震により被災した熊本城にも焦点を当てていますが、西南の役で、隆盛は、菊次郎氏とともに熊本城を攻め、大天守閣はその時焼失してしまったそうです。ただ、その西郷菊次郎氏が京都市長に就任していたとは知りませんでした。

拡幅された四条通（生田誠氏提供）
拡幅される前の「四条小橋」付近と拡幅後。河原町通り方向を望む。琵琶湖から引き込んだ水力発電によって電気が作られ、わが国初の市電が拡幅された大通りを走行した。

門川 菊次郎市長は、行政のリーダーとして京都の都市インフラを整備しました。明治の三大事業と言われていますが、第二琵琶湖疏水（そすい）と水力発電所、そして市電の開業です。琵琶湖から水を引き込んで、発電所を造る。そして、発電所の電気でわが国最初の市電を走らせました。本市の大きな通りは、その時に完成したのです。平安京の時は立派な道だったわけですが、その後、都に人々が流入し、道路はせいぜい大八車が走るぐらいの規模でした。そこで菊次郎市長は、道路を拡幅して大通りを造り、電車を走らせました。こうなると、もう都市改造ですね。彼は、外債まで発行して見事にやり遂げました。当時の年間予算の３０倍の予算をつぎ込んでいるのです。

――大西郷の息子、西郷菊次郎氏が京都のまちづくりにおいて非常に重要な役割を担ったのですね。

門川 明治維新初期の京都は、人づくりと文化芸術、ものづくりに力を入れました。やがて人が育ち、菊次郎市長の時に都市のインフラを整備した。まさに、今日の京都があるのは、こうした先人たちのおかげやとつくづく思います。

＝京都市民が持つ哲学自体がレガシー＝

――今まで、門川市長のお話を伺う中で、京都市民が持つ哲学自体がレガシーだと思えます。ところで、門川市長には、先人たちの思いを将来につなげていくという責務もあるかと思われますが、その点はどのようにお考えでしょうか。

門川 京都の歴史力、文化力、地域力、それを支える人々の人間力、そこにすべての答えがあると思います。今、日本中が人口減少などさまざまな課題に直面しています。周辺諸国との関係も非常に難しくなっています。こうした状況は、明治維新の頃と似ているかもしれません。だ

からこそ、市民一人ひとり、あるいは企業家や大学も含めて、歴史に学び、今を考え、未来を創ろう。そういうことが重要になってくると思います。
——先ほど、「京都市基本構想」について伺いましたが、まちづくりという視点で、具体的にどのように政策に反映されているのでしょうか。

　門川　まずは、教育。人づくりと文化に重点を置き、地域ぐるみの学校改革を行っています。明治維新の時に、京都の人々が地域の将来を担う子どもたちのために行ったことをいま一度実行しているわけです。おかげさまで、本市の学校改革は、日本の教育改革のモデルとして新しい学習指導要領にも取り入れられています。

　次に、こうしたまちづくりの視点を産業政策に結び付けようとしています。本市は、ベンチャー企業も含めて、企業が大変元気です。しかし、産業用地が少ないため、京都発祥の企業の工場などが他府県へ流出し、京都に進出したい企業がなかなか立地できないケースが頻繁に起こっています。この点については、これまでの都市政策を見直す必要もあると考えています。

　１０年以上前、国家戦略としての「京都創生」を打ち出しました。キャッチフレーズは、「日本に、京都があってよかった。」です。

　「京都は世界の宝である」という考え方を全市民で共有して、その宝をしっかりと継承し、守り、創生するために、やれることは全部やろうと。さらに、本市だけでできないことは国にも要望し、世界の宝としての京都を国家戦略として未来につなげていきたいと考えています。

京都創生のＰＲポスター（西陣界隈～歩くまち・京都　撮影：水野克比古氏）

第3章 わが国の未来へ

――「京都創生」について、もう少し詳しく教えてください。

門川　大きく三つの骨子で構成されています。第一に文化を中心とした都市経営を実行しようと。二つ目は景観です。六つの条例を制定し、建物の高さやデザイン規制の強化を行いました。三つ目が観光政策で、都市格として京都の価値を十分に高めていかねばならないとしています。

――景観法が制定された当時は、規制緩和が声高に叫ばれ、都市間競争で高層ビルがどんどん建てられた時でしたね。

門川　本市の新景観政策の最大のコンセプトは「小さな東京には絶対にならない」です。高層ビルの乱立は、地域固有の文化が失われて、都市の魅力が大きく損なわれてしまいかねません。

――門川市長のお話を伺っていて、まちづくりを時間軸で見つめ直すと、厳しい時にいかに踏ん張れるかが非常に重要になると感じました。こう

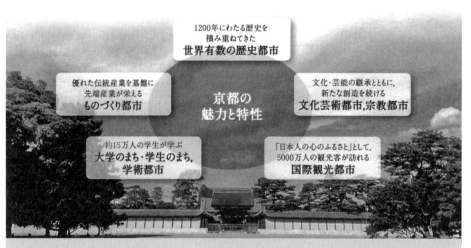

京都創生の概念図

した「京都創生」戦略を構築していたからこそ、2012年以降、国のインバウンド戦略もあって、貴市への年間観光客数は、3年連続で5500万人台を記録したと言えるの

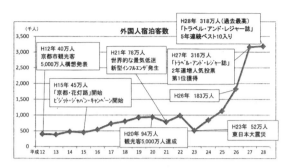

京都市外国人宿泊数（2000年・平成12年〜2016年・同28年）の推移

ではないでしょうか。年間宿泊客数は2016年実績で過去最高となる1415万人、外国人宿泊数も過去最高の318万人を記録しています。

門川 米国の旅行雑誌『トラベル・アンド・レジャー』誌の読者アンケートでは5年連続で人気観光地ランキングベスト10に、英国の旅行雑誌『ワンダーラスト』の読者アンケートでも2年連続で「世界一、魅力が高い」との評価をいただきました。

——まさに貴市は、国のインバウンド戦略をけん引するトップランナーの役割も担っておられますね。

門川 しかし、観光で評価されているのは、京都に住む人たちの暮らしや生活そのものが精神文化、宗教、自然と共生し、都市の魅力に結び付いているからです。川端康成が、代表作「古都」を執筆するに当たり、こんな言葉を残しました。「京都に暮らし、京都のものを食べ、京都のことを書く、京都のまちがいかに大事かということを実感する」——。京都に脈々と続く日本ならではの人々の暮らしや生活そのものが京都の魅力となっていることを私たちは謙虚に受けとめ、子どもたちや将来の世代に引き継いでいきたいと考えています。

——ありがとうございました。

高知県高岡郡梼原町(ゆすはら)

先人の遺産「木」と生きる、地域循環型のまちづくり

　高知県西北部、愛媛県との県境にある梼原町は、日本最後の清流とも呼ばれる四万十川の源流域に広がるまちだ。標高は南部２２０メートルから北部１４５５メートルと１２００メートル以上の高低差があり、四国山地の台地に広がる雄大な四国カルストから流れ出る清水を集めた梼原川沿いにまちが形成されている。

　山間の辺境にありながら、梼原では９１３（延喜１３）年、蔵人頭だった津野経高を都から迎え、今に伝わる津野山神楽などに代表される独自の文化を育んできた。その進取の精神は、幕末には維新の魁となった天誅組総裁の吉村虎太郎や、脱藩する坂本龍馬を導いて国境の峠を越えさせた梼原人・那須親子へと連なる。

　１９６６年の町制移行以来約半世紀にわたり５代の首長交代がありながらも、梼原町では「森と水の文化構想」を軸に自然との共生、先進的な教育、そして環境と健康といった基本姿勢を追求してきた。２００９年には、「再生可能エネルギー自給率１００％」を掲げた環境モデル都市に認定され、カルスト台地に吹く風を利用した風力発電、梼原川の豊かな水量がもたらす小水力発電、木質ペレットを利用した冷暖房システム、地中熱を生かした温水プール（現在はペレット加熱）など低炭素都市を目指す梼原町の先進的な取り組みには、回天の志士を援けた進取の

先人の遺産「木」と生きる、地域循環型のまちづくり　高知県高岡郡梼原町

精神が引き継がれている。

　梼原町の最大の資源が、総面積約２万４０００ヘクタールのうち、実に９１％を占める林野だ。昭和の敗戦後、梼原の先人は木材需要の増加を見込んで積極的に植林を行った。１万８０００ヘクタールの民有林のうち７３％を占める人工林は、先人たちの大いなる遺産だと言える。まちでは早くからこの森林資源を生かしたまちづくりに取り組んできた。橋梁などの公共建築は、建て替えの際に梼原材を使ったものに生まれ変わらせ、古くからの木造建築物はその保存・改修が行われている。そして驚くべきは、人口約３６００人のこのまちに世界的建築家・隈研吾氏の木の建築が６作品も建っていることだ。

　隈氏とこのまちの縁を繋いだのは、１９４８年に住民たちによって建てられた「ゆすはら座」。和洋折衷デザインの木造２階建ての芝居小屋は、長らく町民の娯楽施設として愛され、芝居や映画などが上演されていた。現在は町庁舎近くに移設・改修され、神楽上演や会合場所としても利用できるようになっている。

　実はこの「ゆすはら座」、老朽化によって一時取り壊しが検討されたことがある。この時、保存運動に関わった一人が隈氏だ。１９８７年、高知県の知人の依頼で、ゆすはら座の保存運動に協力した隈氏は、「梼原は木と最初に出会った場所で『木の恩人』みたいなもの。『木を大事にして生きる』という哲学を教えてもらった」（『高知新聞』２０１６年１月２７日）と語っている。建設中の新国立競技場を含め、今では木材を使った和の建築が隈氏の作風だが、梼原町にある「雲の上のホテル・レストラン」（１９９４年竣工）は、氏が木を本格的に使った建物の第一号。以来、梼原町と隈氏の絆は続き、６件もの公共建築が建てられることとなった。ゆすはら座という遺産を生かすことによって、地域全体がまちの価値を再認識し、先人の植えた「木」による、町民一体のまちづくりが動き出したと言える。

第3章 わが国の未来へ

まちの歩みのモニュメントであり、未来への布石とも言うべき、町内の隈作品を見てみよう。

①「雲の上のホテル・レストラン」(1994)

標高1400メートル以上の梼原町からは、眼下に雲海を見下ろすこともできる。「雲の上の町」が梼原町のニックネームだ。その名を冠したこのホテル・レストランは、隈氏が「まちのニックネームから思いついた」と言う、空に浮かぶ雲のようなルーフの形状が印象的だ。北(正)面のファサードから見ると、列柱に支えられたルーフがちょうど三つの雲のように浮かんでいる。列柱は梼原産の杉材で、スチールプレートを挟み込み、スチールロッドで補強。吹き抜けの1階のレストランでは地元の素材を生かした料理が楽しめる。客席から見える半円の池は、梼原町の棚田をイメージしたものだという。日中は遮るもののない青い空が、夜には満天の星空が水面にさざめく。水上の舞台では伝統の「津野山神楽」が演じられたこともある。

レストランから南方向へ進む廊下は、開口部上部に障子が嵌められている。雪見障子のような効果で視線が下へ向き、歩行者は建物を囲む水面の美しさに惹きつけられる仕掛け。廊下を進むとホテル棟へたどり着く。客室は和室5室、2階に洋室が8室。ロイヤルルーム(和室)の壁は板壁で、もちろ

敷地面積:8363㎡ 建築面積:1330㎡ 延床面積:1273㎡
構造・階数:S造+木造・一部木造・RC造、地上2階
施工期間:1993年10月〜94年3月

ん梼原の杉材。また、梼原の紙職人が作った和紙も随所に用いられている。洋室の照明に使われている紙を漉いたオランダ人職人、ロギール・アウテンボーガルト氏は、1981年からこの地に移住した高知県認定の「土佐の匠」。

②「梼原町総合庁舎」(2006)

　町役場、銀行、農協、商工会などが同居する梼原町の総合庁舎は、外観から「木」を感じる建物。当時の梼原町長からの依頼で、ほぼ梼原産の木材で作られた。玄関を入ると、吹き抜けの大空間、アトリウムが広がる。ここには梼原町の各所に信仰と旅人の接待のために建てられていた6畳ほどの東屋である「茶堂」も拵えられ、来る人を迎える。アトリウム南面の壁は幅約20メートルのスライディングドアになっていて、開け放つと駐車場と一体で繋がる交流の場になる。アトリウムを中心にコの字型に各室が並ぶ室内も、内装は木目美しい梼原の杉材。吹き抜けからははしご状に組まれた梁が良く見える。

　この建物は、1968年竣工の鉄筋コンクリート造の町役場が老朽化したことから「防災の拠点機能」「住民の利便性」「梼原産木材の利用」を考慮して作られた。一部RC構造で耐震力を高めると同時に、全体を平土間とし、平時・災害時に柔軟な利用ができる。設計は隈氏が意匠担当、そして隈氏が教鞭を執っていた慶應義塾大学

敷地面積：6020.94㎡　建築面積：1628.25㎡　延床面積：2970.79㎡
構造・階数：木造・一部RC造、地下1階・地上2階・塔屋1階
施工期間：2005年5月～2006年10月

理工学部教授の伊香賀俊治氏が設備設計を担当した。太陽光、風など自然のエネルギーを生かすことを重視し、屋根に登載された太陽光発電システムでは真夏のピーク時に必要な電力量の半分を賄える。長い庇は夏季に日射を遮り、大開口部は自然換気を促す効果がある。外気取り入れの際には、自然エネルギーを利用した予冷・予熱が行われ、快適な温熱環境に貢献している。また、梼原産材の木製サッシを用いたLow-E複層ガラス、縦型ブラインド、断熱機密サッシを採用。深夜電力を利用する氷蓄熱ヒートポンプ空調「エコアイス」やヒートポンプ給湯「エコキュート」も導入されている。

③「マルシェ・ユスハラ」（2010）

　この建物は、地域の特産物を販売する市場とホテルからなる施設で、雲の上のホテルの別館と位置付けられている。まず目に入るのは、道に面した東側外壁の茅葺きだ。茅葺きはまちの伝統的な「茶堂」の屋根に使われているもので、まちの文化継承を象徴する素材だ。市場は3階まで吹き抜けた開放的な空間。渋皮を残した丸太が店内に多く立ち並び、見上げると天井にも杉丸太が張り付けられている。

敷地面積：779.08㎡　建築面積：552.28㎡　延床面積：1132.00㎡
構造・階数：RC造、地上3階
施工期間：2009年12月～2010年7月

　15室の客室は、隈デザインが堪能できる瀟洒なつくりに。こちらもふんだんに梼原の木が使われている。ホテルの食事は朝食のみ。「まち全体がホテル」というコンセプトで、町を散策し、近隣の飲食店で梼原の地産料理を味わってほしいとの思いからだ。宿泊者には、雲の上ホテル本館に隣接する温泉施設の入浴券も配布される。

④「雲の上のギャラリー」(2010)

もともと"木橋ミュージアム"と仮称されていたこの建物は、道路を挟んだ崖の上に建つ「雲の上のホテル・レストラン」と、崖下の「雲の上の温泉」の両施設を繋ぐための連絡通路。文字通り地域交流の「架け橋」となるよう、木橋内部に展示空間をつくり、アーティストが宿泊できるようになっている。「地域の文化的なネットワークが町を超えて、グローバルなレベルまで拡張していく拠点」(隈事務所)となる。

敷地面積:14736.47㎡　建築面積:574.15㎡　延床面積:445.79㎡
構造・階数:木造、一部鉄骨、RC造、地下1階、地上2階
施工期間:2010年2月〜2010年9月
上下2点© Takumi Ota

建物の構造も極めて特徴的だ。鉄骨の柱と木製支柱から広がっていく杉集成材を組み合わせた架構に橋桁が載っている。この形式は、「刎橋(はねばし)」という日本の古い架構技術で、この形式の橋は山梨県に「猿橋」という橋が唯一現存しているのみ。隈氏は、この架構技術を応用し、小断面の集成材を集積させる木造デザインの橋を完成させた。橋は「坂本龍馬脱藩の道」の上空10メートルに浮かび、内部も杉のフローリング、木製建具、杉板張りなど主に梼原産の木材で作られている。

⑤・⑥「雲の上の図書館」「YURURIゆすはら」(2018)

この他、梼原町では「雲の上の図書館」、および福祉施設「YURURI(ゆるり)ゆすはら」が2018年2月に竣工した。それぞれ4月、5月からオープンとなり、町民の新たな交流の場となるはずだ。

人口動態はプラスに──レガシーによる地方再生

　森林を資源とした、梼原町のサステイナブルなまちづくりは広範に及ぶ。前述したように、まちでは太陽光、水力、風力による発電でエネルギーの地産地消が行われている。そのうち、風力による電力は、年間約５０００万円の売電利益をもたらしているが、この利益は環境基金として積み立てられ、間伐実施や新エネルギー活用施設の設置への補助金になる。

　また、間伐材や製材後の端材をペレット化し、燃料として活用することで資源の循環利用を目指す事業も２００６年から継続している。こうして手入れされた森林では、"森のようちえん"の実施や、サマーキャンプ、自然散策・エコツアーが行われている。

　梼原産材の利用促進では、新築の場合最大２００万円の助成、４０歳未満ならばさらに１００万円の助成、増改築の場合でも２０〜２００万円の事業費の５０％を助成する。また、空き家を町が改修し、移住定住希望者に貸し出す事業も行っている。こうした数々の事業の成果で、梼原町では２０１２年度以降、人口の社会動態がプラスに転じている。

　梼原町は明治時代から林業を軸に税金ゼロのまちを目指し、１９２９（昭和４）年には既に水力発電所で地域電力を賄おうとしていたそうだ。いわば、再生可能な自然エネルギーの地産地消を８０年も前に実現したいのだ。また、当時のダムには魚道も設置され、自然と共生する梼原の人々の思いが反映されていたそうだ。

　村営の水力発電事業は、その後、国の政策で県へ、次いで電力会社へと移管されることとなったが、地域資源による循環型社会の実現への取り組みは、この町が引き継いできたレガシーと言える。人口減少時代における、地方創生のモデルがここにある。

まちの遺産を守り、磨き、次の世代へ

吉田　尚人氏（梼原町長）

　９１３（延喜１３）年に、藤原（津野）経高公が新天地を求めて入植されて以来、現在津野町の一部となった地域と合わせて津野山郷として築かれ、守り継がれてきた地域です。蔵人頭であった経高公は京を追われ、伊予の河野家の預かりとなっていたことにより、この地域は、京と伊予の文化の影響を受けたと考えられます。この津野山郷からは、京都五山文学の双璧といわれ、将軍足利義満の指南役を務めた義堂周信・絶海中津という高僧を輩出するなど学問への関心や教養が高かったであろうと考えられます。また、文化的にも１１００年の時を超えて舞いつがれてきたといわれている津野山神楽は、厳かで雅な趣を感じさせる貴重な宝です。

　このような背景を持った人々が長く厳しい冬に耐え、雪と戦う中で、勤勉性や生真面目さ、辛抱強さを身に付けるとともに、助け合う心や自助の精神がはぐくまれ、今に伝えられてきたと考えています。僻遠の地であったが故に幅広い交流や情報の重要性に気づき、大切にしてきたと思われます。こうした風土で育った人々の持ち味により、民俗学者・宮本常一先生の「土佐源氏」や司馬遼太郎先生の「竜馬がゆく」、「街道を行く」などで多くの皆さんに知っていただいたところです。

　このような地域の中で終戦後に地元有志によって建てられた木造芝居小屋が移築保存されたのですが、その保存運動でさまざまな方々のお世話になり、隈先生との出会いがあり、そうした出会いがご縁としてつながってきたことに改めて不思議さを感じます。隈先生の歩みや木造建築の良さを感じていただける町として、このご縁とそれが生まれた土地柄や人柄を守り育みながら、共生と循環を基本としたまちづくりを進めていきたいと考えています。

　かつては高知市や愛媛・松山市まで１日がかりでたどり着いていたのが、今では片道１時間半で行けるようになりました。町中心部は瀟洒なまち並みに改良され、観光で訪れるお客さまの姿も多くなったと実感しております。こうした地域のまとまりを大切に先人がはぐくんできた土地柄や、現代人が忘れかけている共生や循環の心、自助の精神などを大切にするとともに、磨きながら次の世代に引き継ぎたいと考えています。

熊本市

熊本地震復興のシンボルとして、熊本城復旧に邁進する

熊本市経済観光局　熊本城総合事務所
所長
津曲　俊博氏

——熊本城は、２０１６年４月１４日、１６日に発生した「平成２８年熊本地震」（以下熊本地震）によって大きな被害を受けました。被害状

※熊本城全体の石垣：973面　約79,000 m²

区分	被害内容
石垣	膨らみ・緩み 517面　約 23,600 m²（全体の 29.9％） うち崩落 299面　約 8,200 m²（全体の 10.3％）
地盤	陥没・地割れ 70箇所　約 12,345 m²
重要文化財建造物	13棟（倒壊 2棟、一部倒壊 3棟、他屋根・壁破損等 8棟）
再建・復元建造物	20棟（倒壊 5棟、他下部石垣崩落・屋根壁破損等 15棟）
便益施設等	26棟（屋根・壁破損等）

＜熊本城の被害額＞（平成28年9月14日公表）

区分	被害額
石垣	約 425億円
重要文化財建造物	約 72億円
再建・復元建造物＋その他の公園施設	約 137億円
総額	約 634億円

（注1）その他関連施設として旧細川刑部邸（約5億円）
（注2）現時点での概算値、今後、調査・設計・復旧等の進捗に伴い、変更がある。

熊本城の被害状況

況について教えてください。

　津曲　熊本城は、重要文化財の建物が13棟、復元建造物が20棟などで構成されており、熊本地震によってすべての棟が損傷・被害を受けました。石垣は、全面で7万9000平方メートルですが、そのうちの約

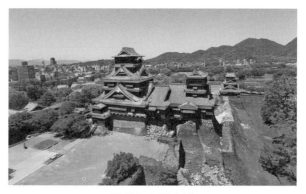
被災した熊本城

大小天守

北十八間櫓・東十八間櫓

3割に当たる2万3600平方メートルが被害を受け、何らかの積み直しが必要になっています。また、城内に設置されているトイレ、売店などの公園施設26棟もすべて被害を受けました。城内には、地割れ約1万2345平方メートルが起き、被害額は約634億円に上ると見込まれています。

——被災した天守閣をはじめ、崩落した石垣などは全国でも大きく報道

津曲　俊博／つまがり　としひろ

1956年生まれ。熊本大学卒業　1979年熊本市役所入庁。2002年熊本城総合事務所、2009年観光政策課、2011年建築部設備課、2016年経済観光局総括審議員を経て、地震後に熊本城復旧復元プロジェクト統括を兼務し2017年度末で定年退職。2018年より再任用職員として現職。

されました。記者会見で大西一史市長は、「熊本城を復旧させることが、市民や県民にとって励みになる」と表明しています。

　津曲　熊本城は、位置的に中心市街地から望める場所にあり、常に市民の皆さんからご覧いただけるまさに熊本のシンボルと言っても過言ではありません。

　とは言え、熊本地震の復興に当たっては、「熊本城の復旧の前に市民生活の復興を」というご意見がありました。行政としましても市民生活が元に戻ることが何より重要だと認識し、大西市長の陣頭指揮のもと、市民生活の復興施策も進めていますが、「熊本城が復旧していく過程を見続けていくことが自分たちの心の支えになる」とのご意見も多数頂戴しました。

　４月の発災直後の６月には天守閣のライトアップを再開し、夜間でも熊本城が一歩一歩復旧していく様子をご覧いただけるようになりました。天守閣は、現在工事の足場を掛け

天守閣工事用シートによる"見える化"

ておりますが、まちなかで工事をすると白いシートをかけて姿が見えなくなってしまいます。そこで、シルエットが透けて見えるようにシートも工夫し、熊本城の復旧状況が絶えず市民の皆さんの目に届くようにしています。

――まさに、熊本城は、市民に愛されているレガシーというべき存在ですね。

　津曲　地震前までは、本丸御殿や櫓の復元を目指し、一口城主という

熊本地震復興のシンボルとして、熊本城復旧に邁進する 熊本市

制度で市民の皆さんからご寄付をいただいてまいりました。地震後の11月には、「復興城主」と名を替え、再スタートしましたが、おかげさまで、多くの皆さんからご支援をいただき、約15億8900万円（18年1月末時点）の寄付が集まりました。私どもも熊本城の復旧には、熊本市民・県民をはじめ多くの方々の希望と期待が込められていると重く受け止め、大きな意味があると認識しています。

――復旧のスケジュールについて、概要を教えてください。

　津曲　まず16年12月に「熊本城復旧基本方針」を策定しました。この基本方針は、熊本のシンボルである熊本城の復旧に向けた基本的な考え方や具体的な施策の方向性を定め、①被災した石垣・建造物等の保全、②復興のシンボル「天守閣」の早期復旧、③石垣・建造物等の文化

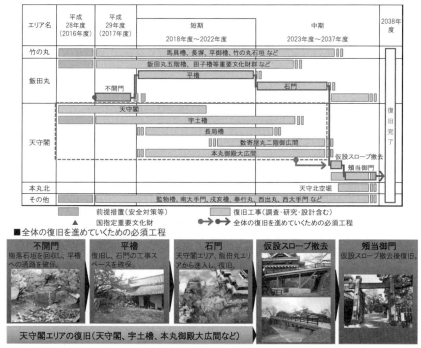

熊本城の復旧手順および期間

財的価値保全と計画的復旧、④復旧過程の段階的公開と活用、⑤最新技術も活用した安全対策の検討、⑥１００年先を見据えた復元への礎づくり、⑦復旧基本計画の推進――七つの骨子で構成されています。１７年度じゅうに、復旧基本方針に基づく「復旧基本計画」が策定されることになっています。

――「復旧基本計画」の内容について教えてください。

津曲　「復旧基本計画」は、素案を基に市民の皆さんのご意見(パブリックコメント)なども反映して策定される熊本城復旧のためのマスタープランとなります。復旧対象区域を、特別史跡区域（５１.２ヘクタール）および都市計画公園区域（５５.７ヘクタール）とし、復旧基本計画の期間を２０年と設定。２２年（平成３４年度）までの５年間を短期、計画期間の終期までの２０年を中期、１００年先の将来の復元整備完了までを長期として位置付けています。具体的な安全対策など詳細な計画には、今後も機動的かつ柔軟に決められていくことになる見込みです。

＝熊本の地名は、熊本城が起源＝

――そもそも、「熊本」の地名も、１５８８年に築城した加藤清正によって名付けられたと聞きました。

津曲　それまでの城は、「隈本城」と表記され、文献に現れる最も古い記録では中世の時代、南北朝時代までさかのぼります。安土桃山時代、築城上手で知られた加藤清正が、佐々成政に代わり当地の領主になり、「隈本城」を取り込み平山城として改築し、現在のような姿になりました。ご指摘の通り、清正は、「熊本城」と名を改めたわけです。「清正流」と呼ばれる石垣は、難攻不落とされ、その上に御殿、大小天守、五階櫓などを詰め込んだように建てられ、一大名の城としては「日本一」と評価されました。

西南戦争で熊本城を攻める旧士族たち
「鹿児嶋新聞熊本城戦争図」(静岡県立中央図書館蔵)より

西郷隆盛は、自害する直前「わしは官軍ではなく、清正公に負けたのだ」(熊本城が非常に強固であったことを意味する)と言ったと伝えられている。

——歴史的に見ても、「熊本城からまちが始まった」と言っても過言ではありませんね。

津曲 江戸時代に入り、加藤氏改易に伴い、細川氏が豊前小倉より入国します。細川氏の治世は明治維新まで続き、細川氏によって熊本城は維持管理されます。幕末期に、解体という危機にも見舞われましたが、明治維新を迎え、熊本鎮台の本営が熊本城に置かれました。1877年に起こった西南戦争によって大小天守や本丸御殿などの本丸中心部の大半の建物が焼失しました。

——西南戦争は、西郷隆盛を盟主とした士族による武力反乱で、明治初期に起こった士族の反乱としては最大規模として知られています。熊本城が戦略上の重要拠点になったのは、鎮台の本営が置かれていたからだと言われています。

津曲 その後、1889年の地震被害や老朽に伴う石垣・建物の修復を軍が行ってきましたが、大正末期になると民間からも城跡の保存・顕彰の声が上がり、熊本城址保存会が組織されています。1927(昭和2)年には宇土櫓(うとやぐら)の修復が行われ、1929年の国宝保存

法の成立によって、１９３３年に宇土櫓ほか１２棟の建造物が国宝に、石垣のほとんどが国史跡に指定されました。第２次大戦後、１９５０年に制定された文化財保護法によって国宝は重要文化財に名称変更され、１９５５年に史跡「熊本城跡」が特別史跡に指定されて、熊本城の大半は国有財産となり、国有地になりました。

――本当に、熊本城は幾多の歴史をくぐり抜けてきたのですね。

津曲　戦後の１９４８年に熊本城の公園化計画が立てられ、重要文化財建造物の所管は文化庁、底地の大半は財務省所管で、さまざまな施設の整備や建造物の復元については市が行い、市民や県民のみならず、県外からの観光客にとっても憩いの場になりました。１９６０年の大小天守の外観復元以降、建造物や石垣の保存修理・復元整備が行われ、１９９７年には「熊本城復元整備計画」を策定。西出丸一帯・飯田丸一帯を整備し、築城４００年に当たる２００７年には、本丸御殿の中で最大の建物であった大広間棟・大台所棟と合わせて数寄屋棟が復元され、２０１４年には馬具櫓の復元整備も完了した状況でした。

――安土桃山時代から現代にかけて、熊本城が、日本三名城の一つと高く評価されている理由が分かった気がします。

津曲　熊本城は、清正によって難攻不落の城として築城されましたが、「攻めにくい城」とは、裏を返せば「復旧しにくい城」とも言えるわけです。従って、さまざまなシミュレーションを実施して、どういう手順を組めば効果的に復旧できるかという視点で、手順良い方法論を市民の皆さんに提示することが先決だと考えました。

――今、津曲所長がお話しされた手順良い方法論の結果、復旧計画に記された中期計画の２０年という期間が導き出された、と。

津曲　その通りです。復旧完了までの計画期間２０年については、復旧手順の検討結果から、天守閣エリアなどの石垣・建造物と完了後の仮設スロープ撤去および城の正面に当たる頰当御門（ほほあてごもん）などの

復旧が想定通りに進んだ場合を計算し割り出しています。とは言え、現場としましても少しでも工事短縮できるよう努力したいと考えています。

＝大天守復旧は、２０１９年ラグビーＷ杯開催時に照準＝

——とりわけ、天守閣は、急ピッチで復旧が進んでいると聞きました。

津曲　はい。熊本城には、熊本地震復興のシンボルという位置付けと同時に、年間１７０万人超の観光客が訪れる観光施設という役割もありますので、天守閣の再建を早急に進めているところです。

　天守閣は、大天守、小天守で構成されており、１９６０年（昭和３５年）の外観復元の際に鉄筋コンクリートで造られています。構造上、「くい」が打たれていて、基本的には今回崩落した石垣の上には載っていません。つまり、石垣復旧とは切り離して工事を進められるので、早急な復旧が可能なのです。

——小天守についてはいかがでしょうか。

津曲　小天守にも「くい」は打たれていますが、部分的に石垣の上にも荷重がかかっており、石垣が崩れたことによって、小天守の外周部分が被災し、床も傾いてしまいました。従って、小天守の復旧には、もう少し時間がかかる見込みです。

——２０１７年９月には、天守閣に設置される「しゃちほこ」４本が公開されたそうですね。

津曲　地震によって大天守の「しゃちほこ」は屋根から落下し、小天守の２本も破損しました。しかし日本財団の助成金も受け、４本すべてが復元されました。同年９月には同財団の笹川会長と大西市長による「お披露目会」も無事行われ、国内外に広く報道されました。できるだけ市民の皆さんにも「しゃちほこ」をご覧いただこうと、「大天守しゃち」は１８年２月まで展示され、大変好評でした。なお、引き続き「小天守

第3章 わが国の未来へ

熊本城天守閣の全景写真（被災前と被災後）

しゃち」は来年夏まで展示されます。
——２０１９年にラグビーワールドカップが熊本でも開催される予定です。多くの外国人観光客をはじめ、国内からも観光客が訪れることが予想されます。大西市長も記者会見で「何とか間に合わせたい」とコメントされています。

津曲　現場では「大天守だけでもラグビーワールドカップに間に合わせよう」との意気込みで取り組んでいます。同年には女子ハンドボール世界選手権の開催も予定され、まさに国際スポーツイベントが目白押しとなっています。従って、熊本城天守閣も段階的な公開が進められていくことになるでしょう。具体的には「復旧基本計画」の中に記載されると思いますが、地上約６メートルの歩道橋のような仮設の見学通路を城内に設置していく方向です。できるだけ大天守の近くからご覧いただけるように、現在規制されている部分が徐々に外されていく見込みです。

仮設の見学通路が出来上がれば、観光客の安全性も確保した上で、熊本城の復旧の様子を間近でご覧いただけますし、工事の進捗（しんちょく）にも影響しません。特に工事が休みの日曜や祝日を念頭に置いた見学コースの設置が予定されています。

＝地元で、城の石垣を復旧できる技術者育成も視野に＝

――熊本城の総被害額６３４億円のうち、石垣の被害は約７割弱の４２５億円に上ります。復旧には石垣の再建が大きなポイントと言えますね。

津曲 今回の地震で改めて明らかになったのは、城の場合、原則として石垣と建造物は一体として考えなければならないということです。なぜなら建造物の構造上、石垣は建物の基礎部分に相当するからです。石垣の復旧に当たっては、建造物などの基礎となっている石垣、あるいは一体的な復旧を要する石垣の復旧を優先することになりました。

――しかし２０年間という復旧期間を考えると、人材育成という面も見据えておく必要がありますね。

津曲 はい。石垣の復旧に当たっては、専門技術者の石工業者の皆さんに入ってもらわなければなりませんが、文化財を専門に復旧できる石工業者は、全国レベルで探しても多くはいません。つまり、熊本城のために集中的に彼らにお手伝いいただくのは現状では困難な状況と言えるわけです。従って長い目でみると、工事を行う際の技術者育成、とりわけ地元で技術者を育成する視点が必要不可欠になってくるわけです。

――詳しく教えてください。

津曲 先ほど熊本城の石垣の特徴を「清正流」と説明しましたが、城の石垣には、地域性があるのです。言い換えれば、熊本城の石垣は、あくまで固有の様式で他の城とは同一ではありません。具体的には、勾配

第3章 わが国の未来へ

や、使用している石などが各城によって変わってきます。

——つまり、「清正流」で復旧することが重要で、仮に全国の技術者を活用するにしても「清正流」を理解していない技術者だと用をなさないということですね。

津曲 もちろん、石工の基本的な技術は汎用性があるので、全国レベルの石工業者のお知恵も借りながら地元の技術者を養成していくことになるでしょう。と言うのも、熊本では古来から石橋が建設され、石の文化が根付いてきました。熊本城の石垣復旧に活躍してもらえる技術者を地元で育成できれば、まち全体の石の文化復旧にも役立つと考えています。

——復旧作業のテーマはどんなことになりそうですか。

津曲 何より文化財としての価値の保全が挙げられます。復旧基本方針にも記載されていますが、復旧に当たっての大前提は「熊本城が熊本城であるための復旧であること」、つまり文化財としての価値を損なってはならないということになります。従って将来に大きな夢を託す観点からも、今回の復旧には大きな意味と責任があると考えています。そこで、史実に忠実な本格的な復元が何より求められてくると思います。

一方、安全性の確保という面も重要なテーマです。今回の復旧・復元

飯田丸五階櫓台石垣の崩落

百間石垣の崩壊

には「熊本地震を記憶に留め、将来にも語り継いでいく」という意味から１００年先の礎づくりという思いが込められています。

――文化財の価値の保全と安全性の確保を両立させるのはなかなか難しそうですが。

津曲 その通りです。ある意味、相反する課題解決に向けて、多くの学識経験者のご意見も伺いながら、慎重に検討を重ねています。事務局には、本市や県のみならず、国から文化庁、国土交通省にも参画いただき、一体となって進めていますが「今年度中に終わる」とはとても言い切れません。恐らく継続的なテーマになっていくと見ています。

総被害額についても、前述した６３４億円とはあくまで震災直前の熊本城の状態に戻すための事業費であり、現在進めている天守閣の耐震化やバリアフリー化、展示内容の刷新など機能を向上させたり、石垣や建造物などの耐震化に関わる事業費など新たな整備に要する費用は含まれていません。最終的な復旧整備事業は、被害額に加えて、新たな整備に関わる事業費も含まれる見込みで、今後少なくとも２０年は国からの財政・技術・人的支援が欠かせません。ぜひとも皆さんのご理解とともに継続的なご支援をお願いしたいと思います。

防護ネットによる安全対策

伝統技法による石垣（大天守）

[総監修]
隈　研吾（くま・けんご）
1954年、横浜市生まれ。東京大学工学部建築学科大学院修了。米コロンビア大学客員教授を経て、隈研吾建築都市設計事務所主宰。2009年より東京大学教授。1997年「森舞台／登米町伝統芸能伝承館」で日本建築学会賞受賞。同年「水／ガラス」でアメリカ建築家協会ベネディクタス賞受賞。2010年「根津美術館」で毎日芸術賞受賞。2011年「梼原・木橋ミュージアム」で芸術選奨文部科学大臣賞受賞。著者、共著多数。

[監修]
柏木　孝夫（かしわぎ・たかお）
東京工業大学　特命教授・名誉教授　先進エネルギー国際研究センター長
1946年東京生まれ。1970年、東京工業大学工学部生産機械工学科卒。その後同大学大学院を経て1979年、博士号取得。1980年より、米国商務省ＮＢＳ招聘研究員、東京工業大学工学部助教授、東京農工大学大学院教授、同大学評議員、図書館長などを歴任後、2007年より東京工業大学統合研究院教授（現・科学技術創成研究院）、2009年より先進エネルギー国際研究センター長、2012年より特命教授・名誉教授。2011年より、（一財）コージェネレーション・エネルギー高度利用センター（コージェネ財団）理事長。現在、経済産業省　総合資源エネルギー調査会省エネ・新エネ分科会長、水素・燃料電池戦略協議会議長、内閣府　エネルギー・環境イノベーション戦略推進会議議長などを歴任し、長年、国のエネルギー政策づくりに深く関わる。2017年エネルギー・環境分野で最も権威のある国際賞 The George Alefeld Memorial Award をアジアで初めて受賞。おもな著書に『スマート革命』、『エネルギー革命』、『コージェネ革命』（日経BP社）、『スマートコミュニティ』１～５巻（時評社）など。

[監修]
坂村　健（さかむら・けん）
ＩＮＩＡＤ東洋大学学部長（工学博士）
1951年東京生まれ。工学博士。2017年度よりINIAD（東洋大学情報連携学部）学部長。東京大学名誉教授。専攻はコンピュータ・アーキテクチャ（電脳建築学）。1984年からTRONプロジェクトのリーダーとして，オープンなコンピュータ・アーキテクチャを構築。現在、TRONは携帯電話をはじめとして家電製品、デジタルカメラ、FAX、車のエンジン制御など世界中で多く使われており、IoT（Internet of Things）環境を実現する重要な組込OSとなっている。2002年1月よりYRPユビキタス・ネットワーキング研究所長を兼任。2015年　ITU（国際電気通信連合）創設１５０周年を記念して、情報通信のイノベーション、促進、発展を通じて、世界中の人々の生活向上に多大な功績のあった世界の6人の中の一人としてITU150Awardを受賞。IEEEライフ・フェロー、ゴールデンコアメンバー。第33回市村学術賞特別賞受賞。2001年武田賞受賞。2003年紫綬褒章。2006年日本学士院賞受賞。

beyond2020　LEGACYレガシー

2018年4月17日　第1刷発行

総　監　修──隈　研吾
監　　　修──柏木孝夫、坂村　健

発　行　者──米盛　康正
発　行　所──株式会社 時　評　社
　　　　　〒100-0013　東京都千代田区霞が関3-4-2　商工会館・弁理士会館ビル
　　　　　　電　話：03（3580）6633　ＦＡＸ：03（3580）6634
　　　　　　http://www.jihyo.co.jp

編集協力──株式会社 ぷ　れ　す
印　　刷──株式会社 報　光　社

©2018年　時評社
ISBN978-4-88339-252-0
落丁・乱丁本はお手数ですが小社宛てにお送りください。小社負担にてお取り換えいたします。
ただし、古書店で購入されたものについてはお取り換えできません。
無断転載・複製を禁ず
Printed in Japan